PSIHOLOGIE · I

STUDII

Colecție coordonată de
Simona Reghintovschi

Susie Orbach

Jumătate inocentă, jumătate înțeleaptă

Povestiri despre relația dintre terapeut și pacient

Traducere din engleză de
Aurelia Acasandrei
Daniela Andronache

3
TREI

Editori:
SILVIU DRAGOMIR
VASILE DEM. ZAMFIRESCU

Director editorial:
MAGDALENA MĂRCULESCU

Redactor:
MANUELA SOFIA NICOLAE

Coperta:
FABER STUDIO

Director producție:
CRISTIAN CLAUDIU COBAN

Dtp:
CORINA REZAI

Corectură:
MARIA MUȘUROIU
DUȘA UDREA
RODICA PETCU

Descrierea CIP a Bibliotecii Naționale a României
ORBACH, SUSIE
Jumătate inocentă, jumătate înțeleaptă / Susie Orbach; trad.: Aurelia Acasandrei și Daniela Andronache. - București: Editura Trei, 2017
ISBN 978-606-719-835-5

I. Acasandrei, Aurelia (trad.)
II. Andronache, Daniela (trad.)

159.9

Titlul original: The Impossibility of Sex: Stories of the Intimate Relationship between Therapist and Client
Autor: Susie Orbach

O.P. 16, Ghișeul 1, C.P. 0490, București
Tel.: +4 021 300 60 90 ; Fax: +4 0372 25 20 20
e-mail: comenzi@edituratrei.ro
www.edituratrei.ro

ISBN: 978-606-719-835-5

Pentru Sara Baerwald,
Caroline Pick și Gillian Slovo

Cuprins

În această carte m-am luptat cu anumite cuvinte fără a ajunge la o concluzie satisfăcătoare. Nu sunt mulțumită de niciun cuvânt folosit pentru a descrie persoana care intră în cabinetul de consultații. Este aceasta un pacient? Ei bine, uneori este. Anumitor persoane le place acest cuvânt pentru că implică faptul c-ar fi ceva greșit, o boală emoțională. Este aceasta un client? Iarăși, uneori da. Anumitor persoane le place acest cuvânt pentru că are conotația unui proces consultativ. Este această persoană un analizand? Anumitor persoane le place cuvântul pentru că exprimă ceva din procesul unei terapii și are o simetrie: analist — analizand.

Eu, personal, consider că toate aceste cuvinte surprind ceva despre terapie și despre procesul terapeutic, dar sunt departe de a fi cuvintele potrivite. În ceea ce urmează am ales să folosesc cuvinte interschimbabile (cu același sens), la fel cum am ales să folosesc cuvinte ca psihoterapeut, terapeut și analist.

În text, în reflecțiile scrise cu litere cursive, am considerat îndeobște că persoana care oferă îngrijirea primară din perioada timpurie de viață este mama. Mi-am dat seama că nu e întotdeauna așa. Există tați care au avut responsabilitatea primară pentru copiii lor încă de la nașterea acestora și există rude și bone care au împlinit acest rol. S-a întâmplat rar în experiența mea clinică, în lucrul cu adulți, ca acest rol să fi fost rodul unei colaborări între doi oameni în felul în care se întâmplă astăzi în cuplurile care au copii. Mai avem de studiat efectele creșterii comune a copiilor asupra psihologiei adultului, așa că am reținut noțiunea de mamă sau mamă substitut, o noțiune ce va trebui extinsă odată ce generațiile de astăzi care cresc copii fac acorduri noi între ele.

Am ales totodată, de dragul clarității, să folosesc mai degrabă cuvântul „el" de la un capăt la celălalt pentru pronumele personal și nu „ea sau el".

O cameră cu priveliște

În fiecare zi de lucru vin oameni în cabinetul meu să vorbească. Și, deși, poate că depresia, angoasa, dezamăgirea, groaza, frica sau anxietatea i-a îndemnat să vină la terapie în prima instanță, conversația se îndreaptă destul de repede către un schimb confidențial, în care dorința, speranța și dorul ocupă, totodată, spațiul din cabinet.

Terapia este în mod bazal o relație intimă care explorează unele dintre cele mai profunde întrebări cărora trebuie să le răspundem ca ființe umane. Problemele legate de felul în care putem avea încredere, despre cum dezamăgirea sfâșie sufletul, despre cum dragostea și ura sunt în legătură una cu cealaltă, despre ce înseamnă sexualitatea pentru individ, despre cum trădarea ne îndepărtează de ceilalți și despre cum îndrăznim să ne deschidem iarăși, toate acestea sunt puse în joc în relația terapeutică.

Terapia se adresează acestor problematici cruciale în două feluri. În primul rând, așa cum ne-am putea aștepta, analizează felul în care aceste teme particulare se desfășoară în viața pacientului. În al doilea rând, explorează felul în care problematica legată de încredere, trădare, dezamăgire, iubire, ură, sexualitate și altele asemenea apare și dă formă relației dintre terapeut și pacient. Relația în cabinetul de consultații devine martor la forma specifică a dramei umane, devine o scenă și, în același timp, un participant la aceasta.

Mai bine de douăzeci și ceva de ani am ascultat și am avut de-a face cu femei și bărbați, cupluri și grupuri de oameni, destul de îngrijorați pentru ei înșiși, pentru a dori să se înțeleagă într-o nouă manieră. Atât femei și bărbați de succes — cu o educație aleasă, degajând siguranță de sine și având slujbe solicitante —, cât și studenți și șomeri, tineri și bătrâni, oameni de etnii diferite, de naționalități și religii diferite, din clase sociale diferite au intrat în cabinetul meu să vorbească despre visurile lor în timp ce duceau vieți ce păreau blocate sau ratate.

Ascultându-i, vorbindu-le și fiind alături de oameni, ca psihoterapeut, am văzut cum viața persoanelor și viața de familie se transformă. Am fost martoră și m-a inspirat capacitatea oamenilor de a-și schimba viețile, de a se reașeza înlăuntrul lor astfel încât capacitățile lor creative, intelectuale și emoționale să se dezvolte. Din afară, am participat la victoriile, la strădaniile psihologice, la realizările și la puterea pe care o descoperiseră pentru a activa o viață care să aibă un scop și o valoare personale. Strădințele lor îi forțaseră să se confrunte cu cele mai profunde întrebări despre natura umană, despre integritatea ființelor umane, despre semnificația conexiunii umane, despre ceea ce ne face să râdem, să plângem, să suferim, să urâm, să acceptăm, să ne vindecăm.

Psihoterapeutul vede o priveliște aparte prin fereastra cabinetului său. Cufundat în lumea pacienților săi, format să se supună dramei pe care o creează pacienții și, totodată, să se poată extrage suficient ca să vadă care sunt tiparele repetitive lezante ce sunt puse în scenă, terapeutul plonjează înăuntru și în afara vârtejului emoțional ce se află în centrul condiției umane.

Terapeutului i se oferă o oportunitate specială de a accesa experiența emoțională a altuia. Face asta ca un invitat, atins și mișcat de durerea care îi copleșeste pe pacienți, dar, spre deosebire de ei, nu este acaparat de aceste emoții.

Interesul și fascinația pe care oamenii le au pentru psihoterapie și psihanaliză m-a încurajat să încerc să scriu ceva legat de experiența psihoterapiei din perspectiva psihoterapeutului. Este ceva obișnuit pentru clinicieni să scrie cărți și lucrări științifice despre teoriile psihologice, despre dezvoltarea psihologică și despre problemele tehnice din relația terapeutică și asta am făcut și eu[1]. Însă aici încerc să fac ceva foarte diferit. Încercând să ofer o imagine concretă despre ce înseamnă psihoterapia psihanalitică din perspectiva psihoterapeutului, vreau să transmit aspecte particulare legate de ceea ce înseamnă să faci psihoterapie: provocările pe care le ridică, problemele intelectuale și etice pe care un terapeut le întâlnește, *simțirea* relației dezvoltate între terapeut și pacient.

Viziunea comună despre terapeut, furnizată de romane și filme, este aceea a unui ascultător tăcut, implacabil, neafectat de cele mai șocante dezvăluiri. Suntem obișnuiți să ne gândim la neutralitatea terapeutului, la impenetrabilitatea și atenția lui, dar s-ar putea să nu fim conștienți de felul în care apare acest echilibru sufletesc. În poveștile care urmează încerc să arăt tipurile de stări psihice pe care un terapeut le trăiește în procesul unei terapii și să demonstrez că doar prin examinarea atentă a felurilor în care el este afectat și stimulat de pacienții săi, este apt de a îndeplini responsabilitățile profesionale.

Am decis să fac asta prin crearea mai multor povestiri între pacienți imaginari și un terapeut fictiv, narate din perspectiva terapeutului. Am sperat să transmit atât o direcție a călătoriei terapeutului în anumite tipuri de problematici care pot să apară și, în același timp, să explic tipul de gândire și de teorie de care terapeuții se folosesc pentru a înțelege ce se întâmplă în lumea internă a pacientului și în cabinetul de consultații.

Poveștile pe care le-am auzit în cabinet de-a lungul anilor sunt atât de extraordinare, așa de imprevizibile și adesea atât de diferite una de cealaltă, că dacă cineva le-ar citi într-un roman, ar putea să le considere fie prea fanteziste, fie de-a dreptul oribile. Prin contrast, poveștile pe care le-am inventat sunt mai degrabă cotidiene și mult mai puțin senzaționale. Am avut sentimentul că, dacă le-aș fi dat acel tip de complexitate și dramatism care există în viața reală a fiecăruia dintre noi, acestea i s-ar fi putut părea cititorului de necrezut și ar fi putut fi respinse. Însă ceea ce am încercat este să transmit câte ceva despre riscurile din cabinet, despre încântarea și adevărurile emoționale spuse și descoperite aici. Personajele mele fictive se regăsesc, în viață și înăuntrul terapiei, în situații ce reprezintă o *aproximare emoțională* a dilemelor pacienților mei reali.

Pentru că fiecare pacient din agendă evocă răspunsuri diferite din partea terapeutului, fiecare poveste are un sentiment și o formă diferite. Unii pacienți evocă o nevoie de a-și teoretiza experiențele pentru ca acestea să aibă sens pentru ei, în timp ce alții nu au această nevoie. Așa că unele povești conțin mai multe meditații teoretice sau gânduri tangențiale decât altele, pentru a elucida narațiunea din punctul de vedere al terapeutului. Aceste gânduri nu sunt acolo pentru a ilustra teoria psihologică, ci pentru a ilustra felul în care anumite probleme îl determină pe terapeutul fictional să intre în procesul de gândire al unui psihoterapeut real și implicat. Aceste gânduri sunt scrise cu litere cursive pentru a fi remarcate cu ușurință.

În accepțiunea comună, psihoterapeutul este un detectiv ce elaborează din materialul pacientului o narațiune plauzibilă care, atunci când a fost pusă cap la cap, dezvăluie cărăruile călătoriei psihice. Dar, în timp ce metoda detectivului, pe care Freud o stăpânea atât de bine, este un fel de a vorbi despre terapie, nu aceasta este metoda pe care o voi utiliza. Terapia astăzi nu mai constă atât de mult în punerea laolaltă a detaliilor pentru a produce „aha-ul!" catarhic, cât este o explorare a dezvoltării relației din terapie și a mișcărilor minuscule din interiorul individului și dintre cele două persoane angajate în terapie.

Probabil că dramatismul momentelor de insight freudian s-a pierdut în terapia modernă. Analizele de astăzi nu mai constau în conștientizări cutremurătoare, prin insight sau interpretare, ci în construcția lentă a condițiilor prin care este posibil ca pacientul să se înțeleagă pe sine într-o lumină nouă și să construiască o relație semnificativă cu terapeutul, în care să se simtă mai pe deplin acceptat și înțeles. Așa că, deși există momente de dramatism în aceste povești, de regulă, ceea ce terapeutul și pacientul în cauză consideră a fi momente de o semnificație cutremurătoare face parte din altă categorie. Acestea pot fi mici momente de ajustare emoțională, când ceea ce a fost pus într-un loc nepotrivit sau așezat cu stângăcie în afara experienței pacientului este încorporat într-un fel nou în psihicul individului. Poate fi un moment când se întâmplă ceva între terapeut și pacient, care-l scoate pe pacient de pe traseul răspunsurilor sale obișnuite, astfel încât el poate trăi o nouă posibilitate și nu repetiția unui tipar vechi. Preocuparea mea aici este aceea de a încerca să transmit felul în care schimbările pe care le face un individ, schimbări ce pot fi imperceptibile celor din afara procesului terapeutic, pot avea o semnificație majoră pentru acesta.

M-am confruntat cu diferite dificultăți în calitate de scriitoare când a venit vorba despre acest aspect al efortului meu. În dorința de a transpune în pagină opinia mea despre nucleul și substanța situației clinice, am fost pusă la încercare de dificultățile de a trece de la o estetică la alta. Conversația clinică are propria sa estetică; are farmecul ei. Susținută de o structură, precum pânza de păianjen, a timpilor ședinței și de responsabilitățile pe care fiecare parte și le asumă în cadrul întâlnirii, conversația clinică are o formă, o textură și o senzualitate specifice. Este o construcție estetică de-a lungul sutelor de ore de conversație intenționată. Acele două arce gemene ale terapiei, pentimento* și palimpsestul, descriu o formă de o mare frumusețe, iar acea frumusețe, acea grație, nu poate fi redată cu ușurință pe pagina scrisă. Tot așa cum o sculptură frumoasă descrie în formă concretă un set de sentimente și idei sau cum o poezie înscrie și comunică o stare care solicită acea formă de expresie, tot așa terapia este procesul unei întâlniri profunde, intersubiective, interpersonale. Acest aspect se pierde sau se reduce, așa cum se petrece în orice formă estetică, destul de mult, prin transpunere. Și totuși am simțit că merită să încerci să pui în formă scrisă câte ceva din *experiența* pe care terapeutul o poate avea atât în cabinetul de consultații cât și dincolo de acesta, atunci când reflectează la pacientul său.

Pentru cuplul psihanalitic — terapeut și pacient, analist și analizand — o parte din eficiența terapeutică vine din natura colaborativă a acestei aventuri. Cei doi oameni lucrează pentru a înțelege împreună forma vieții și a dificultăților pacientului. Terapeutul are o cunoaștere și o competență particulare, însă

* Pentimento — procedeu din pictură/grafică, ce constă în corecturi care schimbă proiectul inițial. (N. red.)

aspectele vindecătoare ale terapiei depind de faptul că descoperirea se realizează împreună, chiar dacă în ritmuri diferite. Terapeutul poate să simtă sau să fie sigur că știe ceva de valoare pentru pacient și pe care simte nevoia să i-l arate, dar pentru pacient valoarea constă în descoperirea a ceva semnificativ din punctul său de vedere. Relația terapeutică devine un loc unde descoperirea poate fi făcută, discutată, verificată și asimilată. Cunoștințele terapeutului își trag seva dintr-o înțelegere a proceselor psihologice combinată cu o sensibilitate acută în a ști ce să spună și cum să spună și când să nu spună nimic.

După ani de practică, un terapeut dezvoltă o încredere legată de forma precisă a angajamentului său în fiecare moment. Teoria și experiența sa sunt integrate suficient pentru a fi capabil — așa cum se întâmplă cu orice abilitate — de a face lucrurile în mod automat în timp ce e în alertă în fața excepțiilor. Încrederea în ceea ce *știe* îi oferă terapeutului capacitatea de a se îndoi, de a se întreba și de a capitula în fața problemelor atunci când *nu știe* și *nu înțelege încă* ce se întâmplă cu pacientul său. Este unul dintre truismele multor profesii că nou-veniții și cei foarte experimentați sunt cei care își permit să nu știe și acest lucru să nu îi tulbure. Aceia aflați la mijloc au adesea nevoie să se agațe de teorie și de modelele preluate din propriile lor terapii, de la supervizori și profesori despre ce să faci și cum anume să faci. După ani, ei pot reveni la o reprelucrare mai relaxată în legătură cu necunoașterea pe care au avut-o ca începători.

Aceste povești despre relațiile terapeutice cu Adam, Belle, Joanna, Edgar, Jenny și Carol și Maria nu oglindesc identic aria de oameni pe care i-am văzut (sau ale căror terapii le-am supervizat) în termeni de vârstă, clasă socială sau etnie. Ei sunt pur și simplu șapte personaje clinice imaginare pe care le-am creat.

Nici nu am intenționat ca prin ei să ofer o imagine reprezentativă a practicii mele. De ce am venit cu aceste povești e cu siguranță ceva de analizat! Fără munca pe care am avut privilegiul de a o realiza timp de mai mult de douăzeci de ani, fără numărul de consultații, fără lucrul cu studenții și cu psihoterapeuții din orașe atât de îndepărtate ca Frankfurt, New York și Auckland, nu aș fi avut o bază clinică suficientă pentru a-mi permite să încerc să scriu. Tuturor celor care ați vorbit cu mine de-a lungul anilor, despre voi înșivă sau despre practica voastră clinică, vă mulțumesc foarte mult.

Vampirul Casanova

Am simțit spasme în vagin, contracții plăcute. Era o dimineață însorită de duminică primăvăratică, la doi ani după ce încetasem să mă mai văd cu Adam. Mărunțeam niște fenicul, iar el mai mult îmi atingea corpul decât îmi stăruia în minte, așa cum făcuse de atâtea ori în decursul celor cinci ani de terapie.

Adam era maestru bucătar și, uneori, când găteam, prezența lui se insinua și eram iarăși în ambianța fizică din timpul petrecut împreună în terapie.

Adam era un destrăbălat, un amant, un armăsar; un bărbat a cărui viață cotidiană era conturată de dorința sexuală și de succesul sexual, într-un vârtej de infatuare, seducție, capitulare și supunere. Exista întotdeauna cel puțin o miză amoroasă și două sau trei „fete" splendide pe listă, ca să nu mai contorizăm, desigur, cuceririle anterioare, care se întorceau pentru un rendez-vous de ocazie când erau prin oraș sau într-o perioadă de tranziție de la un iubit la altul.

Cu un an înainte de a începe terapia, Adam, pe atunci în vârstă de 36 de ani, dezvoltase o problemă care îi amenința propria percepție de sine. Începuse să ejaculeze precoce. Disperat să facă să dispară problema cu terminatul prea devreme, a venit la terapie.

— Prea devreme pentru cine? am întrebat eu.

— Prea devreme pentru mine. Știi, prea devreme pentru mine ca să i-o trag cu adevărat. Să o regulez așa cum trebuie. Ca nimeni altul. Să se simtă cum nu s-a mai simțit vreodată.

Importanța sexualității pentru el și potența penisului său m-au fascinat. Era atât de prezent și insistent încât mă simțeam împinsă înapoi, cu douăzeci de ani în urmă, înainte ca generația mea să se întâlnească cu mișcarea feministă care redescrisese relațiile sexuale atât în pat, cât și în afara lui.

Ce însemna pentru el că termina prea repede? Că nu era deplin? Că orgasmul lui era o petardă în loc să fie o eliberare și o conectare? Era anxios? Trebuia să se concentreze prea mult pe ce îi oferea femeii? Era nesigur?

— Toate astea, cu siguranță, a spus el în prima ședință.

— Știi, eu chiar iubesc femeile, a spus, luând-o mai încet când și-a dat seama că izbucnise în lacrimi.

— De exemplu, Sarah, cea cu care am fost săptămâna trecută. Este deosebită.

S-a oprit o secundă:

— Știi, în timp ce îi făceam curte, credeam cu adevărat că o iubesc.

Înainte ca autoreflecția să însemne ceva, înainte să-și dea seama că a se auzi pe sine era o experiență nouă, și-a părăsit durerea și a adulmecat ceea ce aveam să elucidăm de-a lungul următorilor câțiva ani.

— Sunt un bărbat pasional din punct de vedere fizic, a spus în timp ce se uita în ochii mei și mima — eu Tarzan, tu Jane. Asta-i firea mea, pur și simplu. Dar e ceva care stă în calea naturii mele. Așa că, imaginează-ți, doamnă doctor. Haide. Care ar mai fi rostul dacă nu poți să ți-o tragi? Regulatul e viața mea.

Franchețea cuvintelor lui și trecerea rapidă de la formalismul american sudist la limbajul direct contrastau cu blândețea, chiar cu drăgălășenia pe care le afișa. M-am gândit la ciocnirea violentă dintre acestea.

Adam a început să-și spună povestea. Deși au ieșit la iveală puține sentimente, forma preliminară pe care o dăduse vieții sale avea o anumită coerență. Se născuse în Long Island din New York, în comunitatea de muncitori din Huntingdon Station, la puțină vreme înaintea sfârșitului celui de-al Doilea Război Mondial. Mama și tatăl lui fuseseră iubiți din copilărie și ea rămăsese însărcinată înainte ca el să plece să lupte în Europa. Fotografiile lui Adam cu tatăl lui în uniformă și poveștile pe care mama sa i le spusese despre acesta îl portretizau drept un tânăr zelos, dacă nu cumva naiv, gata să-și servească țara și să vadă Parisul Vesel. Războiul era mai degrabă un moment romantic decât o realitate cu bombe, privațiune, moarte și frig. În timp ce fusese încartiruit în Anglia, tatăl lui Adam se încurcase cu o femeie din Yorkshire, care rămăsese și ea însărcinată. El îi promisese că o va lua în State, și Adam se întreba adesea dacă nu cumva tatăl său intrase într-un mariaj fraudulos cu ea. La reîntoarcerea în State, tatăl lui Adam s-a mutat cu mama sa și cu el pentru un an, dar, când s-a aflat că el mai avea un copil, au fost certuri groaznice și în cele din urmă tatăl a plecat în California. A menținut o legătură sporadică cu Adam pentru câțiva ani, revenind o dată pentru câteva luni pe când Adam avea șase ani, însă a dispărut din viața lui după aniversarea de opt ani a lui Adam, când dintr-un soț și un tată eroic s-a transformat într-un bigam diabolic.

Adam a crescut foarte apropiat de mama lui. Era însoțitorul ei, bărbățelul ei. La doisprezece ani lua decizii pentru amândoi, ocupându-se de banii pe care ea îi câștiga la salonul de cosmetică, spunându-i cât puteau să-și permită să cheltuie. S-au tot mutat, de la New York în Florida și apoi prin tot statul, fie după vreun bărbat pe care ea îl voia fie urmărind o posibilă slujbă care nu mergea chiar bine. A învățat să-și facă prieteni rapid și să renunțe la ei cu ușurință. Era distras de la durerea dislocării lui de abundența dramelor pe care mama le aducea în viața lor.

La șaptesprezece ani, după ce a terminat liceul în Vero Beach, Florida, Adam s-a întors la New York, a încercat să se facă măcelar — meseria tatălui său —, apoi să devină actor, și apoi a trecut la comerțul cu obiecte de artă și la gătitul pentru petreceri de lux. Și-a găsit drumul într-un peisaj social opulent și a descoperit cât de sexy putea fi pentru femeile măritate neglijate. Extrem de priceput în a le arăta atenție, știind la ce tânjeau acestea, și îmbrăcat ca un bărbat de douăzeci de ori mai bogat decât era, Adam a devenit extrem de dezirabil. În 1972, pe când avea douăzeci și șapte de ani, s-a căsătorit cu Elisabeth, o divorțată bogată.

Elisabeth a confundat curtarea din partea lui Adam cu dragostea adevărată (și chiar așa a fost la acea vreme) și a fost zdrobită de infidelitățile lui. A divorțat rapid de el, oferindu-i destui bani cât să deschidă un restaurant. Proiectat de un prieten, decorat cu tablouri împrumutate de la artiștii pe care obișnuia să îi reprezinte, primind suficientă publicitate ca restaurantul cel mai mai tare din New York chiar la momentul când mâncarea și mâncatul în oraș deveniseră un mijloc de petrecere a timpului liber pentru o parte considerabilă a clasei de mijloc a New Yorkului, restaurantul său a dat curând lovitura. El a devenit un bucătar și un proprietar de restaurant respectat. Între timp, mama lui, care se mutase la New York ca să fie mai aproape de el după o aventură amoroasă eșuată, a murit de cancer la vârsta de cincizeci și cinci de ani.

Înainte ca Adam să vină la mine în terapie, în 1980, viața lui era conturată de două preocupări: să fie un bucătar celebru — agitându-se la concursuri jurizate, pregătind mese cu participare limitată în alte restaurante, creând mese frumoase pentru ședințe foto, scriind o carte de gătit împreună cu secretara sa — și să aibă nenumărate iubite.

Viața sa tumultuoasă și vânătoarea de femei i se potriveau destul de bine. Se simțea gratificat de atenția pe care o primea, încântat să fie amant de consum și parte a unui cadru fascinant. Era destul de multă aventură. Trăia mereu într-o minidramă, pe care adesea și-o fabrica, unde una sau două dintre femeile cu care se culca aveau să afle una de cealaltă. Tăinuirea și frica de descoperire îl excitau enorm. M-am gândit la observația analistului Winnicott: „E o bucurie să fii ascuns, dar un dezastru să nu fii găsit" și m-am întrebat ce anticipa asta în legătură cu ce aveam nevoie să găsim în terapie.

Situațiile jenante în care se băga Adam și tensiunile legate de multitudinea proiectelor în care se angaja îl ajutaseră să se simtă valorizat. Ceilalți aveau în mod evident nevoie de el. Dacă nu s-ar fi lovit de această problemă a ejaculării precoce, niciodată, m-a asigurat el, nu ar fi venit să mă vadă.

— Totul mergea ca pe roate până în acel punct. Drace, nu aș fi stat aici cu tine, coniță. Aș fi făcut dragoste cu tine dulce, dulce. O intensitate extremă emana din el chiar și în această tachinare în joacă și puteam să simt cât de irezistibilă putea fi pentru o femeie orientarea atenției lui către ea.

Disconfortul pe care-l simțea solicitând ajutor de la o femeie, după mulți ani de căutat femei într-un fel sau altul, era pronunțat. Era stângaci când încerca să-mi ofere o imagine de ansamblu mai nuanțată, să se arate vulnerabil, să nu fie acel tip puternic care deține mereu controlul.

Și totuși și-a găsit locul în terapie. Era ușurat să poată vorbi despre viața lui, despre începuturile și sfârșiturile legăturilor de dragoste și despre tiparele emoționale pe care le țesea. Pe măsură ce am ajuns să ne cunoaștem mai bine unul pe altul, au apărut mai multe detalii despre sex și dragoste. El căuta acum în mod frecvent un alt tip de sex, o întâlnire mai violentă, care pendula pe muchia dintre supunere și viol. Fantasmele vieții sale sexuale o luaseră în acea direcție când începuse să-și dea drumul prea repede și descoperise că, în timp ce se masturba, putea să își mențină excitarea suficient de mult cu o fantasmă violentă pentru a-și oferi un orgasm satisfăcător. Acest lucru nu funcționa când era în prezența cuiva. Pentru că lângă o femeie, oricât de mult o dorea, se simțea nesigur, anxios și „termina prea repede".

Adam era într-adevăr un bărbat senzual. Puteam să simt asta când îl întâmpinam. Când am întins mâna pentru a o strânge pe a sa la prima noastră întâlnire, prezența mâinii sale a rămas cu mine. După ce a ieșit din cabinet, îi simțeam mirosul în nări. Când s-a ridicat să plece, a fost ca și cum camera era golită. Când vorbea despre femei, puteam să-i simt dragostea. Stereotipii verbale, de care eram tentată să râd în cazul în care veneau de la un prieten, căpătau un plus de profunzime. Le considera pe femei miraculoase, frumoase, sexy, apetisante și ademenitoare; mișcările, mirosurile, lenjeria lor frumoasă decorau natura cu tandrețe. Admirația lui deschisă și bucuria sa mi-au oferit o nouă perspectivă legată de sexualitatea mea feminină și aproape că vedeam femeile din perspectiva lui, ca minunate, atrăgătoare, magice, purtând mistere care merită a fi penetrate cu disperare.

El nu mai avea nicio valoare dacă nu mai putea fi amant, a zis. Avea nevoie să urmărească, să mulțumească, să i se reflecte plăcerea de care femeile se bucurau în urma priceperii sale sexuale. Voia să ajungă la inima femeilor, emoțional și sexual, așa încât ele să fie transformate pentru totdeauna de atingerea lui. Și chiar așa erau. Intensitatea lui, preocuparea și siguranța sexuală le permiteau iubitelor sale să se deschidă, să simtă că și-au descoperit sexualitatea ca femei adulte și să ajungă „acolo unde nu mai fuseseră niciodată până atunci". Dar, în ciuda satisfacției și plăcerii lui și a lor, Adam era mereu cu gândul la următoarea întâlnire, la următoarea femeie care i-ar fi putut oferi o confirmare și care, prin a-și desface picioarele și inima, l-ar fi făcut să simtă că exista. Toate acestea până la apariția problemei lui sexuale.

Problema sexuală l-a buimăcit atât de tare pe Adam, că a pus capăt modului său obișnuit de viață, felului său de a se înțelege pe sine, felului de a fi cu o femeie, felului de a oferi și de a primi dragoste și felului de a se simți bine. Tot ce știa despre el era acum pus sub semnul întrebării. Alegând terapia psihanalitică, el se angajase într-o călătorie care să dea un sens felului în care își organizase viața emoțională și sexuală, să se întrebe ce îl motivase, să sondeze de ce penisul lui îl părăsise, să se conecteze, cum ar fi zis el, cu pulsul său emoțional.

În timp ce Adam era disperat să-și pună iar penisul în slujba sa și consultase medici în legătură cu tehnici de întârziere a orgasmului, a descoperit că a fost în mod curios ușurat când i-am sugerat că acest „terminat prea devreme" al său ar putea să ascundă unele indicii despre aspecte ale sale pe care nu le recunoscuse până acum.

Problema tratării simptomului a fost întotdeauna una spinoasă în psihanaliză. În lucrările lui Freud, simptomul, în principal cel isteric, simptomul nonorganic, cel care îl invalida pe individ în mai multe arii, acesta era ceea ce psihanaliza a căutat să înțeleagă la început. Membrele chinuite ale Annei O, paralizia lui Cäcilie M și răspânditul fenomen al anesteziei fizice constituiau materialul pe care Freud și Breuer s-au bazat în revoluționara lucrare Studii despre isterie *din 1895. Încă din acele vremuri, psihanaliza a pivotat între a trata simptomele și a le interpreta ca metafore, privindu-le ca pe manifestări ale proceselor inconștiente. Uneori, pacienții psihanalitici s-au simțit mai bine prin faptul că în spațiul analitic puteau vorbi despre orice le venea în minte, că nu mai erau nevoiți să-și înghesuie întreaga experiență în limitele înguste ale simptomului lor. Uneori au fost alarmați, deoarece simptomul lor, în ciuda celei mai aprofundate analize, rămânea de neclintit. Terapeuții merg pe o muchie de cuțit între a aborda simptomul* per se, *oferindu-i persoanei spațiu să vorbească despre simptom și despre felul în care acesta exprimă, invalidează, validează și enunță aspecte ale individului, și a oferi, în același timp, posibilitatea existenței altor căi de a trăi pe care pacientul s-ar putea să nu își dea voie să le recunoască.*

Adam era destul de interesat să știe ce fel de povești inventase pentru sine însuși în legătură cu falusul său magic și, dacă erau atât de magice, de ce aceste puteri îl părăsiseră acum. Putea să vadă imediat că această concepție despre sine ca amant era o lentilă prin care trecea toată experiența lui și, deși o parte din el tânjea să se elibereze de anxietatea sexuală și să se întoarcă la statu-quo, era intrigat de ideea că ar fi ceva de aflat dincolo de simptomul lui și, probabil, și de sexualitatea lui.

Nu venea de mult timp la terapie când Adam a remarcat că eram femeie. Odată ce singurul său repertoriu în privința femeilor era să le vâneze sau să facă dragoste cu ele, a mă vedea pe mine ca pe o femeie îl punea în încurcătură. Deși dorea ca eu să fiu doctorul în metaforicul halat alb care l-ar fi ajutat să-și analizeze viața, nu mă putea încadra în acea categorie. Trebuia să flirteze.

Ar fi inexact să spunem că el flirta când se simțea anxios sau pentru a umple spațiul sau, așa cum se întâmplă în viața socială normală, ca un fel de a depăși acele momente stânjenitoare care pot apărea între femei și bărbați. Nu. O astfel de descriere l-ar fi despuiat pe Adam de esența lui. Adam era întruparea flirtului. Nu se putea abține să nu flirteze. Acest flirt se exprimase când ne-am întâlnit prima oară sub formă de farmec, însă pe măsură ce terapia a continuat, el și-a îndreptat seducția spre mine și analiza acesteia, incluzând aici și curtarea sexuală activă din partea lui, a devenit o caracteristică centrală a terapiei.

Timp de câteva luni Adam și cu mine am explorat viața penisului său. Se simțea în stare să ofere și să primească iubire, să le facă pe femei să-l dorească și să aibă nevoie de el prin intermediul acestei părți valoroase. Penisul său, simțea el, îi permitea să transmită unei femei că era interesat de ea emoțional și sexual așa cum nu mai fusese remarcată vreodată. Intensitatea farmecului său, promisiunea că va ajunge la ea și o va mișca, spiritual și sexual, devenea irezistibilă. O femeie care lăsa să se înțeleagă că răspunde interesului său primea un asalt emoțional care nu doar că o făcea să tânjească după el, dar o lăsa și cu sentimentul că, fără atenția lui, era cumva pierdută.

Pe măsură ce ascultam relatările sale despre seducții, simțeau o tristețe acută pentru Adam în căutarea sa vehementă de a se conecta. Eram totodată înspăimântată pentru femeia după care umbla în momentul respectiv. Nu mi-aș fi dorit să fiu în locul ei. Puteam să îmi dau seama că își agăța femeile dintr-odată, le amețea și apoi le chinuia, așa că, atunci când erau abandonate, trecuseră printr-o revoluție sexuală și emoțională care le destabiliza, în timp ce încercau să adune bucăți din ceea ce fuseseră înainte de Adam. Deși acesta era un joc pentru Adam — *game*, set, meci —, femeile erau doar făcute knockout de el. El putea întotdeauna să treacă la următoarea cucerire, la următoarea femeie care îi arăta cât de mult îl dorea.

Adam era viu atunci când curta o femeie. Deși era conștient că întâlnirile sale aveau un tipar de curtare predictibil, de la seducție la dezinteres, vânătoarea i se potrivea. Starea de bine a lui Adam, sentimentul său de sine, al său *raison d'être*[*] necesitau o căutare sexuală, misiunea de a tachina și de a convinge inima unei femei să se deschidă astfel încât el să o poată captura. Când obținea femeia după care era disperat, exista un moment — uneori un moment destul de lung, înainte ca interesul lui să dispară — când Adam se simțea iubit și acceptat.

Știa că e atrăgător din punct de vedere sexual. Supărarea lui în legătură cu faptul că termina prea repede îl umilea. Îl umilea așa de tare, că a fost nevoit să vină să mă vadă. Prin faptul că flirta în terapie, el punea la bătaie ceea ce credea a fi ce e mai bun în el, invitându-mă să mă las fermecată de acele aspecte ale sale pe care le prețuia, astfel încât, atunci când intram în segmentele mai puțin frumoase, era reasigurat că îi puteam vedea farmecul și că îl acceptam.

La început flirtul lui mă încânta, mă simțeam cumva ca un profesor în fața progresului previzibil și dezvoltării unui elev pe care îl plăcea. Mai flirtaseră și alții cu mine în cabinet. Puteam anticipa că ceva din flirtul lui Adam va intra în relația noastră și, amintindu-mi de imperativul lui Freud de a analiza în loc de a lua personal dragostea mărturisită de un pacient, nu am fost prea îngrijorată de pătrunderea eroticului în spațiul terapeutic.

---

[*] Rațiune de a fi, în limba franceză, în original. (N. red.)

Nu că Freud ar fi gândit că aceste stăruințe ale pacientului erau nesincere sau demne de dispreț, ci că putem învăța mult mai mult despre pacient prin aplecarea noastră spre înțelegerea stăruințelor. Avertismentul pe care Freud îl dă analistului, cum că astfel de seducții constituie o dragoste nemeritată, o iubire transferată sau de transfer (de la un părinte către analist), care acoperă ceva ce trebuie descoperit dacă psihanaliza este să fie de valoare, se alătura avertismentului său ca analistul să nu fie măgulit, să nu accepte sau să nu cedeze manifestărilor sexuale și îndemnurilor de dragoste venite dinspre pacientele de sex feminin, căci „nu are niciun temei să fie mândru de o asemenea «cucerire»".

Așa că nu am fost surprinsă când Adam s-a aprins rău. A fost în stare să-mi spună că, atunci când nu e interesat de o femeie, se simte gol ca o cavernă, ca și cum nu ar exista. Am putut să îmi imaginez că la un moment dat în terapie aș putea deveni, brusc, obiectul dorinței sale. Că, dacă acest lucru va apărea, i-aș arăta cum flirtul sau dorința lui ne-ar putea conduce în direcția înțelegerii a ceea ce era tăinuit.

Am fost surprinsă totuși de cât de puternică și cât de explicită era pledoaria lui către mine.

— Trebuie să fac dragoste cu tine, a spus. Am nevoie *de tine* mai mult decât am nevoie de terapie. Mă omoară să vin aici ședință după ședință visând la tine, gândindu-mă la tine, mirosindu-te — mirosul dulce al pielii tale și al parfumului tău.

Acum intensitatea creștea cu adevărat.

— Îmi imaginez că te mângâi. Mâinile mele între picioarele tale mătăsoase, trupul meu, disperat să fie cu tine. Știu că simți. Știu că mă vrei. Știu că te abții doar pentru că ești terapeuta mea. Știu asta.

Nu, Adam, nu gândeam chiar așa, dar în timp ce el își declara dorința, iar eu îmi formulam răspunsul, puteam să îmi simt corpul furnicând, în ciuda poruncilor lui Freud.

— Nu crezi că sunt serios, pentru că ți-am spus totul despre toate celelalte fete. Dar acum e altceva. Știu asta. Poți simți asta. Știu că simți. Amândoi vom pierde ceva ce nu am mai avut vreodată dacă negăm ceea ce simțim. E ceva măreț. Ceva ce apare o singură dată.

Am tăcut. M-am gândit la Adam și la mama lui și la cât de derutant trebuie să fi fost pentru el să fie bărbățelul ei. M-am gândit la cât de greu trebuie să fi fost pentru el să renunțe la dorința lui sexuală copilărească pentru ea atunci când ea îl trata mai degrabă ca pe partenerul ei și nu ca pe băiatul ei. Comuniunea la care tânjea, să fie luat în brațe și să îmbrățișeze la rându-i, refrenul lui cu femeile ar fi putut să fie prea ispititoare pentru el. Mă gândeam la seducția ei, la cât de mult joc sexual trecuse de la mamă la fiu pentru a uni golurile pe care le simțea în viața ei sexuală și emoțională.

Gândurile mele aveau menirea de a mă liniști și de a analiza situația. Nu exista niciun flirt periculos, doar puternica dorință declarată a lui Adam. Eu îl tratam.

Problema mea era că nu rămăsesem indiferentă. Consideram străduințele lui Adam atrăgătoare. Vorbeam cu mine însămi în încercarea de a potoli tăvălugul emoțional care venea spre mine.

— Nu m-am deschis niciodată astfel, a continuat într-o abordare modificată pentru a-l stârni pe psihoterapeut. Nu am mai fost niciodată mișcat ca acum. Nimeni nu mi-a permis până acum să mă descopăr.

— Probabil că simți o anume ușurare când intuiești că e posibil să fii înțeles mai pe deplin, în loc să te grăbești să intri și să ieși din relații în căutarea unui contact scurt și magic, am spus eu, sperând că un comentariu insipid ar putea să încetinească timpul și să împrăștie elementul erotic.

Adam continua să împingă tăvălugul.

— Știu că te gândești că îmi fac doar numărul, dar trebuie să mă crezi. Nu m-am mai expus așa în fața nimănui. Toată sinceritatea mea de până acum a fost un rahat. Goliciunea mea a fost o prefăcătorie.

Pe măsură ce continua, l-am putut simți trecând la maniera sa de gentleman sudist.

— Am crezut că tot ce facem e să ne cunoaștem mai bine, dar e mai mult de atât. Ascultă-mă, te rog. Nu analiza imediat. Vorbesc serios. Foarte serios. Vreau, trebuie, să fac dragoste cu tine.

Pe măsură ce Adam își transmitea interesul față de mine, depășind simplul flirt, insistența, pasiunea, dorința lui deveneau palpabile. Eram prada lui. Aproape că puteam vedea cum se întâmplă asta sub ochii mei, cu singura excepție că eu eram parte din ceea ce se întâmpla. Eram sigură că ce va urma îmi va da de furcă. Dacă nu o luam în serios, terapia ar fi fost compromisă, dar și dacă o luam mult prea în serios, terapia ar fi fost la fel de compromisă. Urma să găsesc firul pe care să merg. Eram oare în pericol, precum celelalte femei ale sale, de a fi făcută bucățele, învârtită și apoi scuipată afară de el?

Simțeam cum îmi pătrunde pe sub piele. Am încercat să analizez ce se întâmplă, să înțeleg și să mă calmez. Nu e cu nimic diferit, mi-am adus în minte, față de situațiile emoționale prin care am trecut și cu alți pacienți, însă e diferit calitativ, pentru că asta e despre sex și erotism. Sunt speriată, însă, dacă nu ajung la ce înseamnă asta pentru el, dacă nu mă bazez pe experiența mea ca placă de rezonanță — o versiune a ceea ce simte, are nevoie sau a simțit el —, atunci îl abandonez ca terapeut.

Mi-am spus asta în sinea mea, sperând că formulând astfel voi fi în stare să-mi păstrez mintea limpede. Speram că voi fi în stare să simt atractivitatea lui, ceea ce îl împingea către femei și le atrăgea pe femei către el într-un fel care îi convenea. Dacă nu aș fi crezut că asta era ceea ce se va întâmpla în timp ce efectul seducției sale mă inunda, atunci ar fi trebuit să încetez să mai fiu terapeuta lui. Și, deși am luat în considerare această opțiune, era mult prea naivă și iresponsabilă în plan clinic. Adam făcea ce avea nevoie să facă, ceea ce nu se putea abține să facă. Dacă nu era în stare să se poarte în terapie așa cum se purta în lume și astfel să își înțeleagă acest comportament, atunci rămâneau slabe șanse ca ceea ce îl tulbura să poată fi înfruntat.

Autenticitatea farmecului său aterizase asupra mea așa cum aterizase asupra nenumătatelor femei pe care le vrăjise până acum. În timp ce majoritatea circuitelor mele erau prinse în farmecele sale, un circuit de observare a rămas deschis. Pe când mă simțeam topită de atractivitatea lui, eram fascinată de cât de incredibil de sincer și autentic se simțea asta. Am văzut și am simțit că voiam să-l iubesc. Granița dintre gândire și ceea ce se putea întâmpla era precară. Mă atrăgea într-un mod irezistibil. Oportunistul Casanova, pe care mi-l imaginasem a fi când vorbea mai devreme despre abilitățile sale de cuceritor, dispăruse. În locul acestuia, stătea în fața mea un amalgam seducător dintre o inimă pură și nerăbdătoare și un amant încrezător în sine. Deci asta le-a captivat pe femeile sale, am gândit, chiar dacă m-am simțit mai mult decât flatată și încântată de atenția lui pentru mine.

Am mers la culcare în seara aceea plină de Adam. A stat cu mine peste noapte, așa că, atunci când m-am trezit, nu eram sigură în al cui pat eram sau cine era în al meu. Simțurile mele erau așa de ascuțite cum doar spasmele unei pasiuni pot fi. Cât mă ocupam de sarcinile monotone, puneam flori proaspete în cabinet, citeam ziarele și procesam știrile, mă gândeam cât de minunată poate fi viața. Când o prietenă a sunat ca să stabilim o întâlnire pentru seară și a auzit un ritm neobișnuit în vocea mea de la ora 8 dimineața, întrebarea ei legată de buna mea dispoziție m-a făcut să încerc să mă adun. Oare de unde venea cântatul ăsta din interiorul meu? Lăsam contratransferul — sentimentele pe care terapeutul le are față de pacient — să o ia puțin razna? Am chicotit în sinea mea. Nu eram pregătită să renunț la sentimentele plăcute așa degrabă. Foarte mult din ziua de lucru a psihoterapeutului se petrece în locuri dureroase, prelucrând anxietatea, făcând față loviturilor tristeții, furiei, confuziei și terorii pe care le aduce pacientul. Am intrat sub duș și, în timp ce apa curgea pe corpul meu, am simțit o plăcere mătăsoasă, fluxul senzual al pulsului apei trecând de la para de duș în jos pe corpul meu.

Dintr-odată, imaginea unei pere de duș enorme, precum cea din băile de lux de la hotelul Claridge pe care am ochit-o acum câțiva ani, s-a amestecat într-o imagine cu Adam și cu mine făcând dragoste. El încerca să atingă o parte erotică a mea care nu fusese niciodată stârnită. M-am trezit zâmbind, chiar roșind, pe măsură ce îmi dădeam seama cât e de intensă senzația, dar și cât de ridicolă. Fără îndoială, eram într-o stare de reverie sexuală. Făceam bine să rămân acolo? Fiecare terapie este o aventură, mi-am spus în sinea mea. Interpretarea sa făcea parte din meserie, trebuie să simți suficient ca să știi ce se întâmplă.

Zece procente dintre pacienți sunt vulnerabili la avansurile sexuale venite din partea terapeuților lor. Nu doar terapeuții care fac avansuri pacienților sunt cei care creează o imagine atât de îngrijorătoare, dar totodată și pericolul pe care Freud l-a subliniat, despre felul în care un transfer erotic îl încurajează pe terapeut să pună în act în loc să analizeze trăirile erotice, ceea ce poate transforma situația terapeutică într-un abuz. Pentru a proteja pacienții, terapeuții, până de curând, au crezut că e cel mai bine să nege sau să evite excitația, iar dacă aceasta continuă, să se întoarcă degrabă în terapie ei înșiși și să caute o supervizare pentru a ieși la lumină și a descâlci particularitățile cazului în care au simțit că sunt gata să cadă în capcană.

Acest protocol, fără îndoială util, este obligatoriu pentru un terapeut la care excitația sexuală în decursul unei terapii nu apare o singură dată, ci e o problemă obișnuită. Totuși, odată cu această minimă protecție pentru pacient, în ultimii zece ani au început să apară idei care sugerează că un terapeut ar putea să-și ajute cel mai bine pacientul dacă, atunci când descoperă că este excitat, se va speria mai puțin de reacțiile sale și le va menține suficient timp în conștiință încât să se gândească în sinea sa la acestea, în loc să le alunge prematur. Michael Tansey sugerează[1] *chiar faptul că însăși frica analistului de propriile trăiri sexuale față de pacienții săi trebuie analizată astfel încât transferul erotic să poată fi explorat. Dacă analiștii nu admit ca posibile astfel de trăiri înlăuntrul lor, ci le reprimă, le neagă sau le scot din câmpul atenției, există o posibilitate mult mai mare ca o sexualitate nepotrivită să fie în mod involuntar pusă în scenă în terapie. Acest pericol este diminuat dacă analiștii se pot gândi la trăirile erotice pentru un pacient (și la ce semnifică acestea) fără să se teamă de cenzură.*

Așa că, deși o parte din mine și-a imaginat mustrarea profesională pentru gândurile pe care le aveam, o altă parte din mine a știut că trebuie să continui cu această explorare și să receptez sentimentele pe care le aveam ca parte a tratamentului.

Senzațiile corporale erau la fel de întemeiate și de folositoare ca oricare altele. Se punea doar problema de a le lăsa în așteptare destul de mult și de a fi destul de alertă la idiosincraziile acestei excitații pentru a descâlci părțile care îmi aparțineau de acelea care emanau de la Adam sau erau create între mine și Adam. Ceea ce conta, mi-am spus eu în timp ce ieșeam de sub duș, era să fiu atentă la orice dorință din partea mea de a exploata situația pentru propriile mele finalități sexuale. Oare a fi dorită în felul acesta reprezenta un stimul pentru o femeie aflată într-o relație de lungă durată, obișnuită cu o intensitate puternică, dar nemaibeneficiind de pasiunea sexuală de la început? Dacă asta era ce se întâmpla, și am știut că trebuia să-mi pun întrebarea foarte serios și cinstit în acest punct, oare încurajasem în mod inconștient un flirt cu Adam? Aveam oare nevoie ca el să confirme vreun aspect al dezirabilității mele?

Uf. Nu prea mi-a plăcut gândul acela. Dacă asta era, ar fi trebuit să am grijă în mod special la ce fel de mesaj îi transmiteam lui Adam. Aveam oare o dorință de a fi considerată dezirabilă? Era acesta oare clinchetul receptivității pe care îl căuta atunci când se uita după femei? Nu aveam să-l văd pe Adam astăzi. Aveam timp să reflectez despre mine mai târziu. Pentru moment m-am concentrat pe ceea ce credeam că pune la cale Adam.

Într-un fel, Adam se cuibărise înlăuntrul meu în același fel în care o făcea și cu celelalte. Am acceptat că acesta era felul lui de a fi atașat. Am recunoscut că, cedând în secret flirtului său, mă înfășuram în dialectul său. Era un fel de a vorbi pe limba lui, de a mă apropia în felul în care el putea să o facă. Asta ar fi putut fi felul în care el era întipărit în mine pentru moment, tot la fel cum alți pacienți, cu un alt tip de gramatică psihică, ar fi putut deveni întipăriți emoțional în felurile lor unice. Imediat ce am realizat acest lucru, mi-am permis să las flirtul lui să existe. Dacă ăsta era felul în care el găsea un cămin psihic alături de mine, atunci așa să fie.

Mi-am văzut mai departe de ședințele mele, recunoscătoare pentru acele ședințe în care angajamentul era mai direct. În noaptea aceea am parcurs o listă de incursiuni emoționale neașteptate care m-au absorbit în timpul terapiei, incursiuni înăbușite cu sentimente dificile, puternice și neplăcute.

Mi-am reamintit de momentele din terapie când am simțit că pacienții mă urau. Incapabilă să ofer ceea ce pacientul avea nevoie de la mine și incapabilă să repar oroarea trecutului, ura față de părintele său se amesteca cu ura pentru mine și eu deveneam un sac de box demn de dispreț. Disconfortul acestui lucru fusese la fel de greu de suportat pe cât erau ocaziile în care mă simțeam lăsată de izbeliște, dată la o parte sau absolut necesară.

Îmi aminteam dățile când m-am simțit pierdută din punct de vedere clinic, când creierul meu era confuz, când mă prăbușeam într-o altă lume psihică fără să am siguranța că voi mai da de mine și de baza mea psihică și neavând prea multe de care să mă prind în afară de o anumită cunoaștere a inevitabilității și necesității tuturor acestora. Mi-am reamintit că soarta terapeutului este să fie atât în locul unde i se solicită să fie de către pacient, cât și în stare să-și regăsească echilibrul. Știam că trebuia să fiu afectată, tulburată, să trăiesc ceva din starea psihică a pacientului. Îmi revenisem întotdeauna și învățasem că e mai ușor dacă îmi permit mie însămi să accept, mai degrabă decât să-i rezist, presiunea exercitată asupra mea în relația terapeutică. În felul acesta, tot ce făceam era să răspund, pe rând, la câte un asalt emoțional. Dacă s-ar fi amestecat cu rezistența, mi-ar fi dublat confuzia.

Cel puțin, mă consolam eu, aveam o vagă idee legată de ce ar putea presupune această incursiune emoțională. Adam fusese atât de previzibil în ceea ce făcea cu femeile, eu aveam o imagine atât de bine conturată a felului în care le agăța și le abandona, că am fost bine avertizată dinainte. Dacă aveam să cedez insistenței lui, nu efectiv, ci în interiorul meu, atunci aș fi avut o idee obiectivă despre teritoriu. Nu avea să mai fie niciun mister.

În ședința de după weekend, Adam a demarat în forță. Petrecuse weekendul făcând dragoste cu Laura în timp ce se gândea la mine. Ce mai dragoste, mă gândeam cu ironie, mustrată de propria-mi vanitate. Însă înainte de a mă dezmetici, seducția lui Adam a luat o întorsătură anume.

— Asta e treaba, doamnă doctor — și știu că nu poți să crezi că e posibil să mă culc cu alta dacă te iubesc așa de tare — acest lucru e posibil. Ascultă, te rog ascultă, pen'că asta e ciudat. Am putut să am un act sexual reușit și am putut fi cu această femeie destul de mult timp, din cauza a ceea ce se întâmplă între noi doi.

În caz că m-aș fi prins mai greu, s-a repetat, de data aceasta fiind mai direct.

— Ascultă, spun ceva legat de felul cum m-ai ajutat. Sexul era sortit să se întâmple. Singura chestie a fost că nu făceam dragoste cu Laura. Cu tine făceam dragoste.

Mintea mea s-a grăbit să interpreteze. Ei bine, desigur, găseam un anumit sens acolo. De la momentul când o pierduse pe mama lui, dragostea lui s-a simțit nesigură. Ar fi putut fi înghițit de o altă femeie. Atașamentul lui față de mama sa, cu tabuul sexual inclus, îl menținuse relativ protejat. Chiar dacă nu era pe deplin statisfăcător, cel puțin nu era copleșitor. Nu era obligat să admită sentimentele erotice față de mama sa (sau pe ale ei pentru el). Putea să rămână emoțional loial față de aceasta și să n-o abandoneze, iubind vreodată cu adevărat pe altcineva. Însă când a murit, acest compromis s-a prăbușit. A fost nevoit să rupă eroticul ca nu cumva să se sufoce. Acum eu eram un substitut pentru mama lui. Atașamentul lui față de mine mima aspecte ale sentimentelor lui pentru ea, doar alături de mine el ar fi putut să se apropie puțin de explorarea sexualității.

I-am spus lui Adam ce credeam că e posibil să se întâmple. Nu eram sigură că dibuisem ceva central pentru el sau dacă pur și simplu mă simțeam ușurată de claritatea (temporară, însă) adusă de acest lucru. Cel puțin, sentimentele mele sexuale se evaporaseră și revenisem pe picioarele mele.

Adam mi-a respins gândurile. Sau, mai degrabă, le-a considerat drept un fel de respingere categorică și, pornindu-și motorul sexual, am luat-o de la capăt.

— Hei, doamnă doctor, ai grijă! Nu te ascunde după chestiile alea freudiene. Am încercat să-ți spun că mă ajuți cu adevărat. Dragostea noastră mă face să mă simt mai bine. Hei, a spus el, trecând la o abordare fizică directă. Drăguțe cizme. Arăți nemaipomenit astăzi.

M-am simțit obosită cu gândul la încercările pe care le voi avea de făcut de-a lungul restului de cincizeci de minute pentru a vedea ce e dedesubtul, înlăuntrul și de jur împrejurul acestei oferte sexuale și a concentrării lui pe ceea ce ar putea avea importanță pentru o femeie sau ar putea să o miște.

— Atenția ta centrată pe mine, pe cum arăt, pe ce port și pe cvasiajutorul pe care-l dau are în ea o intensitate destul de mare. E ca și cum scanezi, ca să vezi ce mă va atinge și apoi să mă tragă aproape de tine.

— Mda, doamnă doctor. Sigur că asta fac. Asta înseamnă dragostea. Te deranjează? Ești o femeie frumoasă și te doresc.

Era ceva legat de felul ăsta sudist de a vorbi care m-a domolit imediat. Am fost recunoscătoare pentru asta. Am încercat iar să vorbesc despre weekendul lui cu Laura și despre sentimentele lui de atașament față de mine. Nu am avut întru totul succes pentru că, atâta timp cât am refuzat să vorbesc prin intermediul metaforelor sale, distanța dintre noi a crescut. Și, deși Adam avea nevoie să experimenteze pe viitor acel spațiu dintre noi, am simțit că, pentru moment, nu putea să îl suporte. Nu se putea apropia de spațiul gol. Era prea greu. Mai degrabă ar fi preferat o încăierare cu mine și să continue să mențină caracterul sexual al conversației. Să mă tachineze din nou. Să interpreteze relația noastră pe melodia lui.

El trăgea într-o parte și eu în alta. Multe dintre ședințe s-au desfășurat așa. Făcea un comentariu flatant despre felul în care arătam sau despre cum vorbeam. Eu încercam să trec în spatele sau dincolo de acele cuvinte spre altceva ce puteau acestea să ne spună. Înfuriat pentru că evitam aspectul aparent al spuselor lui, el continua să mă implore, să-mi spună că singurul motiv pentru care venea la ședințe era să mă curteze și apoi ne cufundam în tăcere.

Timp de zece luni terapia a fost pe muchie de cuțit, oscilând între încercările sale insistente de a mă seduce și între la fel de insistenta mea poziție că trebuie să înțelegem de ce este atât de absorbit de mine, ce ar fi simțit dacă nu ar fi fost, de ce ne-am fi ocupat în terapie dacă ar fi putut să fie cu mine fără să fie nevoie să sexualizeze întâlnirea noastră.

Prin contestarea naturii sexuale a interesului și atașamentului lui pentru mine, el simțea că îi negam esența. În timp ce se lupta să mă seducă, eu mă luptam să-l fac să se confrunte cu nimicul. Mă simțeam crudă, aproape împietrită, în urmărirea a ceea ce simțeam că avea nevoie să facă din punct de vedere clinic.

Desigur, am discutat la nesfârșit de ce Adam devenise acum atât de acaparat de mine. Desigur că am încercat să văd față de ce anume avea această reacție de panică prin „îndrăgostire pasională". Desigur că am analizat în mod repetat situația și am sugerat ceea ce credeam eu că se întâmplă.

Multă vreme nu spuneam nimic. Aveam nevoie să mă gândesc la ceea ce spunea el, la ceea ce simțeam că încerc să îi spun și la ce simțeam. Bănuiala mea a fost aceea că el era înspăimântat de contactul nesexualizat cu o femeie, că acest lucru îl făcea vulnerabil, îl punea în contact cu sentimentele sale de dependență, de furie și de acaparare care stăteau la baza dificultății pe care o adusese în terapie. Nu am dorit să desexualizez și să reduc la nivelul unor dorințe infantile cele exprimate de el, dar credeam cu tărie că, dacă măcar ar fi putut ajunge la acele sentimente, în loc să devieze în jocul erotic, am fi putut să ne îndreptăm către dificultățile cu care se confruntase de-a lungul copilăriei și să transformăm moștenirea pe care i-o lăsaseră acestea — o moștenire în care fusese incapabil să-și mărturisească furia și ura față de femei, frica sa de a fi dependent de ele și frica de a fi posedat de ele.

Aveam o schiță a felului în care mă gândeam că s-ar putea derula terapia dacă aș fi reușit să o aduc pe drumul cel bun. Am jonglat cu direcția în care credeam că e nevoie să meargă terapia și cu încercarea mea de a fi deschisă către direcția reală a procesului terapeutic. Am simțit că rezistența mea la insistența lui de a juca teatrul eroticului dădea roade dar am remarcat că până și bătălia noastră legată de unde trebuie lucrat începuse să capete un aspect erotic. Tot respingându-i sexualitatea, mă temeam că mă înclinam spre limita sadismului. Având în minte interesul său recent pentru sexul sadomasochist, m-am întrebat dacă nu cumva orice aș fi oferit ar fi putut fi retradus în limbajul sexualizat în care el se simțea sigur.

Terapia a continuat în felul ăsta. Voiam să găsesc o cale de a extinde repertoriul său emoțional astfel încât alte forme de contact să îl poată atinge. Dădeam interpretări tăcute, pentru mine însămi, despre ce credeam că înseamnă comportamentul său. Dacă aș fi crezut că erau folositoare le-aș fi pus în cuvinte. În majoritatea timpului eram tăcută, încercând să fiu cu el, să nu fiu zguduită de avansurile sale sexuale și să nu îl resping. Eram forțată să mă confrunt cu o situație dificilă, pentru că felul în care puteam să fiu alături de el în asaltul sexual era să fac chiar lucrul care îl înfuria — să transpun dialectul său sexual într-unul cu care puteam să lucrez. Speram că, prin a-i arăta că era posibil să supraviețuiești anxietății pe care credeam că o acoperă sexualitatea lui, ar fi putut găsi oarece încredere ca să o abordeze. M-am simțit mai degrabă precum un profesor bătrân care insistă ca elevii indisciplinați să stea în băncile lor în loc să alerge de jur împrejurul clasei. Mențineam cu încăpățânare o limită care nu trebuia depășită. Însă, la fel cum ar fi fost și pentru copii, ceea ce-i ofeream reprezenta o plăcere nesigură sau un beneficiu îndoielnic. Alergatul de jur împrejur era mult mai amuzant.

Această strictețe din mine m-a făcut să îmi pun în continuare întrebări legate de mine. Eram oare doar o femeie mohorâtă, de vârstă mijlocie, care nu s-ar juca? Eram excesiv de rigidă? Eram ca acei terapeuți reținuți care refuză să intre în lumea pacientului lor și astfel lasă persoana să naufragieze în timp ce ei se bazează, mulțumiți de sine, pe teorie ca să meargă mai departe?

Poate că Adam avea dreptate. Viața era plictisitoare de moarte fără pasiune și *crises de coeur*[*]. Mă bucurasem de fiorul dintre noi în urmă cu doar câteva luni. De ce o tot țineam cu bogăția relaționării obișnuite când, în mod manifest, aceasta era, prin comparație, atât de săracă? Militam oare pentru stabilitate emoțională și pentru vreo teorie despre cum e mai bine să trăiești căldicel, în loc să îmbrățișezi viața?

M-am gândit la vremurile tinereții mele, când viața mea fusese mult mai mult pe muchie de cuțit, când eram în căutare de aventuri emoționale și atât de multe riscuri își apărau locul. Eram oare sigură cu adevărat că preferam existența mea de acum sau doar raționalizam poziția ei serioasă? Oare rămăsesem, fără să remarc reversul, fără vlagă, eram amorțită de folosirea defensivă a înțelegerii mele asupra proceselor psihologice și făceam asta pentru a mă fixa și a mă ține adunată? Oare mă uitam cu amărăciune la femeile de vârsta mea care erau încă aventuroase, înainte de a mă alina degrabă cu o doză de maturitate autosuficientă?

Nu prea îmi plăcea confruntarea asta cu mine. Simțeam că eram luată la bani mărunți. Nu voiam să fiu tulburată astfel de către Adam. Nu îmi plăcea provocarea la care mă supunea. Știam că provocarea era la fel de legată de mine cât era legată de el. Știam că trebuia să se revolte împotriva mea și să mă descopere de neclintit. Dar mai știam și faptul că, pentru a fi fermă în mod autentic, pentru ca eu să ajung în mod autentic la ce se ascundea în spatele sexualizării relației noastre, trebuia să trăiesc și să explorez lucrurile cu care mă asalta, nu doar seducțiile sale, ci și ceea ce jocul său erotic și răspunsul meu la acest joc spuneau despre viața mea.

* Inimi frânte, în limba franceză, în original. (N. red.)

Într-un weekend m-am simțit rău și după-amiaza m-am băgat în pat cu febră. Familia mea, având grijă să nu mă deranjeze, a ieșit din casă. Era liniște și în nemișcarea neobișnuită m-am trezit fantasmând o viață diferită, o viață în care nici familia, nici munca mea nu mă țineau legată, o viață care deținea o spontaneitate diferită de cea cu care mă obișnuisem. M-am trezit din nou gândindu-mă la Adam și la dușul de la Claridge. M-am imaginat spunând familiei mele că voi fi plecată în weekendul următor și apoi să plec să îl petrec cu el.

Gândurile m-au speriat și, în combinație cu febra mea, nu am fost chiar sigură de ceea ce se întâmpla. Am sunat o prietenă și colegă de încredere să vorbim despre asta. Se cerea un pic de supervizare. Era această fantezie diferită cumva, m-am întrebat, de imaginile pe care le-am avut în legătură cu o altă pacientă — să o înfășor într-o pătură și să o iau acasă? Oare insistam că jocul erotic al lui Adam ne deturna de la o problematică mult mai substanțială doar pentru că îmi era teamă c-aș putea fi înlănțuită?

Mi-am amintit încă o dată că o cedare în fața magnetismului psihologic al unui pacient întărește în mod paradoxal impulsul de a-ți găsi echilibrul. Știam din experiență că, cu cât mă opuneam mai puțin la ce se întâmpla în interiorul meu, cu atât mai iute mă „regăseam" pe mine însămi și eram în stare să-i dau înapoi lui Adam ceva folositor care să răsară din „abandonul" meu emoțional. M-am reasigurat că, deși m-am lăsat purtată de seducția lui Adam și am rămas prinsă în ea, mai există totuși o scânteie a unui ochi care observă, privește și gândește în legătură cu experiența pe care o aveam, într-un fel care să fie productiv pentru el.

Lunea următoare a existat o schimbare în ședință. Adam nu era prea interesat de mine. Era politicos și plin de solicitudine, dar energia lui nu era angajată complet în demersul de a mă face să simt că eram singura persoană care exista pentru el în acel moment. Deși am fost extrem de interesată de schimbarea lui, eram descumpănită, mai ales că, după barajul de zece luni, îi permisesem în cele din urmă să pătrundă în mine în felul în care a spus că voia. Era o concordanță aici între faptul de a-l fi acceptat în mintea mea într-un fel sexual și acela că el nu mai avea nevoie de mine? Să fi fost asta chiar ceea ce se întâmpla întotdeauna pentru el cu iubitele lui? El își pierdea interesul atunci când îl captura pe deplin pe al lor. Odată ce o femeie îl dorea cu adevărat, dorința lui pentru ea se estompa. Cucerirea, jocul, era ceea ce îl menținea viu. Supunerea unei femei era dangătul ce-i vestea moartea. Ea îl dorea, dar el nu mai era deloc interesat de ea.

Partea observatoare din mine a zâmbit. Se întâmplă adesea ca, atunci când un terapeut face sau anticipează o schimbare înăuntrul său pentru că a înțeles ceva despre sentimentele sale legate de un pacient, atmosfera să se schimbe[2] fără de cuvinte, aproape miraculos. Partea din mine care a fost prinsă în joc, dar care în cele din urmă m-a lăsat să merg la Claridge să am aventura l-a eliberat pe Adam. Odată asigurat că e dorit, putea să meargă mai departe. Prin faptul că eu îl doream, avea ceva din mine în interiorul lui. Nu era atât de gol și disperarea lui era domolită. Deocamdată. Acum terapia putea merge mai departe. Aveam informații noi, date noi de luat în considerare. Episodul esențial, în care avea nevoie să fie dorit și în care trebuia să mă cucerească psihic, se consumase acum între noi. Ceea ce simțeam ar fi putut fi un insight crucial legat de lumea interioară a lui Adam, de o parte a lui care fusese fie ascunsă în curtare, fie clivată și proiectată asupra victimei sale.

Cum Adam și-a retras interesul legat de mine, am fost ușurată să văd că freamătul sexual pe care îl stimulase în mine s-a oprit. Exista o ușoară senzație de pierdere. Mă simțeam puțin anemică, dar sentimentul dominant era unul de ușurare. Mă simțeam nerăbdătoare la gândul unei noi etape în care speram să treacă terapia și relația noastră.

Dar m-am cam grăbit să o simt ca pe o eliberare. De-a lungul următoarelor ședințe, pe măsură ce interesul meu sexual dispărea, se retrezea în el. M-am întrebat dacă nu cumva urma să fiu prinsă într-un joc sinistru în care chiar dacă el nu avea să mă cucerească sexual, eu aș fi fost atrasă în mod intim de el. Eram disperată. Acum flirta nu doar într-un moment din ședință, ci aproape pe tot parcursul ședinței. Nu prea puteam să spun cum mă simțeam. Era ceva ciudat să fii plătită pentru a primi flatări sexuale timp de cincizeci de minute de câteva ori pe săptămână. Legat de asta, exista totodată ceva care mă irita. Cu mult mai deranjant a fost faptul că în următoarele câteva săptămâni sexualitatea lui Adam reîncepuse să mă tulbure și m-am trezit fantasmând din nou.

Cum mai fusesem o dată în această situație, mă întrebam dacă nu cumva va exista o reluare a ceea ce se întâmplase cu câteva săptămâni în urmă. Oare se putea ca imediat ce eu luam în serios pariul lui sexual, miza să dispară pentru el? Voi avea iarăși sentimentul de abandon și de eliberare? Oare Adam, după alte câteva ședințe în care îmi va simți retragerea, va reveni iar la flirt? Mă întrebam câte runde o vom ține tot așa, lovind și parând.

Când îmi dădeam voie să îl consider pe Adam ca pe un iubit, îi simțeam forța, puterea și disperarea. Cum intram în fantasmă, simțeam vag că nu am fost invitată să am o relație cu el, să creez ceva cu el. Desigur, aveam să primesc foarte multă atenție, însă mai exista un sentiment foarte profund: mi se cerea să primesc foamea și disperarea lui intensă, să mă deschid pentru a fi folosită de el. M-am cutremurat. Era ceea ce am formulat pentru mine teoretic dar până la acest moment nu am știut sau simțit cu adevărat. Am avut o licărire terifiantă despre felul în care agăța, golea interior și își scotea din fire femeile în timp ce era pe cale să le îndepărteze. Deși el părea prezent, atent din punct de vedere sexual și plin de dorință, o absență cu fiori reci stătea acolo unde era de așteptat să fie relaționarea. Mă întrebam dacă asta era ceea ce simțise întotdeauna cu mama lui. M-am întrebat dacă se simțise folosit, un fel de jucărie, în loc de a se simți ca parte dintr-o relație.

Și totuși, în timp ce puteam analiza ceea ce părea el că aduce în mine și chiar să simt cât de dezagreabil era, ăsta nu era singurul sentiment. Eram, de asemenea, atrasă, fascinată. Din starea de gol absolut pe care am simțit-o după abandonul meu în fața fantasmei, am simțit răceala chiar în centrul seducției sale. Fusese trezită dorința mea de-a ajunge la el emoțional și de a transforma ceea ce părea precum o tijă de oțel înfiptă în inima sa.

Era de acum primăvară și Adam a plecat să jurizeze competiții culinare în Franța timp de două săptămâni. Tot timpul acela am păstrat un sentiment cald pentru el și mi-a fost dor de el. Am crezut că am simțit ceva din teroarea și izolarea specifice perturbării sale, fapt ce va face ca travaliul să meargă mai departe. Abia așteptam să se întoarcă.

Când s-a întors, era incredibil de degajat. În mod previzibil, interesul său pentru mine se stinsese. Nu doar că fusesem stârnită — ceea ce probabil percepuse în mod subliminal —, astfel că el nu mai era nevoit să mă vâneze, dar poate că mult mai semnificativ era felul în care își gestionase atașamentul față de mine în timpul în care lipsise. Atașamentul nostru nu avea nicio valoare pentru el dacă eu nu eram acolo pentru a-l reprezenta și a-l întruchipa literalmente. Asta se întâmpla din cauză că își considera nevoile atât de copleșitoare și atât de greu de tolerat, că trebuia să fie mereu atent să le țină legate de cineva. Odată ce el nu putea avea încredere în atașamentul nostru (sau în oricare altul), el își transfera foamea în altă parte, acolo unde să nu fi avut sentimentul că era ros de ea, ci, mai degrabă, că i se răspundea. Am fost sigură, și el a confirmat, că avusese aventuri nenumărate cât fusese plecat.

Curiozitatea și sentimentele mele legate de aceste aventuri, teoretic, nu mă surprindeau. Dar emoțional mă simțeam trădată. Cât timp am fost preocupată de atașamentul nostru îndeajuns încât să gust cât de mizerabilă era experiența lui internă, cât era de disperat în nevoia sa, cum miezul său de oțel îl făcea incapabil să iubească cu adevărat sau să folosească dragostea care venea spre el și cât de mult speram ca ședințele noastre să păstreze acest adevăr, el dispăruse.

Era ca și cum fusesem abandonată, secătuită, păcălită de el. Întregul meu interior fusese ațâțat, fără a avea vreo cale de scăpare. Mă recunoșteam în descrierile pacientelor mele care simțiseră efectele neplăcute ale câte unui Adam. M-am simțit eviscerată și vampirizată, goală de mine însămi. Acum și eu am simțit că aveam nevoie de ceva de la Adam, ceva de care nu avusesem nevoie înainte, ceva ce promisese ațâțător că va fi satisfăcut și pe care acum mi-l retrăgea. M-am simțit bolnavă, stupidă, ridiculizată.

Din fericire, aveam cadrul terapeutic pentru a mă stabiliza. Mi-am adunat energia pentru a mă gândi la ceea ce trăisem.

Am avut o imagine a lui cățărându-se pe mine, scobind o cavitate prin centrul meu și apoi lovind cu pumnii în scheletul meu din interior. M-am simțit colonizată, ca și cum el mă mânca. În ședințe, flirtul lui, cu șarmul și dulceața sa, predominase. Acum îl simțeam ca pe un vultur ce se năpustea asupra mea.

Mă simțeam bolnavă pe dinăuntru, îmi devenise mai limpede ceea ce aveam de făcut. Aveam nevoie să găsesc o cale să scot la suprafață unele dintre sentimentele pe care le trăisem cu el, pentru a vedea dacă erau o versiune a ororii de care el încerca mereu să scape. Bănuiala mea fusese că un gol îngrozitor se așezase în interiorul lui. Nu-mi era prea clar de unde venea vampirizarea. El era atât de antrenat în comportamentul acesta, așa de hotărât să sugă ceva din femeile pe care și în care ateriza, încât am simțit că ar putea să încerce să rezolve ceva ce i se întâmplase în mod repetat de timpuriu, ceva ce devenise în felul acesta cea mai proeminentă experiență emoțională a lui. Am presupus că, prin acțiunile sale, el încerca să câștige un fel de control asupra experienței în care el fusese obiectul spre care se cobora în picaj, el însuși devenind acum mai degrabă prădătorul decât prada.

Întrucât înțelegerea mi-a stins dorința sexuală, flirtul lui Adam a pornit iarăși. Însă, cu dezgustul celor întâmplate ultima oară, nu aveam să mai fiu tulburată. Am direcționat conversația către vidul care stătea în spatele insistenței sale și către dilema teribilă cu care se confrunta — de a dori apropierea, dar de a nu fi în stare să se bucure de ea atunci când o avea. El a continuat să încerce să pătrundă și să apuce din mine ceea ce era atât de greu să găsească în el. Pe când țineam piept seducțiilor sale, mă simțeam crudă și aspră. Dar am simțit că trebuia să scot la lumină acel spațiu gol dintre noi — era o condiție ca să se poată schimba ceva fundamental în el. Dacă îndulceam situația sau o acopeream, șansa ca el să-și confrunte sentimentele neplăcute ar fi fost pierdută și ne-am fi întors la ciclul lui repetitiv de căutare și distrugere. Pe măsură ce-i refuzam rugămințile și insistam să vorbim despre acel gol sau încercam să nu vorbim deloc, am simțit că mă retrăgeam.

Vedeam că suferea foarte mult și că această suferință era de nesuportat pentru el. Deși mi se trezise compasiunea, mă simțeam destul de distantă față de el. Aveam o imagine despre el, aflat într-o izolare teribilă, tânjind să fie atins și luat în seamă, fiind în același timp încarcerat. A relatat mai multe vise care evocau această teamă. Era în seiful unei bănci cu uși duble din oțel; era în Laponia, afară din igluuri; era în stepele rusești în timpul celui de-al Doilea Război Mondial, căutându-și tatăl.

În ceea ce privește toată îngrijirea acordată de mama lui, mi-o imaginam retrăgându-se dinspre el, poate atunci când tatăl său s-a întors din Europa. Apoi am presupus cum Adam s-a îndreptat către tatăl său, dar a ajuns să-și piardă ambii părinții la scurt timp după asta. Știam că mama lui fusese disperată când soțul ei plecase, dar acum mă întrebam dacă ea nu devenise adânc depresivă și dacă nu-l prădase pe Adam de vioiciunea copilăriei lui, ca o cale de a se menține ea pe linia de plutire. Când am sugerat aceste posibilități, ele au părut să îl atingă.

S-a descris pe sine ca alunecând într-o gaură neagră care putea să-l înghită. Nu era nimic acolo și totuși ceva pusese stăpânire pe el. Această metaforă din fizică m-a interesat, deoarece găurile negre aspiră totul în ele. Găurile negre nu emit lumină, ele absorb totul. Găurile negre nu produc nimic. Experiența mea cu încercarea lui Adam de a mă coloniza a făcut ca această metaforă să sune a adevăr. El a luat, a eviscerat și a copleșit ceea ce era în câmpul lui emoțional, dar nimic nu îl umplea. În centrul experienței sale emoționale, el era dezolat, lipsit de sens, înfricoșat și anxios.

Întâlnirea cu asemenea sentimente de dezintegrare l-a făcut pe Adam să se scuture involuntar. Terminatul prea repede, acum agitația și sentimentele copleșitoare de vid erau echivalentele psihologice ale unui bloc-turn care se prăbușea. Era moloz psihic peste tot, bucăți mari de resturi, unele reutilizabile, unele redundante și mult praf de dat la o parte. Nu știam ce am putea găsi. Nu e de mirare că Adam căuta în mod repetat o nouă aventură de fiecare dată când simțea acest lucru înăuntrul lui. Nu e de mirare că era atât de determinat să creeze o estetică frumoasă în restaurantul și în mâncarea lui. Era disperat să se hrănească, să intre în contact, să găsească o casă departe de pustiul lui.

Cu această dezolare desfășurată înaintea noastră, era inevitabil ca Adam să se simtă tentat să flirteze cu mine în continuare. Dorea o alinare și, înainte de a se putea dezvolta ceva nou, Adam ar fi încercat să iasă din această depresie prin revenirea la căile sale obișnuite de a relaționa. Dar încercările deveneau tot mai banale și acum erau acompaniate de o mare tristețe. Ne uitam laolaltă la viața pe care și-o crease și ne confruntam cu sentimentele sale de tristețe.

De-a lungul verii nu am fost sigură ce întorsătură va lua totul. Oare Adam va avea curajul să rămână acolo, să îndure întunericul? Putea el să trăiască cu panica nimicului? Putea el să tolereze sentimentele de izolare destul de mult, știind că îi eram alături, dar fără să trăiască prezența mea ca pe o intruziune? Dacă putea să facă asta, știam că avea să treacă de dificultăți. Ar fi avut de înfruntat ceva din ceea ce îi producea frică. Ar fi putut atunci să crească din interior. Caracteristicile și calitățile sale încântătoare, care până acum fuseseră folosite în feluri care îi răneau pe ceilalți și nu reușeau să-l vindece, ar fi putut să fie simțite ca generative și productive pentru el, și nu ca niște arme din arsenalul său cu care ataca lumea.

Pe când a venit toamna, respectul meu pentru Adam crescuse. Părea să fi înțeles ce se cerea. A realizat că a se îndrăgosti de mine sau de oricine altcineva era, pentru moment, o diversiune. Dădea acum la schimb aventura și anxietatea pe o depresie lungă și rece. Vidul său interior îl secătuia de viață. A continuat să lucreze, dar fără o femeie pe care să o curteze s-a simțit blazat și lipsit de sens. Totul era lipsit de esență. Nu existau înălțimi, nici măcar dealuri mici, doar durere neîntreruptă și frică. Văzându-l la lucru în bucătăria sa, prietenii lui au observat cum atenția lui pentru detalii înlocuia fosta sa exuberanță. Era o perioadă tristă.

Deși suferea teribil și era foarte nesigur pe el, părea să simtă prezența mea și să știe că se putea baza pe mine. În cele din urmă, relaționam unul cu altul, fără să alunecăm spre vreo dulcegărie. Mă afecta durerea lui și putea să-și dea seama că mă mișcă. Depresia și golul său nu mai erau ascunse, se aflau acum în fața noastră. Era singur și înfricoșat, dar nu era izolat. Fusese găsit.

Timp de mai multe luni, Adam a continuat să se simtă gol și deprimat. Era într-o gaură, dar, pe cât de grea era situația pentru el, era ce trebuia. Exprima, în loc să nege, ceea ce simțise atâta vreme. Fără năpustirile lui frenetice asupra celorlalți, care aveau menirea de a-l distrage de la el, a învățat să îndure golul lui. Pe măsură ce a învățat să cunoască și să accepte această stare, ea fost transformată într-o liniște care, în timp, s-a transformat într-o stare stabilă și reconfortantă.

Treptat, autenticitatea conexiunii noastre s-a cristalizat în ceva folositor pentru el. El putea absorbi privirea mea îndreptată spre el, în goliciunea lui, și era atins de interesul și atenția mea pentru el. Încet-încet, conexiunea a luat locul seducției dintre noi și dintre el și ceilalți. A devenit gânditor și reflexiv. Trăise experiența de a fi cu o femeie mai în vârstă fără să fie nevoit să fie la înălțime, fără să fie nevoit „să ofere". A început să-și confrunte teroarea de abandon, ura lui pentru femei, nevoia lui de a avea putere asupra lor și felurile în care făcuse asta. Toate aceste teme au putut fi desfășurate între noi, dar nu atât de dramatic ca fantasmele erotice care penetraseră relația noastră. Descoperisem că e mai ușor și să explorez ura lui față de mine, frica lui că l-aș putea părăsi, dorința lui de a avea putere asupra mea. Puteam să mă descurc cu toate astea. Pâinea și untul terapiei. Doar eroticul a fost cel în jurul căruia am fost nevoită să mă confrunt atât de dramatic cu propriile mele sentimente și să încerc să disting de ce seducția lui era atât de captivantă. Până una-alta, se gândea încă la sex, tot așa cum persista atracția față de femei, dar acum acestea erau doar o parte din viață, nu-i mai confiscaseră toată viața.

Nu toate mergeau ca pe roze. Era frământat că își va pierde farmecul, că talentele sale care luau ochii și pe care el își baza faima îl vor părăsi. Nu prea putea să vadă cum persoana care fusese și persoana pe care începea să o cunoască s-ar putea combina într-o singură ființă. Exista o falie care trecea prin corpul lui și nu știa cum cele două părți s-ar potrivi împreună.

Mie mi se părea mult mai clar. Adam se dezvolta de la interior la exterior, adunând unele dintre vechile lui abilități pe un fundament nou. Puteam vedea cât de mare era agonia în care se afla, cât de tulburător era pentru el, cât de instabil se simțea trebuind să arunce atât de mult, fără să fie în stare încă să aibă încredere că noul era de vreun folos și că, în timp, avea să se unească apoi cu aspecte ale vechiului său sine. Îmi plăceau mintea lui și felul în care gândea despre sine, pentru că păreau mult mai elastice. Cum devenise mult mai puțin preocupat de a-i fermeca pe alții și de a da buzna în viețile lor, a înlocuit căutarea femeilor cu luarea în seamă a varietății nevoilor lui și a ceea ce îl mișca în prezent.

Când primăvara se apropia, Adam a întâlnit-o pe Karen, o producătoare TV de 34 de ani. Pentru prima dată de când îl cunoșteam alesese o femeie a cărei reacție față de el era echilibrată. Adam nu era speriat de sex, ci de sentimentele sale pentru ea. El voia să se cuibărească alături de ea, să meargă mână în mână, să stea aproape de ea. Nu era obișnuit să-și îndrepte atenția atât de direct spre cineva; era obișnuit cu drama, cu seducția, complicația, cu depășirea limitelor. Ceea ce îl speria acum era sentimentul inocent și plin de speranță din relația lor.

— Pot avea încredere în mine, doamnă doctor? Voi mai simți la fel și mâine? Și poimâine?

Preocuparea lui față de propria capacitate de a-și menține sentimentele de dragoste, fără aventură, fără balansul sus-jos ce îi purtau semnătura, a fost impresionantă. Mi-a dat curaj. De la a cunoaște zona dificultăților cuiva până la a fi capabil să o renegociezi e cale lungă.

Karen era o pereche potrivită pentru el. Ei nu îi era așa de frică de intimitate cum îi era lui Adam și nici nu era o debutantă în cursa lungă. Soțul ei, cu care avusese o relație bună, murise în urmă cu doi ani. Ea și fetița ei în vârstă de șase ani înaintau greoi, încercând să trăiască printre crăpăturile doliului lor, înconjurate de un grup format din prieteni și familie. Adam a fost o surpriză pentru ea. Ea nu se gândise că e disponibilă pentru un nou iubit și poate capacitatea ei de a nu avea o nevoie disperată de el și totuși de a fi interesată a fost aceea care l-a făcut capabil pe Adam să răspundă într-un alt fel. Erau legați unul de altul într-un mod mai degrabă entuziast decât în unul compulsiv. El nu simțea nicio dorință să o răvășească emoțional, ci doar să stea întins lângă ea, să vorbească cu ea și să se joace de-a căminul cu ea și cu fata ei. Au făcut dragoste la un nivel mult mai profund, despre care nici nu știuse că există. În loc de gimnastica psihologică și fizică pe care o punea la bătaie înainte pentru a ajunge la celălalt, acum se trezise implicat, fără efort, în relația cu Karen. Nu avea nevoie să o reguleze cum ea nu mai fusese vreodată. Acum era deranjat de un astfel de concept. Stătea întins lângă ea, mulțumit, în siguranță în interiorul lui, în siguranță cu ea și în siguranță în interiorul ei.

Au petrecut o jumătate de an minunată împreună. Apoi fata lui Karen, Jessie, a avut un accident. Era doar o căzătură de pe bicicletă, dar Karen nu a fost ușor de consolat. Când Jessie era în spital, și apoi pe parcursul următoarelor tratamente de fizioterapie pentru genunchiul ei, Karen a fost teribil de tulburată. Era adânc zdruncinată, confruntându-se iar cu incertitudinile vieții. Mai întâi a pierdut un soț, acum fiica ei s-a rănit la picior. Stresul lui Karen nu s-a domolit.

S-a sprijinit pe Adam, care era aproape cu inima sa și umărul lui. Dar el nu putea să o facă pe Karen să se simtă mai bine și puteam să văd cât de profund îl tulbura acest lucru. Avusese propria lui luptă internă când Jessie s-a rănit și Karen și-a mutat o parte din atenție de la el spre ea. În ciuda preocupării profunde pentru cele două, s-a simțit abandonat. Când Karen își petrecea tot timpul la spital, s-a trezit hoinărind în afara bucătăriei spre barul din restaurantul lui să converseze cu niște femei, dând iarăși drumul farmecului ca unui talent pe care nu îl mai folosise de multă vreme. Era pe pilot automat, căutând un vechi confort. Dar în numai jumătate de oră s-a simțit istovit. Pusese în mișcare ceva ce nu îl mai ducea unde voia să fie. Descoperise că e mai bine să simtă pierderea lui Karen decât să creeze pentru el o diversiune.

Între două ședințe, Adam a visat că era părăsit de Karen. În vis el a privit cum ea intra în restaurantul lui, îl golea de alimente, îi șterpelea rețetele. A fost confuz și chinuit. De ce îl jefuia? Nu avea niciun sens. Scena s-a întrerupt cu ea gătind rețetele lui și hrănind o mătușă de-a lui suferindă de cancer. Mătușa și-a revenit. Karen i-a spus că va rămâne cu el.

Visul l-a surprins pe Adam. Această Karen era atât de diferită de Karen însăși, că el a considerat visul drept un mesaj din teritoriile lui neexplorate. A cugetat de ce o vedea ca pe o prădătoare. De ce putea să stea cu el, când o vindecase pe mătușa lui?

Visul ne-a ajutat să înțelegem ceea ce, emoțional, nu am putut să surpindem până atunci. Acum ni se confirma bănuiala că atunci când era băiețel fusese prematur transformat într-un mic bărbat, încurajat să-i facă o viață mai bună mamei lui prin rezolvarea problemelor acesteia. Energia și exuberanța lui fuseseră deturnate pentru ca ea să poată merge înainte, însă ea nu reușise să îi reumple rezervele. În încercarea de a-și găsi propria cale fusese nevoit să devină cineva care putea fi de folos și care putea fermeca. Pentru a se reumple, el îi jefuia pe alții, așa cum mama îl jefuise pe el. Se transformase în cineva de neînlocuit pentru ei, așa încât să fie necesar și dorit. Confruntat cu neputința de a o consola pe Karen și simțindu-se abandonat de ea, se simțea la pământ. În vis, el retrăise suferința copilăriei lui și tiparele de relaționare care se conturaseră între el și mama lui. Însă descoperise la Karen puteri vindecătoare — ea nu era doar femeia hoață care, pentru atâta vreme, îi populase interiorul.

Această înțelegere l-a entuziasmat. Alesese o femeie care îl hrănea sufletește cu adevărat și de care nu s-ar fi descotorosit. Această cunoaștere stătea alături de frustrarea lui că nu putea ușura lucrurile pentru Karen. Era umilitor și greu pentru el. Nu era ușoară renunțarea la iluzia că putea să schimbe lucrurile din jurul lui. Nu că ea ar fi așteptat ca el să rezolve lucrurile. Karen era echilibrată și știa că el nu putea. Ea rămânea cu rana ei, fără să ceară altceva în afară de sprijinul lui.

La început, el a trăit nevoia ei de sprijin ca pe o cerere, și în parte era o cerere, dar una de natură diferită. Karen avea nevoie ca el să aibă răbdare și să fie prezent cât timp ea se lupta cu limitele propriei sale capacități de a oferi protecție. Nu mai era așa de disponibilă pentru el ca înainte. Dar nici nu era pe cale să iasă din relație. Adam a tradus inițial această situație dificilă într-un dialect pe care îl știa, pentru că rezona cu abandonul timpuriu din partea tatălui și a mamei sale. Când se simțea lăsat deoparte, încerca să-și liniștească anxietatea prin „jefuirea" femeilor din barul său. Dar nu mai mergea. Îl făcea să se simtă mai rău. A revenit la el și a rămas cu ceea ce simțea de fapt, pentru a face față alarmei pe care Karen, întorcându-se către fiica ei, o pornise în el.

Receptivitatea lui față de vis și de schimbările dinlăuntrul lui l-a ajutat să ducă la bun sfârșit ultima parte a muncii noastre împreună. A învățat să rămână alături atunci când altcineva suferea, însoțindu-l pe acel parcurs, însă fără să se teamă că fusese folosit. Asta a făcut posibil ca el și Karen să rămână conectați și aproape unul de celălalt. El a fost chinuit de ideea că nu e în stare să repare situația pentru ea, dar nu a fost nevoit să fugă de ea sau de el însuși. Trăia acum propria sa viață emoțională și chiar era în stare să facă față problemelor reale pe care le întâlnea.

M-am întors la mărunțitul feniculului, gura mea curbându-se într-un zâmbet de mulțumire. Ce furtunos începuse călătoria noastră! Cât de efemeră a devenit toată fantasmarea erotică și totuși ce importanță crucială s-a dovedit a avea pentru a putea urmări îndeaproape ceea ce Adam stârnise în mine. Implicându-mă în ceea ce el, la aceea vreme, considera „că e cel mai bun în el" am ajuns să înțeleg teroarea și întunericul din centrul său. Mi-a oferit o priveliște către locul unde se aflau dificultățile lui.

Am simțit apoi, așa cum am simțit adesea de-a lungul muncii noastre împreună, că dacă această terapie s-a fi oprit la jumătate, dacă aș fi fost prea speriată de sentimentele erotice pe care le aveam, dacă el s-ar fi îndepărtat simțindu-se neînțeles, că Adam ar fi rămas, ca mulți alți bărbați — pe câțiva dintre ei i-am cunoscut în practica mea și mai multe am auzit prin intermediul pacientelor mele femei — un bărbat privat de sine însuși. Bărbați al căror gol intern îi determină să devină teroriști psihologici, hrănindu-se cu dragostea pe care o pot genera în femeile pe care le curtează și apoi le abandonează. Bărbați care sunt nevoiți să pună în scenă și să repete la nesfârșit atragerea și abandonarea celorlalți. Lui Adam nu îi mai era hărăzit un astfel de destin. Pe lângă confruntarea cu fiorii reci ai golului interior, el a riscat ceva în plus. Penisul lui l-a îndepărtat de o viață care nu mai funcționa, îndreptându-l spre una care îi oferea mai multe posibilități.

Belle

Era timidă și ezitantă când a telefonat pentru o consultație. Nu aveam nicio oră liberă. Dar ceva din fragilitatea ei s-a agățat de mine și am aranjat să o văd joia următoare.

— Vă mulțumesc, vă mulțumesc, a spus ea pe când deschideam ușa unei femei micuțe, cu aspectul unui copil abandonat, de treizeci și ceva de ani.

— Sunt disperată, a continuat ea înainte ca fundul său să atingă scaunul. Nimic nu merge. Dezastrul mă depășește. Viața mea se îndreaptă spre nicăieri. Trebuie să fac ceva.

Și-a aruncat ochii albaștri imenși spre mine, de sub un breton negru strălucitor. Erau seducători. O rugăminte directă de a-i răspunde. I-am răspuns.

— De fapt, e mult mai rău. Mă învârt pe loc. Sunt într-un impas. Trebuie să fac ceva.

Avea treizeci și doi de ani. Plutise în derivă încă de când terminase școala. Nu mai răbdase să stea cu familia și la șaptesprezece ani venise la Londra, unde făcuse pe bona, apoi rătăcise o vreme pe scena muzicală, pe la câteva parade de modă de joasă clasă, cântase cu o trupă de fete. A fost în regulă. Chiar bine. Câteva relații cu bărbați mult mai în vârstă o ținuseră pe linia de plutire în privința banilor în vremurile de restriște. Prea multe droguri, sex și rock'n'roll nu i-au dat voie să se gândească la viitor. În orice caz, cine se gândește la viitorul lui când are douăzeci de ani? Doar tocilarii și condamnații. Se ținuse departe de asta cât putuse de mult.

Aspectul ei atrăgător și ezitarea de la telefon mai degrabă contrastau cu această tânără femeie blazată care trăise prea mult din extremele lezante ale vieții.

Belle se născuse și crescuse aproape de orașul port Dunedin de pe coasta de sud-est a Noii Zeelande, fiind a doua dintre cele trei fiice ale unui tată scoțian și ale unei mame englezoaice. Dunedin era un oraș mort. Tata era manager, un fel de prezență absentă în familia ce era condusă de mamă, o femeie cătrănită și critică, mutată din Londra când soțului său i s-a solicitat să conducă biroul din Noua Zeelandă al unei firme britanice. Mama renunțase la munca ei de profesoară când au apărut copiii și nu-și mai găsise niciodată calea spre ceva ce își dorea să facă. Nu se putea adapta în Dunedin și îi lipsea Londra. Belle și sora ei mai mare erau rebele, energice, petrecând timpul prin cele câteva cafébaruri și discoteci din Dunedin, apoi luându-și tălpășița spre orașe mai metropolitane, ca Wellington și Auckland, unde erau mai mulți băieți și mai multă acțiune, intrând în orice aventură aflată la îndemână până când Noua Zeelandă s-a dovedit prea mică.

— Oricum, vă spun toate lucrurile astea pentru că ele contează pentru psihiatri și e, probabil, ceea ce e greșit la mine, dar adevărul e că familia mea este destul de departe de mine acum și eu nu mă gândesc vreodată cu adevărat prea mult la mama și la tata. Sora mea mai mare este aici, iar cu cea mică, cu Marie, nu prea comunic.

Belle era o femeie plină de energie, dar fără să știe încotro să se îndrepte. Pentru cineva care părea atât de fragil, ea se băgase singură în situații de care o femeie mai convențională s-ar speria aproape de moarte. Încurcăturile, însă, nu erau chiar accidentale. Erau felul de viață al lui Belle. Cum sărea dintr-o criză în alta, încurcăturile se înlănțuiau pentru a-i oferi un scop. Ea exista pentru simplul fapt de a le supraviețui.

Calamitățile puteau fi găsite în toate ariile vieții ei. Rămăsese accidental gravidă de mai multe ori; își pierduse apartamentul sau camerele închiriate de mai multe ori; era în mod frecvent falită și avea altercații majore cu prietenii. Era mereu angrenată în câte o urgență și și-ar fi folosit ochii ei profunzi de culoare turcoaz asupra oricui s-ar fi aflat în apropiere la acel moment pentru a o scoate din încurcătură. La prima ei vizită la mine a rătăcit drumul, apoi a pierdut cheile de la mașină, astfel încât atunci când a ajuns, cu vreo treizeci de minute întârziere, aveam o urgență de rezolvat.

Belle a presupus că eu mă voi implica în această dramă și o voi ajuta. O așteptare destul de rezonabilă. Însă regulile alianței terapeutice sunt diferite de cele ale întâlnirilor sociale obișnuite. După ascultarea scurtei prezentări a vieții și a crizelor ei, dacă aș fi încercat să o ajut așa cum mă invita Belle să o fac — fie căutând împreună cu ea cheile fie dându-i cardul meu de reduceri la combustibil —, s-ar fi putut să procedez contrar față de ceea ce terapia încearcă să dobândească. Aș fi putut să cad în capcana cerinței ei de a fi salvată, împiedicând o explorare a conținutului urgențelor ei și nereușind să stabilim o bază diferită pentru relația dintre noi.

Era tentant. Aparenta neputință a lui Belle a trezit dorința mea de a lămuri cea mai recentă încurcătură din viața ei[1]. Dar cum auzisem că încurcăturile erau ceva obișnuit pentru ea, se succedau fără întrerupere, provocarea era mai degrabă să o ajut să rezolve ceea ce ea crease decât să înlătur problema ca și cum nu se întâmplase vreodată. Abordarea mea, bazată pe amânarea unui răspuns imediat la solitarea ei de a fi salvată, aducea o frustrare cu care ea nu era obișnuită, dar și posibilitatea ca ea să nu se mai întoarcă pentru o nouă întâlnire.

Beneficiul unei astfel de abordări, dacă funcționa, ar fi fost să îi ofer un indiciu al alianței terapeutice. Ar fi putut fi mai folositor pentru ea să simtă inconvenientul cheilor pierdute decât să îi rezolv problema imediat. Acesta nu era un act de agresivitate vădită din partea mea, ci sentimentul că puteam înțelege ceva din procesul ei de trecere de la o urgență dramatică la alta. Din punctul în care eram la acel moment, urgențele ei păreau să-i definească întreaga ființă. Era mult prea devreme să teoretizez în legătură cu Belle, dar aceste urgențe pe care le întrevedeam erau modalitatea în care ea intra în contact cu ea însăși, felul în care punea limite frânturilor de viață de la A la B, ancorele de acostare pentru plutirea ei în derivă.

Iată cum, între noi, stăteau cheile pierdute. Ședința condensată a crescut presiunea pe care am simțit-o de a avea grijă de ea. Am simțit frustrarea ei și o ușoară neîncredere că nu acționam potrivit așteptărilor ei. Oamenii mereu o ajutau și iată-mă pe mine, profesional menită pentru ajutor, lăsând să treacă urgența pe dinaintea noastră.

Aș fi putut să încerc să înțeleg semnificația specifică a pierderii cheilor, analizând împreună cu ea semnificația particulară a acesteia (ambivalența ei în legătură cu venirea la mine? Pierderea, ca o metaforă? Nevoia de chei pentru a debloca persoana care era? și tot așa). Deși aceasta era o pistă convenabilă pentru a merge mai departe, eram mai interesată de felul în care crizele ei funcționau ca semne de punctuație, ca referință de sine și ca momente de contact cu alții. Am simțit că avem mai mult de învățat dacă nu le interpretam.

Cei din afara terapiei vor gândi fără îndoială că mă agăț de niște criterii prea rigide. Cum ar fi dacă aș înceta să fiu așa prețioasă și scrupulos terapeutică și aș pune mâna pe telefon să o ajut? Dar o parte din ceea ce evaluam era și dacă răspunsurile lui Belle la crize erau repetitive și ritualizate sau dacă, față în față cu șansa, se putea adapta. Ce s-ar fi întâmplat dacă nu mă grăbeam să o ajut? Dacă răspunsul meu nu era acordat cu ceea ce ea anticipase, ar fi putut ea să găsească o reacție nouă? Cât era de flexibilă psihologic și în ce fel? Avea nevoie ca respectivele crize să ia o anume formă? Ar fi intrigat-o și interesat-o un alt fel de răspuns? L-ar fi disprețuit și l-ar fi aruncat? Ori s-ar fi mulat pe orice îi cerea situația?

Atunci când un terapeut întâlnește o persoană în cabinet pentru prima oară, ascultă, simte, intuiește, evaluează, se întreabă și își interoghează reacțiile. Face parte din formarea noastră să ne uităm în același timp pe mai multe niveluri ale experienței — intrapsihicul, apărările, natura afectului, aria de expresie, capacitatea de reflecție — și de a ne acorda, așa cum a descris Freud, la noi înșine ca și cum am fi un receptor de unde radio care decodează semnalele primite. Potrivirea poveștii persoanei cu biografia acesteia și cu autoprezentarea ei, și construcția unei hărți preliminare a lumii sale interioare sunt echivalentul pentru terapeut al stetoscopului medical, al tensiometrului sau al analizei de urină. Aceștia sunt primii indicatori esențiali, la fel de bruți dar esențiali în procesul de cunoaștere a unei persoane, proces ce se poate întinde pe o perioadă de mai mulți ani. Deoarece experiența subiectivă a pacientului este primordială pentru procesul de tratament, terapeutul caută căi de evaluare a flexibilității sau rigidității răspunsurilor obișnuite ale pacientului. Nu că flexibilitatea sau rigiditatea ar avea ceva de arătat per se, *separat de alți factori. Nu există semnificații univoce sau instrumente de măsură pe care să le deducem de acolo. Adaptabilitatea excesivă e la fel de alarmantă pentru un terapeut ca și inflexibilitatea. Totuși, felul în care individul este capabil sau nu de mobilitate e semnificativ și formează una dintre axele consultației capabile să pronosticheze dacă terapia ar putea fi de folos.*

De aici dorința mea de a trata pierderea cheilor lui Belle într-un fel care era straniu pentru ea. Terapia e plină de momente încărcate de potențială semnificație, în care printr-un fel nou de întâlnire, în răspăr cu așteptările firești, terapeutul îi oferă pacientului o modalitate nouă de a se experimenta pe sine. Astfel de momente întrerup obișnuința într-un context care încurajează reflecția. E un joc de noroc în prima ședință, dar, plecând de la autodescrierea lui Belle ca fiind o hoinară, am vrut să prezint opțiunea unei Belle mai mature și să văd unde puteam ajunge cu asta.

Răspunsul ei mi-a arătat ceva legat de felul în care era capabilă, în ciuda aparenței ei de copil abandonat, să dispună de propriile ei resurse. Exprimarea regretului pentru pierderea cheilor nu avea să facă parte din peisajul ei abolut deloc. Când i-a devenit clar că nu mă grăbeam să o ajut, și-a scos telefonul mobil, a sunat la poliție și le-a spus că fusese jefuită chiar după ce coborâse din mașină și că geanta și cheile îi fuseseră luate. După ce a închis, s-a uitat la mine și a spus fără vreo urmă de vinovăție sau de dubiu: „Am adăugat și geanta, pentru că astfel pot pretinde despăgubiri de la asigurător".

Imprevizibilitatea a ceea ce întâlnim în cabinet ne poate forța să rămânem atenți într-un milion de feluri diferite. Uneori lucrurile la care ni se solicită să fim martori sunt dezastruoase sau ciudate. Un pacient adolescent abuzat pe când era copil, care se scobește în fund și scoate fecale cu unghia, pe care le culege apoi, e ceva extrem. Datul cu capul de pereți în mod involuntar sau scărpinatul cojilor rănilor nu e ceva neobișnuit. A auzi că o pacientă împroașcă soțul sau copilul cu vorbe înveninate ori că și-a umilit partenerul face parte din regulile jocului. Prin urmare, trebuie să ne observăm reacțiile, să răspundem în liniște înlăuntrul nostru la ceea ne-ar putea tulbura, descuraja, crea repulsie chiar, și apoi să ne întoarcem cu compasiune înapoi spre pacient. Formarea noastră și menirea noastră ne îndeamnă mai degrabă să acceptăm și să explorăm, și nu să respingem sau să judecăm ceea ce se află în fața noastră. Prin acest fel de deschidere, pot ieși la suprafață acele lucruri care au nevoie să fie confruntate și înțelese.

Astfel se explică de ce auzim atât de multe despre necesitatea neutralității terapeutului. Oamenii au văzut multă vreme neutralitatea terapeutică aidoma unui soi de indiferență, ca pe un fel de imperativ pentru terapeut să nu dezvăluie ceea ce simte față de pacient. Însă în psihanaliza contemporană această neutralitate este concepută ca o expresie a receptivității și curiozității; terapeutul reflectează la reacțiile sale față de comportamentul pacientului, procesează răspunsurilor lui și apoi își îndreaptă atenția către pacient pentru a vedea ce urmează. Este aproape ca atunci când nu am mai văzut un mormoloc transformându-se într-o broască și asta ne surprinde. Înregistrăm în mod intim cum ne face să ne simțim, ce putem înțelege din două stări diferite și apoi ne întoarcem să vedem ce urmează.

Când ne îndreptăm atenția spre pacient cu acest tip de neutralitate, ne angajăm în următoarea etapă a procesului. Suntem deschiși dialogului terapeutic. Lucrul care ne-a tulburat este remarcat. Acum ajungem la considerațiile tehnice. Începem să discutăm despre acel lucru, îl îndosariem pentru o viitoare referire la el, îl invităm pe pacient să comenteze asupra lui, să îl interpreteze? Sau, așa cum am gândit atunci, pentru că Belle și eu depășeam timpul alocat consultației, evităm discutarea acelei teme pentru că e prea complicată?

Există o pauză spre sfârșitul oricărei prime consultații, când terapeutul și potențialul client văd dacă vor să lucreze împreună. Acesta nu este un moment oarecare pentru niciunul dintre ei. Dacă s-a stabilit o apropiere suficientă, persoana care dorește să urmeze o terapie va dori să continue cu acel terapeut. Dacă echilibrul dintre încântare, speranță, precauție și frică e potrivit și dacă orele și onorariul sunt fezabile, potențialul pacient este gata să încheie alianța. Pentru terapeut, care știe mult mai multe despre procesul terapeutic decât pacientul în expectativă, decizia are o coloratură diferită. El trebuie să evalueze în ce măsură crede că poate să-i fie de folos pacientului. Este individul un candidat la terapie?

Plăcerea sau neplăcerea este ceva ce iei în considerare atunci când decizi să preiei un pacient, dar nu în sensul comun. Astfel de percepții formează o parte din imaginea psihică pe care terapeutul și-o conturează. Ne putem simți fermecați, îngroziți, atrași, excitați, stârniți sau plictisiți de persoana din fața noastră. Belle mă surprinsese deja cu ingeniozitatea ei. Ea răspunsese refuzului meu de a o ajuta prin implicarea poliției și transformarea crizei în avantajul ei prin pretinderea falsă a despăgubirii. În același timp puteam deja să simt cum dezgustul creștea în mine izvorând din acest *modus operandi* al ei. Am simțit un anume resentiment dat de faptul că aș fi devenit complice la minciuna ei atât de devreme în întâlnirea noastră. Înainte de a merge mai departe, întrebarea pentru mine a fost dacă voi putea găsi empatia pentru a înțelege împreună cu ea de ce minciuna constituia un astfel de răspuns deja pregătit pentru calamitățile sale.

Deliberând dacă să lucrez sau nu cu Belle, îmi puneam întrebarea dacă voiam să trec prin decodarea și deconstrucția acestui mințit legat de jaf, de crize și de derivă, pentru a descoperi la ce încerca ea să se adapteze astfel. Unde ne aflăm, m-am întrebat? Va fi asta o terapie fără direcție, care se va petrece în voia sorții ședință după ședință? Oare mă va minți continuu sau va încerca să mă includă și pe mine în crizele ei? Sau puteam să îmi fac curaj din faptul că, oricât de neplăcut era, Belle îmi prezentase unele dintre cele mai urâte adaptări pe care le dezvoltase și asta, alături de cele ce urmau să vină dacă le puteam surprinde, ne-ar fi putut scuti de munca de început, terapia putând chiar a se dovedi captivantă?

Pentru a-i spune „da" lui Belle și a mă îmbarca în această călătorie cu ea, existau trei lucruri de care voiam să țin cont din capul locului. Primul era să explorez scopul crizelor ei. Era validă bănuiala mea în legătură cu funcția lor: că ele acționau ca un lipici pentru a o ține laolaltă? Dacă era așa, ce se întâmpla dacă lipiciul se disipa? Cum am putea să dizolvăm acel lipici, ajutând-o să găsească o formă de balast mai fundamentală, bazată pe un sentiment continuu de a avea un sine? În al doilea rând, voiam să explorez fantasmele, conștiente și inconștiente, prinse în construirea crizelor. Ce își imagina Belle că se va întâmpla? Era important ca altcineva să o salveze? Era dezastrul un rezultat care o atrăgea? Cât de importanți erau ceilalți oameni în rezolvarea crizelor? Avea nevoie de ei să o ajute sau să fie martori la ce i se întâmpla — pentru a face reală o reprezentație externă a experienței sale emoționale interne? Al treilea lucru, era minciuna comisă prin intermediul telefonului mobil în cabinetul meu. Cum să o abordez? Pentru că trebuia neapărat să o abordez.

În timp ce mă autoconvingeam să găsesc spațiul orar necesar pentru Belle, am fost surprinsă să simt un fel de entuziasm legat de munca noastră împreună. Belle expusese înaintea noastră ce era nevoie să facem, prezentând în această primă ședință trunchiată ceva ce am simțit că era esențial în legătură cu ea. Aveam suficient material de lucru pentru o bună bucată de timp, dacă puteam să mă asigur că a răspunde la următoarea criză și la alta care urma după aceasta nu ne va înghiți toată energia. Într-un fel, ne făcuse o favoare amândurora. Prin faptul că mă făcuse părtașă de la început la minciunile ei, nu eram nevoită să mai aștept ca acestea să se ivească între noi. Se aflau la îndemâna noastră și puteam să le abordăm imediat.

Minciunile spuse în relațiile personale sunt neplăcute. O minciună nevinovată e scuzabilă, pentru că îți spală obrazul, dar cei mai mulți dintre oameni se simt inconfortabil alături de cineva care minte constant sau intenționat, întrucât minciuna e un afront. Acceptarea ei ne strică reputația. Ne transformă în încornorați prin faptul că acceptăm înșelăciunea. Minciunile comise în relațiile de prietenie sau de familie sunt în mod special dezaprobate și actul repugnant este imediat îndepărtat pentru a nu-l păta pe cel vizat. Însă în ascunzișurile vieții comerciale, distragerea atenției și păcăleala fac parte din negociere. Impostura este acceptată de către părțile implicate, iar confidențialitatea și evazivitatea fac parte din armura practicii afacerilor.

Psihoterapia se află la limita dintre aceste răspunsuri. Terapeutul e nevoit să recunoască minciuna ca parte din ceea ce individul are la dispoziție ca fel de a privi lucrurile, și de aceea nu trebuie să fie ofensat, așa cum ar fi cineva aflat într-o prietenie. Totodată, terapeutul trebuie să vadă mințitul în mod simultan ca pe un dialect al angajării și ca pe unul al dezangajării, căruia terapia trebuie să-i răspundă cu curiozitate. Terapeutul se întreabă: este acest individ nevoit să mintă? Ce consolare și ce soluție găsește el în născocirile sale?

Așa că nu aveam de ales, dacă urma să încep o terapie. Trebuia să răspund minciunii la care fusesem martoră. Puteam simți deja o admirație pentru Belle, față de ingeniozitatea ei veritabilă, față de flexibilitatea minții sale, gata să găsească un avantaj în situații în care mulți ar fi abandonat sau ar fi fost înfrânți. Desigur, așa cum aveam să ne dăm seama, timp de ani buni recunoașterea directă a soluțiilor la îndemână nu fusese o opțiune pentru ea. Ea nu putea să piardă cheile și să cheme un lăcătuș. Asta nu i-ar fi oferit nicio promisiune, nicio aventură, niciun fel de a se expune și astfel de a se reasigura în legătură cu talentele și farmecele sale, pe care și le putea accepta doar sub această formă. Îi puteam aprecia puterile și mi-aș fi dorit ca și ea să fie în stare să și le simtă, însă abordarea minciunii era crucială, de vreme ce terapia înseamnă a găsi o cale de a-l ajuta pe individ să își manifeste talentele și farmecul său intrinsec, pentru a-și purta singur de grijă.

Am ales să o fac mai degrabă mai devreme decât mai târziu.

— Belle, probabil că un punct de la care putem să pornim este minciuna despre jaf și despre geanta furată. Această ficțiune creativă a ta, mi se pare, te duce către următoarea criză și îți oferă un fel de *raison d'être*. Ar putea să îți fie de ajutor dacă aflăm de ce pare să ai nevoie de aceste crize.

Belle arăta ca și cum era pe cale să deschidă gura, când s-a întrerupt singură. Din încrezătoare, privirea ei a devenit ușor sfioasă. Am crezut că am văzut o picătură de eliberare în ochii ei. M-am întrebat dacă va mai reveni.

A revenit în ziua de marți, arătând foarte diferit. Îmbrăcămintea îi era elegantă, cu părul negru prins la spate, așa că acum am întâlnit mai degrabă o tânără femeie sofisticată decât o vagaboandă fragilă. A trecut direct la subiect.

— Îmi dau seama că nu ați fost de acord cu mine joi. Și nu am de gând să mă justific pentru asta. Nu cred că e ceva greșit în faptul de a găsi cea mai bună cale de ieșire dintr-o situație.

Înfățișarea ei diferită a mers mână în mână cu o manieră mult mai sinceră. Nu am fost absolut sigură dacă propozițiile sale erau un preludiu sau o concluzie. Era ca și cum ea anticipase o dispută cu mine, o minicriză prin care s-ar fi refortificat pe sine, cu cuvintele ei câștigătoare. Liniștea mea a permis cuvintelor ei să reverbereze în cameră.

Chiar și ea s-a agățat de liniște, nu din cauza anxietății, ci fiind interesată de ceea ce spusese. A trecut apoi de la autoapărare la analiza a ceea ce spusese.

— Știi, Susie, nu prea știu ce gândesc.

Ușorul accent de la sfârșitul propoziției a confirmat îndoiala sa de sine.

— Ciudat, a continuat ea părând surprinsă de ceea ce spunea, nu am știut niciodată ce gândesc.

În cameră era o însuflețire zgomotoasă. Mi-a susținut privirea pentru câteva minute și apoi s-a întors la conținutul celor trei propoziții pe care le-a rostit.

M-am bucurat foarte mult pentru ea. Pauza pentru a gândi și a reflecta este activitatea moleculară care însoțește schimbarea psihologică. A te auzi pe tine este o formă nouă de cunoaștere. Permițându-și să-și dea seama că nu știa ce gândea a fost încurajator. Într-un fel, momentul semnificativ din această ședință își făcuse apariția[2]. Eram înclinată să rămân la noutatea reflecției sale despre necunoaștere. Sinceritatea pe care am surprins-o când a intrat se transformase într-o autoexaminare interesată. A abordat ce se afla sub ochii noștri, ca o studentă la filosofie, și și-a croit drum printre argumente legate de validitatea minciunii. Ajunsă la un anumit punct, m-a întrebat ce cred, dar înainte să apuc să răspund, s-a grăbit să zică:

— O, așa e. Nu îmi vei spune, nu-i așa?

A zâmbit.

Comentariul ei a părut să vină nu atât din încercarea de a-l mulțumi pe terapeut și de a respecta regulile terapeutice, pe care de fapt nici nu i le expusesem, ci dintr-un entuziasm născut din faptul că, deși ea venise pentru sfaturi, găsise ceva mult mai interesant și mai important. Și-a dat seama instantaneu că ceea ce dorea de la mine nu erau niște simple sfaturi. Începea să caute ceva diferit — potențialul de a se deschide către sine, de a reflecta, de a înțelege. Ceva a devenit clar dintr-odată într-un fel în care nu mai fusese până atunci, dezvăluind noi orizonturi. A fost un moment încântător.

Natura schimbării în terapie este ireductibilă. Este greu să descrii în ce constă schimbarea. E subiectivă? Da. Este despre a deveni conștient de tine însuți ca subiect? Da, capacitatea (intermitentă) de conștientizare este esențială. Cât de mult este vorba despre sentimente? Destul de mult. În cazul lui Belle, ceea ce a părut să se întâmple a fost că hărmălaia pe care ea o crease în jurul ei, care stimula sentimentul urgenței de a acționa, a fost temporar liniștită înăuntrul cabinetului de terapie. În locul acestei agitații, ea descoperea o parte a sa care părea capabilă să simtă într-un fel diferit și, ca rezultat, era capabilă să gândească plecând de la o bază diferită.

Ședința a continuat. Belle s-a întrebat dacă o dezaprobasem cu adevărat. Apoi și-a adresat o întrebare și mai curajoasă. S-a dezaprobat ea pe sine însăși? A demonstrat o aptitudine pentru terapie. Curiozitatea ei în legătură cu sine însăși a fost fascinantă. Până acum nu am fost nevoită să fac prea multe în afară de a mă bucura de prezența ei.

Apoi ea a mers mai departe și și-a chestionat poziția referitoare la autojustificare. Era ca și cum curajul ei psihologic era nețărmurit. Una este să vorbești filosofic, în mod abstract, și alta, să stai față în față cu propria amăgire de sine și cu companionul acesteia — autojustificarea. Toate astea s-au petrecut dintr-odată, a fost ceva impresionant.

Pe când cele cincizeci de minute se apropiau de final, am simțit că făcusem un maraton mental. M-am întrebat dacă noul interes al lui Belle pentru această autoexaminare la viteză amețitoare era o versiune mai benignă a felului în care se pornea atât să creeze, cât și să-și rezolve apoi urgențele. Era posibil. Ar fi putut să convertească acea energie într-o relație nouă cu ea însăși. Așa să fie. Aveam destul timp să ne ocupăm de asta mai târziu.

Pe când îmi notam, diferența pe care o simțisem între sfârșitul interviului preliminar și sfârșitul acestei ședințe mi s-a părut izbitoare. Vineri întâlnisem o femeie într-o tornadă de crize și minciuni. Simțindu-mă un pic contaminată și indignată de a fi fost atrasă în înșelăciunea ei, am trăit o oarecare aversiune. Acum eram mai degrabă îndrăgostită de Belle. Această trecere de la o stare la alta, o trecere ce oglindea o schimbare considerabilă în comportamentul ei, m-a pus pe gânduri. Nu părea ceva nesincer, din contră, părea extraordinar. Ceva ce trebuia să remarc. Nu era vorba că mă aflam în fața unei „fugi în sănătate", o experiență omniprezentă a multor pacienți aflați în stadiile de început ale terapiei, când o parte foarte capabilă a persoanei intră brusc în scenă ca pentru a sugera individului o posibilă direcție și pentru a-l proteja de munca dureroasă a terapiei, oferindu-i sentimentul că nu are nevoie de psihoterapie, ci doar de o ureche care să asculte cu empatie.

Nu, asta era ceva dintr-un alt registru. Fie vedeam desfășurarea unui tip de inteligență ce fusese blocat de Belle pentru o perioadă teribil de lungă de timp fie, poate, mi s-a năzărit, eram receptorul unui escroc. Sau poate era un amestec din ambele.

M-am gândit la ceea ce îmi spusese despre familia ei, pentru a vedea dacă acest lucru îmi oferea vreun indiciu. Fusese destul de caustică la adresa tatălui ei, un bărbat mai degrabă ursuz și distant, pentru care familia era acel ceva pe care-l susținea financiar, dar față de care nu era implicat. Era încântat să se îndepărteze de propria lui familie scoțiană pe care o caracteriza ca fiind aspră. Belle ridiculizase părerea lui, de vreme ce simțea că această descriere i se potrivea și lui. Simțea dispreț pentru viața lui anostă în care mergea la muncă, venea acasă pentru cină, tundea gazonul, privea la televizor, juca cărți cu mama, pentru faptul că era membru al grupului Rotary, pentru că știa ce avea de făcut zi după zi, fără vreo aventură. Aspirația lui era să se retragă în nordul Noii Zeelande și să crească acolo cai. Belle socotise că el nu avea energia necesară.

La asta se adăuga caracterul dificil al mamei sale: iubitoare într-o zi, extrem de critică în următoarea. Fetele nu au știut niciodată la ce să se aștepte și au încercat să-și depășească frica de ea ignorând-o. Asta o înfuria pe mama lor care, după ce era crudă, alerga după ele căutând aprobare și iertare. Neaflând-o, apela la țipete. Cât despre frații lui Belle, sora ei mai mai mare, Jill, lucra ceva într-o bancă din centrul Londrei. Nu se măritase și avea o mulțime de prieteni și o căruță de bani. Nu erau foarte apropiate în prezent. Marie era singurul „copil normal", după spusele lui Belle. Se măritase cu un crescător de oi, avea doi copii și plănuia să se întoarcă la munca ei de profesoară. Nimic din toate acestea despre familia ei nu aveau vreo relevanță, a spus Belle. Trecutul ei era desuet. Lăsat în urmă în Noua Zeelandă și drum bun.

Elementele esențiale ale poveștii ei nu ofereau prea mult material de lucru. Lipsa de receptivitate pe care o simțise în familia ei și instabilitatea mamei ar fi putut crea condițiile în care singura ofertă valabilă să fi fost o viață care era în esență creația ei proprie (și nu una care să apară din leagănul unei familii grijulii). Poate că demonstrase o astfel de poziție în ședința a doua, ca o cale de a se asigura că va face această restaurare de sine în terapie, așa cum se ocupase și de propria creștere, de una singură. Nu știam încă. Trebuia să mă gândesc la ce urma să se întâmple între noi pe măsura trecerii timpului și dacă îmi va da voie să o „ajut" la schimbarea sa.

Am oftat și m-am întrebat ce aș fi făcut cu ea dacă aș fi întâlnit-o dincolo de cabinet și dacă neliniștea pe care am simțit-o și apoi admirația pe care am avut-o pentru ea ar fi putut fi trăite fără să fiu nevoită să reflectez la ele atât de intens. În acest moment, am fost nevoită să mă gândesc dacă nu cumva psihologia lui Belle se dezvoltase astfel, încât singurele piste rămase deschise pentru ea erau escrocheria și înșelăciunea. Mă întrebam — deși nu m-am gândit niciun moment că acest lucru era conștientizat de ea — dacă întreaga viață a lui Belle nu era de fapt o construcție, cu minciunile, urgențele și înșelătoriile sale puse în locul experiențelor ce ar fi putut genera, din interiorul său, calități mult mai avantajoase.

Nu părea deloc să fie așa. Nu simțeam că am fost escrocată și, dacă am fost, nu înțelegeam, dincolo de compulsia de a face asta, ce motiv ar fi avut. Ședința mi-a părut sinceră și interesantă, însă trebuia să țin cont de capacitățile pe care Belle le arătase. *Era* periculos să iau ca atare acele capacități, pentru că erau cu siguranță mai complexe de atât. Aveam nevoie să mă asigur că nu o părăseam devenind parte a unui truc pe care era capabilă să îl joace față de ea, cum că a se vindeca era „ușor", în loc să o ajut să găsească o cale de a pătrunde printre bucățile dezordonate și haotice care alcătuiesc o terapie.

Timp de mai multe ședințe, insighturile lui Belle despre sine veneau în galop. Am început să mă relaxez, cu un sentiment foarte bun despre ea și despre munca pe care o făceam împreună. Aproape că părea prea ușor. Era suficient să las să iasă o observație sau două și ea le lua în considerare. Pe de altă parte, viața ei părea să prindă un pic de contur. Lucrase temporar la o agenție foto și începuse să se gândească să devină agent pentru fotografi. Nu se gândise să își facă ucenicia pe lângă vreun agent cunoscut, dar își crease legături, astfel încât meseria de agent să poată deveni o posibilitate, dacă se hotăra să urmeze acel drum.

Avea o grămadă de amici, nu chiar prieteni foarte apropiați, dar persoane cu care să iasă în oraș și să se distreze. Exista un bărbat cam de vârsta ei, îndrăgostit foarte tare de ea, de care se apropiase destul de mult, deși nu se putea abține să nu-l manipuleze. Aș fi avut încredere că e totul în regulă și că facem progrese, dacă n-ar fi fost niște îndoieli trenante pe care nu le puteam contura încă. Să fi fost oare de vină nerăbdarea și abilitatea ei de a se adapta — o abilitate care sugera fragilitatea sinelui ei celui mai profund? Se putea arunca în orice provocare pentru că nu exista un sine pe care să-l apere? Să fi fost acesta motivul pentru care ea a continuat să ajungă la fiecare ședință cu câte o altă *persona,* fizic diferită — un fel de domnișoară primăvăratică, genul Laura Ashley într-o zi, o femeie de carieră în a doua zi, un sculptor ieșit direct din atelier în alta, apoi sexy ca un star de cinema, și tot așa? Discontinuitățile fizice erau pentru mine perturbatoare. Nu mi se părea c-ar fi doar artificiul jucăuș atât de trâmbițat de către aceia care celebrează fluiditatea genului ca stil de viață[3]. Era ceva mult mai incoerent.

Nu simțeam că Belle încerca să arate ceva prin refuzul de a avea un stil. Părea mai degrabă să fie în derivă din punct de vedere fizic, să nu prea știe cum să se prezinte sau să se îmbrace. Făcea adesea observații legate de pantofii, jacheta sau puloverul meu, ca și cum hainele unei femei cu cincisprezece ani mai în vârstă, îmbrăcată în ținută formală, i-ar fi fost potrivite. Am observat remarcile ei pentru că se întrețeseau cu sentimentul că părea să împrumute identități fizice, o dată asta, altă dată cealaltă, ca și cum astfel încerca să concretizeze instabilitatea ei interioară prin aparența ei fizică. Antenele ei căutau indicii din toate direcțiile, însă bineînțeles că nu știa să se îmbrace, pentru că nu știa cine e. O rochie de seară sau o salopetă de blugi era la fel de potivită sau de nepotrivită.

Putea să o ia în orice direcție ce părea s-o ajute în căutarea fizică de sine. A trebuit să fiu foarte atentă ca prezența mea să nu i se impună prea mult, astfel ca, în încercarea ei de a se ancora, să nu ajungă să mă imite în detrimentul dezvoltării sale. Scopul ei în terapie ar fi fost să parcurgă în mod conștient stările mai dificile de instabilitate pe care corpul ei le exprima în mod clar.

Am considerat că acest sentiment labil al fizicului ei vădește o nesiguranță legată de propriul corp. M-am întrebat dacă suferise o criză a relației cu corpul ei, așa cum suferise în ce privește raportarea la psihicul ei. Îmi dădea cumva aceeași senzație ca multe dintre femeile cu care am lucrat, și ale căror probleme de alimentație ascundeau corpuri ce nu puteau fi asumate ca ceva cert, ci asupra cărora trebuia mereu acționat, într-un fel sau altul, prin manipularea apetitutului prin înfometare, diete sau purgare.

Deși ne bazăm atât de mult pe o viziune a integrității psihicului și corpului (într-adevăr, prima lucrare a lui Freud, scrisă împreună cu Breuer, Studii despre isterie *din 1893, s-a axat în mod special pe simptomele fizice care nu aveau o bază organică vizibilă), s-a pus un accent din ce în ce mai puternic asupra considerării simptomelor fizice nonorganice și chiar a celor organice ca fiind simbolice pentru suferința psihică. În zilele noastre, astfel de simptome tind a fi văzute ca substituturi pentru ceea ce nu se poate spune sau ca o expresie a unei dezvoltări psihice perturbate. Aș propune mai degrabă ca ele să fie înțelese ca expresia fizică sau concretă a unei instabilități sau a unei insecurități corporale, ce ar putea emana din aspectele fizice ale relației părinte–copil.*

Desigur, această diviziune este în parte tautologică. Este evident că suntem ființe materiale și psihice și că unul dintre aceste aspecte nu poate fi înțeles în afara celuilalt. Dar am acordat o atenție specială naturii fizice a relației terapeutice și sentimentelor care apar în mine ca psihoterapeut la nivel fizic, pentru a reechilibra ceea ce simt că este adesea neluat în seamă. O astfel de atenție poate oferi indicii vitale asupra experienței fizice și emoționale și asupra dezvoltării individului[4] *și, de asemenea, să ne ghideze spre noi inovații în practica clinică.*

În cazul lui Belle nu aveam niciun răspuns izbitor în corpul meu, oricât de mult reflectam la varietatea aparițiilor sale fizice și la sentimentul deconcertant pe care mi-l dădeau. Ceea ce mi-au sugerat a fost că, deocamdată, corpul ei nu îi aparținea încă. Neliniștită emoțional și neliniștită fizic, era în căutarea uneia sau mai multor identități care să poată să dea formă experienței sale de sine din orice moment. Minciunile și vanitatea care structuraseră mult din sentimentul ei de sine ar putea fi înțelese ca modalități în care adunase laolaltă o viață și crease o poveste despre ea însăși. Explicația era mult mai adâncă, după cum vom vedea, dar în esență nu era atât vorba despre minciună, ci despre născocirea unor povești în funcție de care să trăiască. În același fel, seturile ei vestimentare dădeau sentimentul de creare a unui corp și a unei personalități fizice după care să se ghideze. Niciun stil nu se lipea de ea, pentru că nu avea de ce să se lipească. În interior nu era mai degrabă o fetișcană decât o femeie de carieră, sau artistă decât un sex-simbol. Toate acestea erau în egală măsură identități folositoare sau nefolositoare, pentru că nu puteau confirma un sentiment interior al corporalității sale; puteau fi doar colaje pe un sine corporal și psihic incert.

Aceasta m-a adus la unul dintre obiectivele mele clinice pe care le-am urmărit după interviul preliminar. L-am împlinit pe primul, care fusese să abordăm minciuna despre cum a rămas fără chei. Al doilea și al treilea fuserеră să încercăm să înțelegem scopul crizelor sale. M-am întrebat apoi dacă crizele ei, atât psihice cât și corporale, pe care credeam că și le provoca inconștient ca să le poată rezolva apoi, erau ceea ce îi conferea coeziune. Acea bănuială era cu siguranță născută din ceea ce reieșise din ședințele noastre de până la acel moment. Când o urgență părea să se rezolve, la scurt timp urma o alta. Aceasta era linia melodică pe care o interpreta și reinterpreta în mod curent. Totodată însă, urmând aceeași metaforă, un alt set de note — nu încă o melodie, nici măcar un simplu refren — începea să se facă auzit. Belle a demonstrat intensitate și seriozitate în străduința ei de a ajunge la un echilibru cu ea însăși.

Winnicott, psihanalistul pediatru, ne furnizează câteva gânduri profunde despre felul în care se desfășoară dezvoltarea umană atât când primește ceea ce îi este necesar, cât și atunci când trebuie să se adapteze la niște condiții parentale nu tocmai potrivite. Din studiul său asupra copilului și relației mamă–copil reiese că la copiii ale căror oferte și inițiative, după cum denumește el gesturile lor, sunt în mod consecvent refuzate și ignorate de către părinte, va apărea o altă cale de a intra în contact, prin găsirea și dezvoltarea unui aspect al sinelui pe care părintele îl recunoște și îl apreciază. În felul acesta, sugerează el, copiii dezvoltă un „sine fals", care poate împiedica dezvoltarea a ceea ce este simțit ca fiind central și specific lor, „sinele lor adevărat"[5]. *„Sinele adevărat" nu rămâne pur și simplu nedezvoltat. Ajunge să fie învăluit în rușine. Individul simte că motivul pentru care a rămas nevăzut sau a fost respins este faptul că ar fi ceva profund greșit la ceea ce este el, ca persoană. Numeroasele forme de „sine fals" care se dezvoltă nu sunt niciodată stabile, pentru că sunt decuplate de la sentimentul „sinelui adevărat" de a fi respins sau condiționate de acesta. Deși ele pot conține aspecte la fel de valide și autentice ale personalității individului, sunt trăite ca periculoase, în cel mai rău caz, sau nestatornice în cel mai bun caz.*

„Sinele fals" se dezvoltă pentru că mama a fost psihic distantă față de copilul ei. Consecințele acestei nepotriviri psihice, presupune Winnicott, au ramificații profunde. Bebelușul nu reușește să fie sigur de însăși existența lui. El nu poate lua viața și existența pur și simplu, ca pe o certitudine. Mai degrabă, el există — prinde viață — pe baza răspunsului la interferență. Când interferența este intensă, ceea ce Winnicott numește „ingerință", atunci el își mobilizează energia psihică pentru a se simți validat și pentru a se apăra. Winnicott teoretizează mai departe și afirmă că recuperarea după ingerințe poate deveni atât de importantă pentru sentimentul de existență al individului, încât se poate spune că el creează urgențe și crize cu scopul de a avea un sentiment de continuitate[6].

Belle a fost, cum am spus, o pacientă receptivă și ascultătoare. S-a angajat în terapie și în sarcina de autoreflecție ca rața proverbială pe apă. Era subtilă în autoevaluare, abundentă în receptivitatea sa emoțională, și atât cât a durat relația noastră ea mi-a oferit toate indiciile că valoriza timpul și munca noastră împreună.

Dar minciuna din prima ședință rămânea implântată în mine. Mă punea în gardă că ar putea exista lucruri ascunse sau despre care nu se putea vorbi, sau că, într-un fel sau altul, bucuria mea față de ea și de progresul ei terapeutic ar fi putut să întrupeze un fel de complicitate, de coluziune. Nu eram sigură față de ce. Părea că s-a încrezut în mine un pic prea repede, așa că am simțit că trebuia să mențin o deschidere față de ideea că s-ar putea să nu ajungem chiar acolo unde trebuia. Că nevoia ei de a se simți în regulă în ochii mei ne încuraja să nu vedem anumite lucruri.

A existat o ușoară notă falsă pe care am remarcat-o. Când cineva o părăsea pe Belle pentru că se căsătorea sau pleca din țară, măsura în care ea, ulterior, îi nega importanța pentru ea și totodată măsura în care ea era atât de înțelegătoare în legătură cu pauzele datorate vacanțelor mele păreau ciudate. Era ca și cum ea nu suporta să aibă nevoie de cineva. Nu că nu discutaserăm despre plecări sau separări. Discutaserăm. Dar, în timp ce anticiparea așteptării de la o ședință la alta era uneori agonizantă pentru ea, încercarea de a vorbi despre pauzele mele datorate vacanțelor nu ajungea nicăieri. Reacția lui Belle era să-și arate interesul față de locul unde mergeam, că ar trebui să petrec acolo un timp minunat sau că va fi ceva total ieșit din comun. În contrast față de cât de dificilă era uneori o așteptare de trei zile ca să mă vadă, nu existau sentimente de abandon sau de îngrijorare când apărea o separare de o lună sau de șase săptămâni.

Plecările prietenilor ei, însă, formau o bucată bună a dialogului dintre noi. Belle putea plânge sau putea critica aspru persoana care o părăsea, dacă eu puteam face legături convingătoare între narațiunea pe care o construia ea, urgențele pe care le crea și sentimentele pe care le-ar fi putut avea legat de faptul de-a fi părăsită. Însă, deși plecările lor puteau fi discutate și deși existau această intensitate și acest caracter practic semnificativ pentru munca noastră, cumva nicio plecare sau separare nu putea fi simțită cu adevărat, în ciuda faptului emoției pe care ea o arăta. Într-un mod fundamental, Belle nu-și putea permite să se atașeze de altcineva; nu putea suporta să își recunoască nevoile și dependența față de altul; nu putea să suporte că cineva, pe care se baza, ar fi putut însemna ceva important pentru ea. Probabil s-a putut „încrede" în mine așa de ușor pentru că nu resimțea acea neîncredere pe care ar fi trebuit să o aibă față de o persoană în stare să mintă sau să o prostească atât de natural pe o alta.

Cum aș putea să spun asta? Cum aș putea să evaluez calitatea regretelor sale, capacitatea sa de a se încrede și să emit judecăți despre nivelul ei de a simți, dacă simțea suficient din ceea ce trebuia să simtă? Ce autoritate îi dă asistentului psihoterapeutic dreptul de a evalua adâncimile și veridicitatea vieții emoționale a altuia? Ce dovezi oferim? Ce instrumente de măsură folosim?

Acestei probleme controversate i se răspunde rar în psihanaliză în mod satisfăcător, pentru că nu există date empirice pe care să te poți baza. Clinicienii trebuie să se încreadă în mod neîntrerupt în experiența lor subiectivă. Doar prin folosirea sinelui individual al terapeutului ca pe un instrument de măsură pot fi făcute asemenea evaluări. Ele pot fi neconforme cu realitatea, desigur, dar ele pot fi în același timp folositoare și, în cazul lui Belle, nu eram în poziția de a nu lua în seamă ceea ce am înregistrat. Belle nega cât de mult îi ofereau oamenii și devotamentul lor față de ea. Avea calitatea de a stârni în ceilalți o mare dorință de a-i veni în întâmpinare, de a avea grijă de ea sau de a face astfel încât lucrurile să meargă favorabil pentru ea. Atrăgea mereu oameni spre ea — pe aceia care o ajutaseră când a venit în Anglia, pe bărbații care o scoseseră din dificultăți, pe prietenii care supraviețuiseră angoasei provocate de avorturi și lipsa de rădăcini — și acești oameni îi oferiseră extraodinar de mult din ei înșiși. Deși tuturor le spunea cât de minunați erau, nu putea să le recunoască valoarea și importanța. Cu timpul ajungea să îi trădeze sau să fie trădată de ei. Dezastrul înconjura sfârșitul a aproximativ tuturor relațiilor ei, așa că ei nu erau niciodată acolo pentru a se baza pe ei sau pentru a se întoarce la ei sau pentru a conta în ochii ei, în cele din urmă.

Desigur că și ea oferea și se simțea bine să facă asta. Găsea întotdeauna cadouri speciale, aranja surprize plăcute, arăta considerație și preocupare pentru prieteni și cunoștințe, astfel că tendința de a-i respinge pe cei care o atingeau (și pe care îi atingea) m-a alarmat. M-am întrebat dacă era vorba despre o pierdere (Noua Zeelandă, părinți, bunici, un prieten special din copilărie) care se repeta pentru ea și care o făcea să-și abandoneze prietenii cu scopul de a se reasigura că putea să meargă înainte fără ei, că putea să stăpânească pierderea. Felul în care îi abandona mă neliniștea. Pentru că părea că atunci când îi intra cineva pe sub piele, când avea cu disperare nevoie de ei, era mâhnită adânc. Nu-i plăcea să se vadă sau să se simtă ca și cum ar fi goală pe dinăuntru și având nevoie de alții să o umple sau să se atașeze de ea. O panica, și asta era parte din motivul pentru care se grăbea. Avea nevoie să fie ocupată, ca nu cumva să se deschidă o prăpastie căreia nu îi putea face față și care să dezvăluie vidul teribil dinăuntrul ei. Așa că, dacă cineva devenea prea important, avea nevoie să recupereze ceea ce investise în el și în această separare, să-și demonstreze că putea să meargă înainte și fără acea persoană, trăind astfel o euforie de scurtă durată.

Remarcasem acest tipar la mulți dintre oamenii cu care am lucrat, însă la Belle era pronunțat într-un mod particular. Am crezut că dacă ea ar putea să sesizeze tiparul și să-l depășească, indiferent cât de imperios ar fi fost impulsul de a se descotorosi de individul care însemna prea mult pentru ea la acea vreme, ar fi putut fi în stare să unească punctele dintre crizele și urgențele ei și să înceapă să creeze un sentiment de continuitate pentru ea și în ea însăși. Trăitul în prezent, cu banalitățile lui, cu prozaicele conflicte, cu bunele și relele sale, era cel care îi scăpa, pentru că în banalitate ea nu reușea să existe. În acest scop am lucrat cu ea ca să păstreze doi prieteni: bărbatul care era îndrăgostit de ea și femeia-fotograf. Deși ea a continuat să-i abandoneze în mintea ei de multe ori când o dezamăgeau sau când se simțea îngrozită de cât de mult se baza pe ei, a reușit să mențină prietenia.

Presupun că, văzându-i nevoia de a-i respinge la nesfârșit pe cei de care se atașa, ar fi trebuit să-mi dau seama că acest fenomen mă va prinde în capcană și pe mine. Că într-o zi Belle va realiza că însemn cu adevărat ceva pentru ea și astfel va fi nevoită să scape de mine. Poate cumva, într-un mod mult prea optimist, speram că terapia ar fi putut fi locul în care ar putea fi inversat acest tipar, că împreună am putea să ne luptăm cu dificultățile ei legate de atașament.

Uneori în terapie, Belle era capabilă să înceteze să mai facă munca de una singură și să admită că avea nevoie de mine un pic mai mult, nu doar ca un simplu tehnician care stătea nemișcat în timp ce ea făcea eforturi de se a explora pe sine, ci ca pe cineva pe care putea cu adevărat să se bazeze că-i este alături în sentimentele și luptele ei.

Se putea uita la mine cu un interes deosebit, aproape sorbindu-mi prezența, deoarece simțea pentru prima dată respectul altuia pentru ea. O nedumerea cu siguranță faptul că acel cineva, eu, era interesat în mod autentic de ea. Nu era obișnuită cu asta. Într-un fel sau altul, ea devalorizase atenția pe care o primise din partea altora, astfel încât să nu prea conteze, cu excepția momentului când conta prea mult și era nevoită să abandoneze prietenia. Cu ezitare, și-a permis să simtă că era interesantă, valoroasă, doar prin a fi ea însăși. Desigur, nu a ajuns aici fără rezistență, fără să declame că făceam asta pentru oricine „de pe canapeaua aia" și că o făceam doar pentru că eram plătită. Dar până și ea își considera scuza mult prea neconvingătoare; putea să vadă și să simtă interesul meu, plăcerea și preocuparea pentru ea. Am îndrăznit să sper că era pe cale să devină o persoană de la interior către exterior, că aparența de colaj a măștii sale fizice și psihice se dădea la o parte pe măsură ce afla că era cineva acasă și că nu se va evapora.

Din ce în ce mai puține urgențe erau generate, și Belle nu mai venea cu programul plin până la refuz. Putea chiar să stea liniștită destul timp fără să știe ce era în mintea ei sau în inima ei și să lase ședința să se desfășoare așa cum era. Dacă înainte minciunile constituiseră felul în care se aduna, acum, prin câteva dintre prietenii și pe măsură ce travaliul ei se dezvolta, era în stare să facă față unei anumite cantități de incertitudine și necunoaștere. Deși eram în continuare conștientă că putea fi și escroacă, și mincinoasă, asta se afla undeva la periferia minții mele, de vreme ce aceste activități nu mai ocupau scena centrală.

Cele două prietenii ale lui Belle, cu fotografa și cu bărbatul îndrăgostit de ea, păreau să meargă bine. Nu relaționa cu niciunul dintre ei pe baza nevoii de a fi salvată și chiar m-am simțit încurajată că era capabilă de a avea sentimente directe și de a fi foarte supărată în cabinet atunci când o dezamăgeau într-un fel sau altul.

Pentru a fi corectă, trebuie să spun că priveliștea nu avea nimic încântător. Urla la adresa lor, scuipa furie veninoasă, îi minimiza cu disprețul ei. Deși respingerea ei față de cei iubiți și valorizați era neplăcută, puteam vedea aceste răbufniri ca necesare și chiar ca pași pozitivi pe calea diferențierii sentimentelor legate de nevoia ei de alții. Să fii nevoit să respingi atât de brutal și cu atâta îndârjire, era, aș spune, un semnal pe care acum l-am putea folosi pentru a înțelege lupta pe care o ducea să-și accepte nevoia de alții și de încredere în ei. Acesta era un gest de a se alătura rasei umane, de a accepta compromisul dependenței de alții, care la rândul lor sunt dependenți de tine și, prin această interdependență, de a avea experiența felului în care poate prospera capacitatea de a avea un sentiment autonom de sine.

Nu și-a abandonat acești doi prieteni. Experimenta, având curajul să îi lase pe alții să însemne cu adevărat ceva pentru ea. Am fost surprinsă atunci când o moarte neașteptată în familia mea a făcut ca munca noastră terapeutică să intre într-un dezacord din care nu avea să-și mai revină.

Într-o ședință de marți, după aproape douăsprezece luni de terapie, i-am spus lui Belle că voi fi nevoită să plec pentru zece zile și că vom rata două ședințe, posibil trei. A primit vestea abia ridicând din umeri, nici vorbă de exprimarea rănirii, a dezamăgirii, a fricii, a mâhnirii sau a eliberării — toate reacțiile posibile la o pauză neanticipată. Ușor dezinvoltă — și probabil ăsta trebuia să fie indiciul — a întrebat de ce, iar când i-am zis, a răspuns că era convenabil și pentru ea, pentru că avea mult de lucru în săptămâna aceea.

Înainte suporta pauzele manifestându-și interesul față de locul unde mergeam. Pe parcursul primului an de terapie fuseseră momente când nu putea concepe să nu fim în contact și am aranjat să putem vorbi la telefon cât timp eram plecată. Alteori, asta nu fusese o problemă. Când totuși asta devenise o problemă, existase o cale prin care am putut accepta telefoanele primite și intruziunea în spațiul meu privat, pentru că Belle se simțea psihologic fără adăpost. Acceptând-o în terapie fusesem nevoită să o las aproape să se infiltreze în mine. Era ca și cum ar fi avut urgent nevoie de o casă emoțională unde să se poată cubări și unde să doarmă. În lunile de început ale terapiei punea stăpânire pe mine când nu eram cu ea, iar pentru mine era ca și cum aș fi devenit conștientă de disperarea ei pentru un loc, un atașament, o conexiune, pentru a fi îngrijită și aproape pentru a fi în corpul și în mintea unei persoane mult mai cuprinzătoare, similară unei mame care poartă o atenție conștientă, fizică și emoțională, față de copilul ei când sunt separați.

Am plecat pentru a participa la înmormântare și la chestiunile pe care le implica decesul. Absorbită de propriul meu doliu și preocupată de cei care erau îndoliați ca și mine, nu mai eram așa de preocupată de Belle sau de alți pacienți. Când am sunat să îmi confirm revenirea și reluarea ședințelor, am dat de robotul ei telefonic și i-am transmis că speram să o văd în cabinetul meu în următoarea zi de marți. Trecuseră două săptămâni.

Când nu a apărut, la început m-am îngrijorat că nu primise mesajul de pe robotul telefonic. Nu era stilul ei să rateze o ședință — nu îmi aminteam să se mai fi întâmplat vreodată. Am oscilat între a mă acuza pentru că nu am vorbit cu ea în persoană despre reluarea ședințelor și a mă gândi ce ar fi putut să i se întâmple. Prima mea grijă a fost dacă ea era bine. Am telefonat să întreb și să-i reamintesc că am revenit la cabinet[7]. A răspuns la telefon, a fost caldă în primul moment și apoi a spus mai degrabă cu nonșalanță că auzise mesajul, dar că uitase. Era prea târziu pentru ea să vină acum, așa că am reprogramat-o pentru a doua zi.

Miercuri nu a apărut. Nu mai înțelegeam nimic. Cum era o oră neobișnuită pentru întâlniri, am fost tentată să o sun iar, dar asta nu părea chiar în regulă. Am fost dezamăgită și mi-a părut rău să nu o văd și chiar am fost un pic enervată de faptul că această ședință de compromis îmi dăduse programul peste cap. Ce-o fi o fi. Era sfârșitul lunii. Am trimis facturile și am așteptat ziua de vineri.

Ziua de vineri a sosit. Trecuseră două săptămâni jumătate de când nu o mai văzusem pe Belle. Era o pauză lungă pentru o relație terapeutică intensă. O anume neliniște persista dincolo de nonșalanța convorbirii telefonice de marți. Mă întrebam ce urma să mi se întâmple, să ni se întâmple. Când nu a reușit să apară la ora unsprezece, am fost surprinsă. Mai mult de-atât, am fost la pământ. Gândurile mi s-au accelerat, dar nu pentru că mă îngrjoram în legătură cu ce i s-ar fi putut întâmpla în urma unei crize de-ale ei, ci pentru că treceam în revistă ce se întâmplase între noi. Dacă ar fi ratat și alte ședințe mai devreme în terapia ei, nu aș fi fost surprinsă, dar, întâmplându-se acum, după luni și luni a ceea ce părea un travaliu productiv, eram neliniștită.

Deși eram derutată, ciudat era totuși că parcă așteptasem asta de multă vreme. Am avut o experiență clivată în legătură cu Belle: una care conținea multă admirație și respect pentru felul în care se dezvolta și se angaja în luptele ei, și o alta care mă ținea destul de departe și întrebătoare, dar nu îndepărtată sau distantă, și în care îmi ocupam timpul urmărind dacă ceea ce părea că facem era real sau era cumva fals. Sentimentul pe care îl aveam era ciudat, însă am mai trăit cu o astfel de tensiune și înainte și am gândit că avea ceva de-a face cu experiența proprie a lui Belle — așteptând să se miște către un nou sentiment al sinelui și menținându-se încă în suspendare și neîncredere, ca și cum nivelul de schimbare necesar pentru a se transforma dintr-o trișoare care știa să iasă repede din probleme într-o persoană stabilă era, pur și simplu, prea greu de suportat.

La unsprezece și cincisprezece minute, a sunat telefonul. Adâncită în gândurile mele, am fost cumva speriată. Era Belle. A spus că a fost nevoită să părăsească Londra cu treabă. Era la Berlin. Își cerea scuze că nu putuse să mă informeze. Are să mă vadă marți.

Pe când puneam receptorul la loc, cuvintele pe care le auzisem, dar care erau ținute în așteptare pentru a fi digerate îmi tot reveneau în minte. Când încercam să le procesez, era ca și cum nu existau receptori pentru ele. Atârnau între mine și ea, orfane: *„Sunt în Berlin"*.

Perplexă, și înainte de a mă prinde ce făceam, am format 1471. Operatorul automat m-a informat că ultimul apel telefonic pe care îl recepționasem venise de pe numărul telefonului de acasă al lui Belle. Am înghițit în sec și am încercat să-mi îndrept atenția în mod intenționat către ceea ce tocmai am auzit și totodată către ceea ce m-a făcut să fiu suspicioasă încă de la început.

Nu mă plăceam în rol de verificator, de necredincios, de spion. Cum aveam astfel de gânduri, m-am întrebat ce trebuie să fi trăit Belle încât să fie nevoită să evite întâlnirea cu mine în felul acesta. De ce nu putea să spună: „Nu pot să vin"? Ce se întâmplase în aceste două săptămâni de absență pentru a face loc înșelăciunii în relația dintre noi?

Dar în același timp în care mă simțeam interesată de ceea ce furnizau aceste răspunsuri, partea din mine care se așteptase întotdeauna la un afront simțea o oarecare eliberare. Un aspect al experienței mele emoționale cu Belle a fost confirmat. Era ceva în neregulă cu ea și între noi două. Eram pe atât de aproape pe cât a putut ea să lase pe oricine să fie și totuși, și totuși, ceva a perforat încrederea pe care se baza, așa că ajunsesem în stadiul în care noua ei creștere, stratul de deasupra, care era reflexiv și gânditor, se dezintegrase înainte să poată fi consolidat, transformat în ceva substanțial, și înainte să poată penetra straturile fabricate, stratagemele și viclenia ce constituiseră un mecanism de supraviețuire în cea mai mare parte din viața ei.

M-am simțit mai degrabă așa cum mă simțisem în prima noastră ședință — respinsă și totuși atrasă. Am fost încântată că minciuna intervenise între noi. Însemna că ea reacționa în terapie ca și cum era într-un alt loc și asta, ca și prima minciună la care fusesem martoră, era ceva important cu care trebuia lucrat. Dacă măcar ar fi venit la ședință atunci am fi putut afla de ce sau dacă, așa cum mă temeam, fuseseră minciuni între noi pe parcursul terapiei, pe care nu le văzusem, pe care le acceptasem și la care fusesem părtașă. Mă simțeam energizată. Terapia mă forța să recurg la unul dintre aceste salturi care par întotdeauna atât de înspăimântătoare, dar care pot fi mijloacele pentru crearea unei noi forme de relație.

Dar nu eram doar încântată. Mai era și altceva. Mă simțeam furioasă și respinsă, ca și cum aș fi fost ridiculizată. Relația noastră și ceea ce făcusem împreună păreau să fi fost abandonate făre milă. Belle respecta tiparul terapiei prin faptul că sunase, dar minciuna ei îmi spunea altceva care părea să fragmenteze relația noastră și să submineze munca noastră împreună. Acea experiență duală în ceea ce o privește era dezagreabilă. Îmi displăcea felul în care eram întotdeauna pe două trasee deodată cu Belle — cel neîncrezător și cel încrezător. Era chinuitor și tulburător.

Eram destul de zdruncinată. Știam că a o verifica indica ceva despre cum continuasem să tolerez minciuna dintre noi, pentru că altfel nu mă trezeam formând 1471. Nu era un număr la care mai sunasem până atunci (De fapt nici nu știam că îl știu. Dar am fost îndemnată să-l formez ca într-o transă). M-am simțit murdărită și furioasă, și preocupată. Ce omisesem? Când complotasem cu ea? Ce lăsasem să treacă? Ce nu dorisem să abordez?

Sentimentul dominant era unul de durere, cu umilință în planul secund. M-am simțit pusă la respect și ridiculizată. Mă agățasem de o relație-surogat. Inima mea se răcise, nu doar din cauza durerii, ci și din cauza ororii în fața experienței cu Belle, a felului în care putea cu atâta ușurință să devalorizeze o relație — a rapidității cu care o relație trebuia să fie respinsă când ceva nu mai mergea bine pentru ea. O văzusem abandonând oameni înainte și am știut întotdeauna că asta era o posibilitate și între noi, dar am sperat că abilitatea noastră de a înțelege fricile ei de dependență și capacitatea ei de a tolera dezamăgirea din partea prietenilor ei ar fi făcut ca asta să nu se întâmple. În cel mai rău caz, am simțit că puteam măcar să vorbim despre asta.

În weekend m-am gândit mult la ceea ce i-aș spune la următoarea întâlnire. Intenția mea în toate propozițiile pe care mi le-am formulat pentru mine însămi a fost să-i dau voie să-mi vorbească despre înșelăciune și ca noi să putem admite că s-ar putea ca ea să aibă un conflict — oricare ar fi acela — care să fie pur și simplu acceptat. Dar desigur că ea nu ar putea s-o facă, asta era problema. Minciuna nu era atât intenționată, cât utilitară, o alunecare către o cale cunoscută de ajustare comportamentală. Bănuiala mea era că se trezise într-o poziție stranie, pentru că nu putea să se imagineze spunându-mi ce era în mintea ei.

 Aș fi vrut ca ea să fie în stare, în primul rând, să aibă aceste sentimente și să discute despre ele fără necesitatea de a le rezolva imediat.

Îmi dorisem ca Belle să fie în stare să-mi spună despre minciună pentru că știam că exprimarea acesteia între noi ar fi fost semnificativă. Minciunile pe care le profera pentru a-i păstra pe oameni interesați de ea (e cu mult mai interesant să fie jefuită decât să-și piardă cheile de la mașină) îi făcea tot pe aceștia mult mai puțin valoroși pentru ea atunci când îi credeau născocirile. Credința lor în poveștile ei îi transforma în fraieri creduli de care ea, în mod inconștient, își bătea joc.

M-am gândit îndelung că motivul pentru care terapia noastră debutase atât de bine era pentru că *fusesem* în stare să abordăm prima minciună pe care am auzit-o spunând-o. Nu am sărit peste ea, nu am negat-o și nu am lăsat-o pur și simplu așa. Am văzut-o pe Belle mințind și am acceptat acest aspect al ei fără să subscriu ideii că minciuna era singurul mod prin care putea supraviețui. Fusese intrigată să fie întâmpinată la acel nivel, astfel că am fost în stare să mergem mai departe, să vedem utilizările creative ale minciunii ei, felurile în care profera minciuna ca un fel de a face față sentimentelor de gol, de ignoranță și de dorință de a se îndepărta de ea însăși. Privirea mea asupra minciunii ei fusese o eliberare. Îi oferise sentimentul că minciuna exista pentru un anumit motiv și că era până la un punct funcțională, dar și că rațiunea pentru a minți devenea tot mai slabă.

Acum părea că o minciună acoperea ceva dintre noi două care a dus la plecarea ei. O văzusem înainte, precum am zis, părăsind relațiile în moduri mai degrabă distructive și nu voiam să-i vină ideea că mințitul putea să fie calea eficientă de a intra în și de a ieși din relația noastră. Am vrut ca ea să-și recunoască acel conflict personal și apoi să poată alege dacă dorește sau nu să încerce să înțeleagă conflictul.

Amestecată cu durerea și umilința mea era și îngrijorarea pentru Belle. Mă întrebam cât de mult din ceea ce trăisem era o parafrazare a stării ei emoționale. Puteam doar să speculez și să formez imagini vagi, pentru că, până nu vorbeam cu ea, nu știam ce o făcuse să se răzgândească și ce îi schimbase atitudinea față de relația noastră. Dar a trebuit să încep cu ce aveam, cu sentimentele și acțiunile mele.

Plecarea mea, m-am gândit eu, fusese pentru ea ca o palmă dată în față. Ar fi putut să dovedească faptul că sprijinul pe care-l găsea ea în relația noastră era mult mai important decât dorea și că se simțea umilită de cât de mult însemna pentru ea. Nevoia ei de mine, am speculat eu, o înfuria. Pentru a se calma, ea reformula preocuparea mea pentru ea ca pe o escrocherie și ca pe o minciună. *Eu* eram cea care o păcălise că putea fi în mod autentic valorizată și valoroasă. Aceasta era fără doar și poate o escrocherie perpetuată de un individ prefăcut.

Pe când am formulat această secvență care părea să fie în acord foarte strâns cu sentimentele mele, mi-am amintit că Belle mi-a spus că la un moment dat în trecutul nu prea îndepărtat se culcase cu bărbați pentru bani. Nu a fost o tranzacție pe față și nu era ceva regulat, așa că era o cale prin care putea pur și simplu să se păcălească în legătură cu asta. Dar, după judecata mea și a ei când ea vorbea despre darurile în bani pe care le primea, nici-una dintre noi nu avea niciun dubiu la ce făcea referire.

Dacă aveam dreptate și succesiunea evenimentelor era așa cum am postulat-o, atunci acest sentiment de greață pe care-l aveam, de a fi jefuită, și înjosită avea o echivalență în prostituția lui Belle. Actele mele de grijă și interes profesional, care reflectau sentimente profunde de preocupare și căldură față de Belle, aveau un echivalent în peisajul ei emoțional.

Am petrecut mult timp analizând dragostea ei înfrântă, felul în care mama ei, mai presus de toate, o dezamăgise, cum nu o lăsase să o iubească și cu câtă lipsă de speranță încercase Belle să capteze și să păstreze interesul mamei ei. Cinismul și dezgustul pe care-l simțea față de mama sa erau mai mult ca un scut cu care se apăra împotriva recunoașterii dragostei față de mama ei și mai puțin niște arme îndreptate direct împotriva mamei sale. Își disprețuise mama și eforturile acesteia, o abandonase ca pe o persoană isterică și nefolositoare care nu putea munci și care nu știa să-și apere drepturile.

În decursul lunilor de terapie am ajuns la momentul în care mama sa a plecat când Belle avea șase ani, pentru că nu mai putea suporta lipsa de viață a Noii Zeelande. A mers la Londra să stea două săptămâni la o prietenă, lăsându-le pe fiice în grija tatălui lor, dar, în realitate, să-și poarte de grijă singure. Însă ele erau prea mici ca să fie lăsate fără explicații. Având drept refugiu doar anxietatea tatălui, Belle devenise foarte înspăimântată. A dormit aproape tot timpul cât mama ei a fost plecată, incapabilă să meargă la școală sau să iasă din casă. Când mama ei s-a întors în casa familiei, Belle și-a revenit printr-o falsă îmbrățișare a vieții. Totul era la locul potrivit din nou, dar ceva se rupsese pentru Belle și nu putea să găsească o cale pentru a se restabili.

Cum vorbiserăm despre asta la momentul respectiv, ruptura simboliza imposibilitatea încrederii și certitudinii. În mod paradoxal, acestea deveniseră atât de imperative pentru că Belle nu avusese parte mai deloc de niciuna dintre ele în relația cu mama ei. Absența unui contact bun și fiabil anterior dispariției ei făcuse ca scurta absență a mamei să fie imposibilă pentru ea.

Îi sublinia deficiențele și îi submina ceea ce Belle crezuse că era stabil în relație. „Dacă însemnam cu adevărat atât de mult pentru ea și noi eram singurul motiv pentru care stătea lângă tatăl meu în Noua Zeelandă, cum putea să plece?" se jeluia Belle.

Nu ne-am fi putut aștepta de la Belle să înțeleagă sofisticarea nevoilor adulților și conflictele lor, cu atât mai mult cu cât era atât de acaparată de dragostea și afecțiunea pe care le râvnea de la mama ei. Plecarea de două săptămâni fusese un punct de cotitură între momentul când lucrurile erau aproape suportabile și cel în care deveniseră de neîndurat pentru Belle.

Când am vorbit despre aceste vremuri, am explorat împreună cu Belle învelișul protector pe care și-l construise pentru a rezista nevoii ei de contact cu mama sa și felul în care absența ei ajunsese să reprezinte tot ceea ce era greșit. I-am contestat adeziunea la această poveste și concluziile pe care le trăgea de aici. „Absența nu înseamnă neapărat abandon, Belle", am explicat eu. „Absența poate fi grea, dar ura sau îndepărtarea persoanei de care ai nevoie nu este în mod necesar o soluție."

Cum mai aud și acum ecoul cuvintelor mele de atunci! Simetria era foarte clară: dispariția de două săptămâni a mamei ei, pauza mea neprevăzută de două săptămâni. Nu o luasem în serios. Și mai izbitoare era nevoia mamei ei de a se îndepărta de Noua Zeelandă, cea lipsită de viață, și conștientizarea mea că, atâta timp cât eu am fost preocupată de moartea unei persoane importante din viața mea, Belle nu mai intrase în atenția mea. Nu o luasem cu mine. Nu mai era atât de orfană ca ea să mă însoțească psihic peste tot. O „lăsasem din brațe", mă așteptam să fie în regulă. Probabil acest lucru se întâmplase și în cazul mamei lui Belle când a plecat de acasă în călătoria de două săptămâni. Poate că Belle se simțise teribil de abandonată și uitată de amândouă. Acum o altă simetrie îmi venea în minte. Momentul plecării mele a fost după douăsprezece luni de terapie și diferența de vârstă dintre Belle și sora ei mai mică era tot de douăsprezece luni. Aceasta trebuie să fi fost o altă dispariție. Mama ei putea să fi fost tulburată când s-a născut Marie și să-și fi îndreptat atenția, indiferent cât de puțină avea pentru Belle, către bebeluș.

În copilăria mică și copilăria mare capacitatea unei mame de a simți starea psihică a copilului și de a o accepta, indiferent cum este, reprezintă mijlocul prin care copilul își organizează experiențele și se simte în siguranță. Deși este imposibil să descriem cu vreo certitudine procesul prin care o mamă (sau un adult care îngrijește) ajută la transformarea stărilor emoționale adesea haotice sau terifiante pe care copilul le trăiește și de care încearcă să scape atunci când suferă, cei mai mulți teoreticieni psihanaliști subcriu la ideea că acesta îi împărtășește mamei o versiune a supărarii lui (și a bucuriei), ca ea să o poată simți ca și cum ar fi a ei. Dar pentru că nu e, dar a fost temporar stimulată în ea, mama poate acum prelucra sentimente care pot fi foarte dificile pentru copil și apoi să le returneze copilului într-o manieră reasiguratorie.

Acest proces este mijlocul prin care se face contactul profund între mamă și copil și formează prototipul pentru înțelegerea intimă dintre adulți. Acest proces este cu siguranță cel care e pus la lucru în terapie. Terapeutul devine disponibil pentru sentimentele proiectate și, trăind o versiune a acestora, fiind cât mai mult posibil în pielea celeilalte persoane, este pe deplin conștient de o parte dintre dificultățile pacientului. Dacă bebelușul, copilul sau adultul vulnerabil nu reușește să se simtă conținut în acest fel, el poate să trăiască stări de haos, vid sau dezintegrare îngrozitoare. În terapie, terapeutul, mai puțin vulnerabil la astfel de stări mentale decât pacientul, găsește o cale de a-și ajuta pacientul să reelaboreze și să asimileze sentimentele tulburătoare de care a încercat să se lepede.

În timp ce aceste procese — care merg mult dincolo de empatie — pot fi observate și trăite, e imposibil să explicăm felul în care gândurile sau sentimentele trec de la o persoană la alta. Psihanaliștii și psihoterapeuții vorbesc de parcă ar exista un teren literal între două persoane, un fel de schimb fizic în care sentimentele apar, sunt transferate sau depuse în celălalt. Dar adevărul este că nu prea suntem în stare să explicăm ce se întâmplă când aceste procese se desfășoară. Expresia „identificare proiectivă" este terminologia psihanaliștilor pentru a denumi (precum s-a străduit atât de atent Thomas Ogden să o facă în cartea lui din 1982 cu aceeași denumire[8]) multitudinea de procese ce se desfășoară în această generare și transferare de stări emoționale de la unul la altul. Însă în ciuda acestei inabilități, psihologii dezvoltării și psihanaliștii au înțeles, ceea ce părinții știu bine, cât de crucial este ca mama să poarte în minte nevoile copilului. Winnicott vorbește despre preocuparea maternă primară, Bion despre reverie și Daniel Stern despre acordaj. Aceste concepte sunt încercări de a pune în limbaj procesul unic prin care un individ (de regulă mama) poate purta cu delicatețe în minte și inimă sentimentele unui altuia (copilul), fapt ce devine mijlocul prin care copilul se simte recunoscut și real.

Dacă Belle se simțise abandonată prin plecarea mamei, pentru că depresia mamei însemnase în primul rând că relația lor era trăită ca fiind nesigură de către Belle, m-am întrebat dacă nu cumva odată cu plecarea mea la înmormântare ea simțise că mă îndepărtasem de ea și astfel, spre deosebire de celelalte plecări când fusesem destul de atentă să mențin contactul cu ea la intensitatea de care ea avea nevoie, dovedisem în mod inconștient o lipsă de preocupare echivalentă cu abandonarea ei.

Și dacă mi-aș fi dat seama de simetria pauzei de două săptămâni cu cele douăsprezece luni, mă întreb ce aș fi făcut altfel.

 Ce aș fi putut spune diferit? Ce aș fi putut să-i ofer lui Belle care să-i fi permis să rămână cu dorul ei de mine mai degrabă decât să treacă la indiferență și minciună?

Belle nu a apărut marți. De data asta un mesaj transmis pe nerăsuflate de o prietenă, cum că Belle nu va putea să vină la ședința sa, a ajuns la urechile mele chiar înainte de întâlnire. M-am întrebat care fusese prețul pe care a fost nevoită să-l plătească pentru a o pune pe prietena ei să dea telefon. În timp ce simțeam că îmi crește iritarea, am observat din nou cât de mult mă așteptasem la așa ceva. Disponibilitatea lui Belle pentru terapie fusese o surpriză pentru mine, acum luarea în râs și disprețul ei față de aceasta și față de relația noastră durea îngrozitor. Dar, pe de altă parte, acestea erau confirmări ale unui alt plan ce fusese întotdeauna cu noi.

M-am simțit cumva păcălită. Cum am putut să cred că voi ajunge la ea într-un fel semnificativ și transformativ? Cum de m-am lăsat amăgită în speranța că ea făcea ceea ce părea să facă în terapie? Ce fel de aroganță mă făcuse să cred că o atinsesem și că ajunsesem la ea într-un fel care putea să o facă să renunțe la respingere ca *modus operandi*?

Lipsa ei a stârnit în mine dorința de a o revedea. M-am simțit alungată și eliminată. Respingerea ei a fost o tăietură cruntă și m-a întristat: eram tristă în legătură cu faptul că se întorsese iar la metodele ei obișnuite și tristă pentru că nu fusesem în stare să fac ceea ce acum simțeam că ar fi fost un lucru crucial — să abordăm dificultățile sale legate de dependență și nevoie.

Eșecurile terpeutice sunt devastatoare. Deși Freud a scris despre ele fără să facă referire la sine, văzându-le ca pe niște lecții valoroase pe care se poate baza psihanalistul, eu însămi nu eram la fel de încrezătoare. Am trăit durerea, furia, regretul și umilința. Îmi puteam oferi explicații destul de plauzibile în legătură cu acest eșec terapeutic, însă sentimentele care îl însoțeau nu puteau fi cu ușurință sau acuratețe clasificate.

Câțiva ani mai târziu am deschis *Harpers & Queen* și acolo, alături de noul și absolut atractivul ei soț — un avocat foarte cunoscut din domeniul bancar — era Belle. Văzând-o așa de proaspătă și vulnerabilă mi s-au trezit imediat sentimente deosebit de intense de preocupare și furie care se sedimentaseră acum în mine. Doream să mă simt neutră, să nu conteze, doream ca Belle să fie o persoană pe care o plăcusem tare, pe care o admirasem și pentru care mă îngrijorasem. Am vrut să alung urâțenia, să fac o poveste nouă, să construiesc un alt sfârșit pentru terapia noastră.

Desigur că asta este exact ceea ce făcea Belle. Gustul amar al poveștilor ei emoționale o făcuse să-și dorească să le transpună în altceva, să construiască scenarii care să lase în urmă durerea și angoasa. Însă, în timp ce ea putea să facă asta alcătuindu-și măști și dobândind destulă inteligență psihologică menită să o ajute să meargă un pic mai departe, eu nu puteam. Rămăsesem cu durerea de a o fi dezamăgit, de a nu fi fost în stare să-i fiu alături vulnerabilei Belle în această ultimă urgență reală suficient de mult încât să o ajut să creeze ceva nou și care să o susțină.

Pași în întuneric

Venise o vreme, cam după vreo optsprezece luni de terapie cu Joanna, în care simțeam că mă cuprinde groaza de fiecare dată când închideam ușa cabinetului după ce intra ea. Aerul părea să onduleze, distorsionând jocul luminii, și astfel camera se spărgea în petice de strălucire și tristețe. Mă simțeam amețită, de parcă aș fi avut tensiunea foarte scăzută. Îmi era foarte greu să văd clar trăsăturile chipului Joannei: ochii ei mari, negri, deseori vii, și buzele ca bobocul de trandafir îmi apăreau și îmi scăpau din centrul atenției, așa cum ea părea să se legene către mine.

În spaima care plutea, abia dacă percepeam o impresie foarte vagă de amenințare. Așteptam să văd ce avea să spună Joanna și cum avea să spună. Speram ca vorbele ei să împrăștie acea atmosferă de rele prevestiri. Viața sa devenise întunecoasă de la un timp, de parcă ar fi căzut undeva unde nu ar fi vrut să fie, dar de unde nici nu reușea să iasă. Se simțea târâtă într-un loc igrasios, încărcat emoțional, pe care nu-l prea putea denumi și mă trăgea într-acolo și pe mine.

Vreme de un an și jumătate Joanna fusese o pacientă extrem de implicată, chiar plăcută. Abia aștepta ședințele de terapie și venea nerăbdătoare, cu respirația tăiată. Mă fermecase cu inteligența ei, cu perspicacitatea ei sarcastică și mintea ageră. Dar toate acestea erau suspendate acum, când între noi se așezase amenințarea. Așteptând-o să vorbească, pentru ca ceea ce era atât de prezent să capete formă prin limbaj, căutam în mintea mea să înțeleg ce putea fi lucrul acela care o amenința acum. Care era natura întunericului pe care îl aducea ea între noi?

Joanna venise la terapie la treizeci și patru de ani. Era director de resurse umane la o mare companie, dar, în ciuda talentului ei evident, a competenței și popularității, precum și a faptului că se bucura de succes în multe aspecte ale vieții sale, își pierduse speranța de a putea avea vreodată o relație de durată în care să poată avea copii. Era foarte îngrijorată că îmbătrânea pe zi ce trecea fără să-i reușească acest lucru. Avusese câteva relații de durată cu bărbați pe care simțea că îi „consumase" cu nesiguranța ei. Nu se îndoise niciodată de propria capacitate de a-i atrage pe bărbați și de a-i face să se îndrăgostească de ea. Dar în aceasta consta și dilema ei. Chiar încrederea ei în capacitatea de a-i oferi bărbatului ceea ce simțea că vrea de la ea o făcea să se îndoiască de orice relație în care s-ar fi aflat. Se simțea responsabilă pentru crearea relației, simțea că el o atrăgea pentru că ea îl putea seduce, nu pentru că o alegea el pe ea cu adevărat. Poate că, își făcea ea probleme, bărbatul era cumva marioneta ei, poate că prea mult din dorința lui de a o avea era creația *ei*. Într-o zi el urma să se trezească și avea să-și dea seama că nu o vrea de fapt pe ea și că fusese înșelat.

Ultimului ei iubit, Jeremy, îi ceruse imperios dovezi tot mai mari de iubire și fidelitate până când el, năucit de ceea ce nu reușise să facă și de faptul că nu reușise să o iubească în modul corect, se retrăsese în el însuși.

Retragerea lui Jeremy o înnebunise pe Joanna. Abandonată și pierdută, se repezea la el și se arunca pe el, lovindu-l cu picioarele și cu pumnii, până când el fie riposta lovind-o, fie începea să plângă, fie amândouă. Atunci ea simțea o mare ușurare pentru că reușise să-l miște, să scoată cu forța din el un răspuns primitiv și imprevizibil, un răspuns care îi dovedea ei că într-adevăr îi intrase pe sub piele și că pătrunsese înăuntrul lui.

Joanna era rușinată de acest comportament și de stările în care intra. Dorea să aibă o relație stabilă, dar nu vedea cum s-ar fi putut întâmpla acest lucru. Nu avea nicio dificultate să se îndrăgostească, dar se simțea blestemată să distrugă orice dram de intimitate pe care o crea.

Când îmi spusese prima dată acest lucru, mă întrebasem cum avea să se deruleze această dinamică între noi două. Putea ea să folosească relația noastră pentru a-și explora nesiguranța și pentru a descoperi ce era atât de nedemn de încredere la ea însăși? Avea să i se pară că tot ea mă seduce și pe mine? Că mie nu mi-ar păsa de ea, ci că ea ar crea sentimentele mele față de ea? Ar putea simți că ea e cea care mă vrăjește ca să o plac și că acest lucru i se va întoarce împotrivă, că și noi aveam să ne despărțim printr-un deznodământ distructiv?

Trăgând aer în piept, m-am întrebat dacă aceasta urma să fie terapia, centrul însuși al întâlnirii, pe care ea urma să o creeze pentru noi. La fel ca iubiții ei, și eu puteam fi sedusă să simt o mare afecțiune față de ea. Ce urma să se întâmple când eu aveam să contez pentru ea suficient de mult, încât să înceapă să-și facă griji legate de ce ar fi putut însemna *ea* pentru *mine*? Ce s-ar fi întâmplat când nesiguranța ei avea să intre în relația noastră? Ar fi pătruns în relația noastră și acele sentimente stăruitoare, violente? Ar fi putut încerca să întrerupă relația, să o desfacă, să o submineze? Aș fi știut eu să răspund în așa fel încât ea să poată să creadă în relația noastră?

Începând terapia, îi promisesem implicit că aveam să merg cu ea în cele mai adânci, cele mai rușinoase și cele mai dureroase zone de dificultate, nu numai că-i voi asculta povestirile despre răni și suferințe, ci și că aș putea deveni unul dintre actorii de pe scena ei, intrând în drama pe care ea o crease și aducând propriul meu sentiment despre cum e să fii unul dintre personaje.

A o ajuta să-și gândească și să-și clarifice conflictele, dorințele ei inconștiente, tacticile psihice ale sabotorilor ei interni, identificările ei și proiecțiile ei — aceasta ar fi fost partea ușoară. Pentru aceasta aveam știința din cărți, experiența și empatia pe care o simțeam pentru ea. O provocare ar fi putut fi posibila punere în scenă a dificultăților ei în relația noastră: cine avea nevoie să fiu eu pentru ea, în rolul cui avea să mă distribuie și cum aveam să rezist în acel rol.[1] Cum putea duce farmecul la catastrofă.

Desigur, cine trebuie să fie terapeutul pentru oricare pacient care vine la terapie este o problemă complicată. Monitorizarea schimbărilor acestei dorințe este una dintre abilitățile terapeutului. Pacientul îi cere terapeutului să fie o persoană simțitoare și empatică. Dar, deși acest lucru este ceea ce i-ar putea permite Joannei sau oricui altcuiva să înceapă să vorbească despre ceea ce o supără, acest aspect al relației terapeutice ajunge să fie rapid însoțit de așteptările pe care ambele părți le au una de la alta. Nu există relație umană fără așteptări aduse din experiențele anterioare de interacțiune cu oamenii. Noi, ființele umane, funcționăm simultan pe multe niveluri și, în timp ce o parte din noi se bucură de fiecare persoană ca și cum ar fi cu totul nouă, permițându-ne să ne lăsăm fermecați sau nu de personalitatea ei, la un alt nivel fiecare nouă relație este croită după tiparul emoțional al întâlnirilor noastre anterioare. Într-adevăr, adeseori ne grăbim, astfel că suntem incapabili să vedem cine este noua persoană pentru că o percepem conform experiențelor noastre cu predecesorii ei. Felul în care îi vedem pe ceilalți este construit de repertoriul emoțional pe care l-am jucat deja.

Creaturi ale memoriei, ale învățării și dezvoltării cum suntem, prezența inevitabilă a reacțiilor emoționale și a așteptărilor bazate pe relațiile noastre trecute este atât instructivă, cât și nefericită. Acestea ne permit să anticipăm modul în care ar putea merge lucrurile. Ne ajută să știm când să ne relaxăm și să avem încredere și când să fim precauți. Dar în același timp această amprentă a trecutului ne poate împiedica să vedem cine este cealaltă persoană, ce este posibil în relația cu ea, cum am putea fi transformați și influențați de ea sau cum am putea avea noi înșine un impact asupra ei. În schimb, avem tendința de a ne reprezenta noua situație ca pe o imitație a unei situații în care ne-am aflat înainte.

Ubicuitatea prezenței experienței trecute, a ceea ce psihanaliza numește transfer, face parte din ceea ce studiază psihoterapeutul pe parcursul unei terapii. Căutăm să înțelegem cine ne cere pacientul să fim, în al cui rol ne distribuie și de ce se întâmplă acest lucru în anumite momente în timpul terapiei. Căutăm să înțelegem cine dorește pacientul să fim sau cine se teme că am putea deveni și cum interpretează comportamentul nostru prin filtrul experiențelor sale anterioare. Și ne întrebăm dacă putem suporta să devenim persoana în care ne transformă el psihologic, recunoscând presiunea de a ne transforma și în același timp refuzând *să fim transformați. Dacă noi, psihoterapeuții, nu reușim să recunoaștem personajul în care încearcă să ne transforme pacientul, aducem prea puțină valoare în terapie. Iar dacă nu putem să fim decât ceea ce dorește pacientul să fim în transfer, nu suntem nici atunci de vreun folos.*

Psihoterapia și psihanaliza îl ajută pe individ să întâmpine noua experiență ca pe o experiență autentic nouă, astfel încât aceasta să nu fie pur și simplu transpusă în ceea ce este deja cunoscut și familiar, ci să fie un prilej pentru dezvoltare și creștere. Când suntem blocați în repetiție, psihicul nostru este inflexibil și impermeabil, incapabil să se lase animat și încântat de ceea ce este autentic și proaspăt.

Deci eram cu adevărat fermecată de Joanna. Modul ei de a povesti și de a interacționa cu lumea aducea prospețime și atenție. Era extrem de atentă la ea însăși și suficient de conștientă pentru a spune că era nebună când sentimentele o copleșeau în situații destul de inofensive. Știa foarte bine ce era în neregulă la ea la un anumit nivel. Nu nega și nu-și ascundea inadecvarea. Tabloul clinic părea destul de clar. Nesiguranța ei avea o intensitate care mă intriga și pe care știam că încă nu reușeam să o evaluez. Dar, pe măsură ce ne-am apropiat una de alta și a putut și ea să arate mai mult din ea însăși prietenilor și colegilor ei, am simțit că această nesiguranță ar fi putut fi înțeleasă și că ne puteam ocupa de percepția ei despre sine ca fiind o seducătoare și o distrugătoare.

Joanna mai avea încă patru frați și surori și crescuse într-o familie mare, săracă, într-o mahala londoneză, unde morala care guverna era binele familiei. Nu că persoanele luate individual nu ar fi contat, doar că, având cinci copii, o bunică infirmă și o mătușă bătrână nemăritată, toți sub unul și același acoperiș amărât, părinții ei nu avuseseră prea mult timp să se concentreze pe nevoile fiecărui copil în parte. Copiii erau încurajați să se perceapă pe ei înșiși ca o echipă și să se adapteze și, în stilul unei culturi mai degrabă de imigranți, făcuseră întocmai. Joanna părea că ieșise din acea experiență cu talentul de a răspunde nevoii de atenție a fiecărui individ și de a ști ce anume poate face ca grupurile să fie eficiente și satisfăcute. Era foarte talentată pentru postul de resurse umane. Superiorii ei îi cereau opinia cu privire la restructurarea organizației, ea fiind cea care avea talentul de a le arăta cum să încurajeze și să-l stimuleze pe fiecare membru al unei echipe pentru a fi cât mai productiv și mai cooperant.

Familia Joannei era surescitată și certăreață. Mama sa, italiancă, era inconstantă. Iute la mânie, când țipa la copii sau le dădea câte-o palmă la șezut, când, o clipă mai târziu, îi îmbrățișa fără nicio remușcare. Comportamentul tatălui ei grec, Leo, era mai violent și mai fără sens. Se înfuria pe neașteptate pe unul sau altul dintre copii aproape fără niciun motiv evident și-i amenința arătându-le cureaua pe care propriul lui tată o folosise pe el.

De multe ori Joanna văzuse sau auzise violența tatălui exercitată asupra mamei ei. Auzise țipetele și apoi hohotele de plâns și se strânsese de frică lângă surorile ei. Împietrită și țintuită de violență, inventa povești despre cauzele acesteia. Nu îi făcea plăcere, dar când a mai crescut, îi însoțea pe iubiții ei la filme violente, identificându-se atât cu abuzatorii, cât și cu victimele. Filmele o lăsau absolut secătuită emoțional, dar nu într-atât încât să nu mai vrea să meargă și altă dată. Clar, ele oglindeau ceva dinlăuntrul ei. Probabil că aceasta era apăsarea, amenințarea din cabinet. Probabil că violența era pe agenda noastră de lucru.

Era, dar nu așa cum mă așteptam eu.

În timp ce mă întrebam dacă violența, la care Joanna fusese martoră și pe care o trăise din partea tatălui ei și o pusese în scenă cu foștii ei iubiți și cu Jeremy, intra acum în scenă pentru a fi jucată între noi, pentru că se simțea contracarată, dezamăgită sau neînțeleasă de mine, când anticipam că probabil o înfuriase lejeritatea cu care o acceptasem și plăcerea cu care o primeam, făcând-o să se simtă incapabilă să-și arate aspectele mai violente în terapie, am descoperit că eroarea mea fusese totală.

Fără știrea mea și contrar tuturor peregrinărilor mele interpretative prin jungla reacțiilor mele față de Joanna, amenințarea ei izvora dintr-un loc cu totul diferit.

Este axiomatic faptul că, orice ar anticipa cineva în terapie, nu este niciodată chiar ceea ce se întâmplă. Aforismul adeseori citat al analistului Wilfred Bion, că trebuie să intrăm în fiecare ședință „fără memorie sau dorințe", ne reamintește cât de provizorie este înțelegerea noastră. Deși afirmația lui are un aspect idealist, în analiză, mai presus de toate, se află tocmai *strădania de a recunoaște imposibilitatea negării a ceea ce a fost, în ciuda insistenței sale că terapeutul trebuie să fie deschis la ceea ce nu s-a întâmplat înainte, să permită noului să fie gândit, iar lucrurilor negândite, necunoscute sau neîntâmplate anterior să le dea voie să se dezvolte în spațiul terapeutic. Terapia este cu adevărat vie atunci când atât pacientul, cât și analistul înțeleg lucrurile altfel.*

Timp de câteva săptămâni înainte ca sentimentul de amenințare să se așeze între noi, Joanna a fost profund afectată de un diagnostic de cancer mamar pe care îl primise prietena ei, Nulla*. Se temea pentru prietena ei, pentru ce o aștepta, pentru deciziile dificile, aproape imposibile, pe care trebuia să le ia, pentru cât de rău avea să-i fie. Cancerul, acest devorator și distrugător de celule sănătoase, care mătură și ia cu el viețile femeilor într-un mod aparent arbitrar,[2] este un stimul facil pentru temerile și fantasmele unei femei legate de propria sexualitate, fecunditate și mortalitate.[3] Ucigașul ascuns, croindu-și drum prin corp, poate distruge într-o singură clipă ceea ce este știut și-l poate înlocui cu neștiutul. Când cineva se simte bine, dar în realitate este grav bolnav, apar fisuri în certitudinile acelei persoane, care sunt profund neliniștitoare. În cazul Joannei, cancerul prietenei sale scosese la suprafață propriile-i probleme, care

* **Nulla** înseamnă nimic, zero, în limba italiană, limba maternă a pacientei. (N.t.)

 zăcuseră nederanjate ani de zile, permițându-le temerilor cândva ascunse să fie văzute și atinse.

Interesul Joannei față de boala Nullei era de înțeles, luat ca atare. Dar avea o oarecare frenezie legată de spaima căreia prietena ei trebuia să-i facă față pe parcursul tratamentului, în special în spațiul îngust al tomografului. Nu am înregistrat-o însă, sau mai degrabă nu am explorat-o în mod special. Am luat ca pe un dat faptul că diagnosticul de cancer al unei prietene apropiate produce anxietate.

Neatentă la indicii, apăsarea care pătrunsese în spațiul terapeutic m-a zăpăcit. Joanna nu vorbea. Am așteptat. Explicațiile pe care mi le dădeam cu privire la liniștea ei relativă și la atmosfera lugubră care plutea în cabinet nu au reușit să mă convingă. Nu reușeam să găsesc nimic util să-i spun Joannei. Nu era nicio cale de ieșire din impas și nicio cale de intrare. Nu-mi puteam da seama ce anume declanșase schimbarea ei. Lipsa mea de înțelegere agrava spaima. Era o spaimă care nu oprea inimi, nu trăgea semnale de alarmă, nici nu era o supradescărcare de adrenalină. Era disconfortul unei amenințări necunoscute și neașteptate.

Când un terapeut are îndoieli cu privire la ceea ce se întâmplă fie cu pacientul, fie între el și pacient, poate face sugestii de probă, ca o modalitate de inițiere a unei conversații despre experiența lipsită de formă sau greu de descris. Sugestia oferită astfel poate fi apoi dezvoltată sau poate fi respinsă. Demonstrarea de către terapeut a capacității lui de a rumina, de a gândi deschis, fără vreo destinație, anume aduce întâlnirii terapeutice ceva care cel mai adesea lipsește modului obișnuit în care gândim. Gândirea circulară, repetitivă sau logică poate fi întreruptă cu creativitate, iar fragmentele disparate de experiență, care atât de des sunt excluse pentru că nu știm cum să le gândim, pot fi puse apoi în legătură unele cu altele.

Dar mă simțeam ca și cum nu aveam nimic de spus. Chiar nu puteam gândi. Mintea mea înghețase. Mă simțeam pierdută și confuză. Gândurile mele nu păreau să ducă undeva, nici să se conecteze la ceva anume. Simțeam cum îmi pierd speranța. O dezamăgeam pe Joanna. Nu o puteam ajuta. Se dusese într-un loc în care nu o puteam ajunge. Cu o oarecare ușurare, mi-am dat seama că acest sentiment în sine putea fi un posibil punct de plecare.

— Joanna, am spus, nu sunt sigură dacă asta ne poate ajuta, dar vreau să încerc să pun în cuvinte ceea ce mi se întâmplă mie acum.

Timp de o milisecundă mi s-a părut că văd în ochii ei speranța, voința ei ca eu să ajung la ea, dar înainte ca eu să pot apuca acel fir, energia din privirea ei a dispărut și m-a privit cu ochii goi. Cu toate că eram îngrijorată de ceea ce se întâmpla, atmosfera din cameră s-a schimbat. Acum o puteam vedea clar, căci undele aerului se opriseră în loc.

— De câteva ședințe încoace simt un fel de spaimă în cameră, o temere apăsătoare pe care nu reușesc să o înțeleg. Și cum tot persistă, mă face să mă simt pierdută și confuză. Mă întreb dacă aceste sentimente ale mele, aceste percepții nu ne-ar putea fi de folos în vreun fel.

Spaima și amenințarea nu s-au disipat, așa cum sperasem eu să se întâmple. În schimb confuzia s-a adâncit și m-am simțit și mai pierdută. Dar vorbisem, deci știam că puteam vorbi din nou.

— Mă simt foarte departe de tine, am continuat. Simt că parcă am eșuat și este ca și cum eu aș fi într-o bulă, iar tu într-o alta. Pentru tine are vreun sens ce spun?

Este nevoie de delicatețe atunci când terapeutul încearcă să facă pași înainte pentru a ieși dintr-o situație care pare blocată.

Trebuie să fie capabil să transmită un sentiment de încredere în faptul că va apărea înțelegerea chiar dacă pe moment pare că lipsește și că această absență a înțelegerii nu trebuie să alarmeze pe nimeni. Pe de o parte, ultimul lucru de care avea nevoie Joanna era ca eu să nu înțeleg. Pe de alta, aceasta era calea către înțelegere.

— Cred că e ceva ce nu pot încă să văd suficient de clar pentru a înțelege, am adăugat eu înainte de a tăcea și de a aștepta. Teoretic, știam că dacă puneam în cuvinte și exprimam ceea ce simțeam adresându-mă Joannei, exista o șansă destul de mare să putem înainta. Se putea ca tot ceea ce simțeam eu să fie o versiune a ceea ce simțea ea, dar despre care nu putea vorbi. Dacă ar fi fost așa, ar fi fost o ușurare pentru ea, pentru amândouă. Dacă denumeam corect acel lucru despre care ea nu putea vorbi, izolarea ei ar fi putut scădea.

În mod straniu, Joanna părea să se uite fix la mine și dincolo de mine în același timp. Părea că părăsise camera complet. Acum a început să-mi crească pulsul. O făcuse oare lipsa mea de înțelegere să se simtă și mai nebună, și mai izolată? O împinsesem cumva peste vreo margine de care nu-mi dădusem seama că stătea agățată? Amenințarea s-a amplificat și am simțit cum mă pun în gardă. Ce auzise ea când eu încercasem să exprim confuzia pe care o simțeam? Am început să-mi regret cuvintele, să-mi doresc să fi tăcut. Să fi rămas cu ea în acea amenințare până când aș fi putut să o înțeleg. De ce mă grăbisem atât de tare să cred că trebuia să pun în cuvinte inexplicabilul?

Privirea Joannei s-a ațintit asupra mea, țintindu-mă ca pe un iepure care a nimerit pe neașteptate în luminile unor faruri pe un drum de țară. Fără a-și muta privirea de la ochii mei, mâna ei dreaptă s-a aplecat către poșetă. Și-atunci a scos un cuțit.

Era un cuțit mic cu mâner portocaliu și cu lamă de tăiat friptură.

Neștiind ce altceva simțeam în afară de panică, mintea mi-a zburat la amintirea unui stagiu pe care îl făcusem cu mulți ani înainte într-o clinică ambulatorie din New York. Acolo, pacienților eliberați condiționat și trimiși la psihoterapie de către judecători li se cerea să-și predea armele și cuțitele la recepție. De ce nu aveam și eu această regulă acum? Dar desigur eu nu trebuia să o am. Oamenii veneau la mine din proprie voință și nu obișnuiam să mă gândesc că ar putea veni cu arme la ședința de terapie. În plus, eram în Anglia.

Apoi m-am întrebat dacă nu cumva era doar în imaginația mea. Oare frica din cameră trezise în mintea mea imaginea unui cuțit? Era cu adevărat un cuțit? Sau era tot jocul luminii care distorsionase camera mai devreme și care sclipea acum pe ramele ochelarilor Joannei? Eram paranoică? Ce mi se transmitea? Era ceva real sau simbolic? Era un cuțit în cabinet și, dacă era, ce ar fi trebuit să spun sau să fac? Dacă era, era mult prea târziu pentru ca eu să mai pot spune ceva studiat sau pompos precum: „Hai să vorbim despre gândurile sau fantasmele violente care te frământă, Joanna. Sunt sigură că vei fi de acord că, atâta timp cât putem vorbi despre aceste gânduri, acțiunile pe care le-ar putea genera nu vor avea loc!" Psihoterapia de manual este foarte bună, mi-am murmurat eu în gând, dar la ce-mi folosea ea acum? Ajutor!

Și, desigur, acest strigăt dinlăuntrul meu era calea mea de ieșire și calea mea de intrare. Panica pe care o resimțeam, senzația că-mi ieșeam din fire și strigătul meu interior de ajutor erau sentimentele mele și posibil și ale Joannei. Să cer ajutorul nu părea să fie o reacție potrivită. Trebuia să încerc altceva.

 Nu aveam nicio alternativă. Nu puteam părăsi camera. Nu-i puteam spune pur și simplu să lase cuțitul din mână, dar nu-l puteam nici ignora. Trebuia să încerc să folosesc cuvinte, oricât de imprecise, oricât de nepotrivite, căci ele erau tot ce aveam.

— Joanna, am început, ai scos un cuțit. Nu sunt sigură de ce sau ce înseamnă el, dar poate că încerci să spui ce fel de amenințare simți, ce fel de stare de neputință simți?

Joanna părea să-mi înregistreze cuvintele. Timpul încetinise. A ridicat privirea către mine și-apoi și-a suflecat mâneca stângă. În partea de jos a brațului ei stâng erau zgâriate două rânduri încrucișate de linii paralele, sângele se uscase într-un filigran de cruste fine cu o cruce în mijloc.

— Joacă-te cu mine, a zis ea cu glas dulce și a dat să-mi întindă cuțitul.

Starea Joannei se schimbase dramatic. De la amenințare și groază, de la o flamă de speranță rugătoare, de la privirea fixă, de la iepurele prins în luminile farurilor, ajunseserăm acum într-un loc care mă făcea să mă gândesc la Joanna ca la o fetiță de șase ani: o fetiță de șase ani speriată, drăgălașă, plină de așteptări. Doar că ținea în mână un mic cuțit ascuțit. Chiar nu știam ce să fac. Ca în toate clișeele din cărți, inima îmi bătea cu putere și mintea mi se învârtea. Știam că trebuia să mă liniștesc înainte de a reacționa. Dacă îi ignoram oferta de a lua cuțitul, aș fi intrat pe un teritoriu de adevărată nebunie. Dacă îl luam, nu eram sigură în ce aș fi putut intra.

Am luat cuțitul și l-am așezat lângă mine. Nu eram lipsită de experiența în lucrul cu pacienți care se taie. Întâlnisem destule asemenea femei în practica mea și în cea a terapeuților pe care îi supervizasem, astfel încât descoperisem și reflectasem la numeroasele semnificații și impulsuri care îi făceau pe oameni să se rănească singuri. Dar a analiza un eveniment povestit este cu totul altceva decât a trece prin el. Psihanaliza este foarte bună pentru a descoperi sensul. Ea te poate ajuta foarte bine să aștepți până când se limpezește situația pentru a putea gândi. Dar acesta nu era un moment în care să aștept.

În orice moment al unei terapii, terapeutul ia o decizie cu privire la ce să urmărească, cum să se gândească la ceea ce îi este arătat, cum să-l ajute pe pacient să suporte un anumit sentiment sau să extindă spațiul dintre reacțiile sale, astfel încât să poată fi mai bine înțeles, dacă să se concentreze pe narațiunea pacientului, să transpună ceea ce aude într-un comentariu cu privire la relația terapeutică, să își monitorizeze propriile reacții față de ceea ce se spune sau nu se spune, și așa mai departe. Uneori, acest proces este conștient, dar mai des întâlnită este o curgere fără niciun efort între o formă de contact și alta. Când și dacă terapeutul se rostogolește ca Alice prin gaură în lumea creată de către pacientul său, terapeutul poate să guste, să miroasă și să atingă ceva din experiența pacientului și în acest fel să primească informații la un nivel diferit, simțind într-un mod mai direct starea pacientului. Această intrare în lumea pacientului este extrem de valoroasă și prin capacitatea sa de a tolera, de a stăpâni sau gândi dilemele pe care le trăiește pacientul, având deja o idee despre perspectiva acestuia, tocmai prin acest lucru, terapeutul își poate ajuta pacientul să ajungă la o soluție.

Stând alături de Joanna în acest moment, două lucruri se întâmplau simultan. O parte din mine se gândea: Oare ce joc vrea să joc eu cu ea? De ce avea un cadran de x și zero încrustat pe antebraț? Până unde regresase? Dar o altă parte din mine a intrat pur și simplu în ceea ce ea oferea și a început să se joace ca și cum acesta era cel mai firesc lucru din lume.

Am luat un caiet și un pix de pe măsuța pe care se afla cuțitul, mi-am tras scaunul mai aproape de al ei, am desenat două seturi de linii paralele intersectate și am întrebat-o dacă dorea să fie zero sau x. Au trecut câteva minute de când începuserăm să jucăm, până să-mi dau seama ce să fac cu activitatea din mintea mea. Dacă aveam acum o Joanna sever regresată, nu eram sigură de capacitățile mele de psihoterapeut pentru copii sau de inițiator al psihoterapiei prin joc. Aveam prea puține elemente după care să mă ghidez sau care să mă liniștească în timp ce ne dădeam pixul una alteia.

Continuând să jucăm și găsind un ritm cald între noi, însoțit chiar de câteva chicoteli, la un moment dat am aruncat o privire la ceas și am realizat că trecuseră patruzeci și opt de minute. Nu mă simțeam bine că trebuia să terminăm ședința în acest punct. Nu eram sigură dacă Joanna ar fi putut să revină la terapie în starea ei de adult. Dar mai mult de-atât, eram și mai puțin sigură despre cum aveam să comentez ceea ce ieșise la iveală. Aș fi vrut să aduc în discuție cuțitul care stătea acum pe masa mea, dar simțeam că nu aș fi avut destul timp să mă gândesc limpede la ceea ce aveam să spun. Aș fi vrut să vorbesc despre Joanna cea cu care mă jucasem și despre amenințarea care precedase apariția ei. Aș fi vrut să fac ordine în harababura acelei ședințe, dar știam că nu era posibil. M-am rezumat la ce era mai simplu.

— Joanna, am început eu, este timpul să ne oprim pentru astăzi.

— O, da, a răspuns ea, scuturându-se din reveria ei.

— Ne vedem joi, am zis.

— Corect, ne vedem joi. Aceeași oră, același loc, a zis ea și a ieșit de parcă ar fi mers la plimbare.

Stoarsă, am răsuflat adânc, mi-am scuturat capul și m-am așezat la calculator pentru a face câteva note, sperând că în scris aveam să-mi pot da seama mai bine de ceea ce se petrecea cu Joanna.

Cuțitul portocaliu cu lamă mică era încă pe masa mea. Știam că trebuia să-l iau de acolo înainte de următoarea ședință, dar, fără să-mi dau seama de ce, ezitam să-l ridic. Într-un fel mă speria. Într-altul mă fascina. Era indiciul lumii ascunse a cuiva la care țineam foarte mult. Aveam nevoie să înțeleg de ce îl adusese cu ea, să înțeleg semnele de pe brațul ei, starea în care intrase, amenințarea care o precedase.[4]

Mai erau câteva minute până la următoarea ședință, am luat cuțitul și m-am înfiorat. Mă făcea să nu mă simt deloc în largul meu. Lama ascuțită avea câțiva centimentri lungime. Dar ținându-l în mână, am început să-l văd mai degrabă ca pe un cuțit prietenos, ca pe un fel de cuțit normal. M-am trezit trecându-mi mâna peste lama lui. În loc să intru în panică, am simțit în schimb că mă liniștea. Nu părea să fie un instrument violent. Cu ce impregnase oare Joanna cuțitul acela? L-am lăsat din nou deoparte și l-am acoperit cu un blocnotes. Nu mă puteam gândi la el deocamdată.

Starea mentală în care intrase Joanna și în care avea să se afle cu intermitențe, dar deloc rar, în ședințele din lunile următoare, ar putea fi gândită ca o stare înrudită, dar mult mai puțin severă, cu tulburările de personalitate dramatice aduse în atenția publicului în cartea și în filmul *Sybil,* în care aspecte ale sinelui, care au fost clivate și par să întruchipeze un tip diferit de personalitate, pe neașteptate apar și „preiau" locul personalității centrale sau principale.

Psihicul, prin funcția sa executivă de înregistrare și administrare a ceea ce simțim și trăim, se confruntă cu o multitudine de fenomene care refuză să capete sens. Dacă durerea asociată unui eveniment sau mai multor evenimente este prea mare, ea poate fi disociată și separată de cunoașterea conștientă a persoanei și, în timp, „uitată", apărând doar în vise sau în acte ratate. Cu toții ne bizuim pe capacitatea de „a uita" sau de a acoperi, ascunzând unele lucruri. Apoi, ceea ce este refulat sau „uitat" influențează și motivează aspecte ale vieții noastre de zi cu zi în moduri de care nu suntem conștienți.

Dar atunci când ceea ce i se întâmplă unei persoane depășește suportabilul, depășește capacitatea de a uita, când suferința cauzată este atât de mare și de neînțeles încât nu poate fi pur și simplu „uitată" sau exclusă, apare în schimb o amputare psihică prin care ceea ce nu poate fi gândit, ceea ce nu poate fi simțit, este smuls din psihic. Devine separat, disociat.

Disocierea implică un tip diferit de clivaj față de cel al refulării. Apare un clivaj al Eului[5]*, prin care energia psihică este deplasată de la procesele conștiente și inconștiente și este folosită pentru a zăgăzui și a îngheța experiențele intolerabile. Odată expulzate, aceste experiențe se osifică. Nu ne mai gândim la ele, nici nu le mai simțim. Sunt zidite undeva în adânc, pentru a le împiedica să amenințe să copleșească persoana așa cum s-a întâmplat când au fost resimțite prima dată.*[6]

Dar, deși eram interesată de teoria cu privire la stările disociate, o preocupare mai imediată era ce să fac cu cuțitul care se afla încă pe masa mea. Am trecut în revistă toată gama de posibilități. Puteam să nu spun nimic la următoarea ședință a Joannei și să aștept să văd dacă ea menționează cuțitul. Dar dacă nu ar fi făcut-o? Puteam să aștept să văd despre ce vorbește și să găsesc o cale de a face legătura între ceea ce spune și cuțit. Puteam să deschid chiar eu subiectul direct. Dar cum? Cu cât încercam mai mult să mă gândesc la ce să spun și cum să spun, cu atât realizam mai limpede că nu înțelegeam destul de bine. Dar a evita tema cuțitului ar fi însemnat o accentuare a părții clivate, disociate, a Joannei, care-și găsise o cale de a veni în terapie ca un sine „separat". Prima mea sarcină era aceea de a reuși să o cunosc pe fata cu ochii mari care juca x și zero cu cuțitul.

Joanna a venit la următoarea ședință ca și cum nu se întâmplase nimic ciudat la ultima noastră întâlnire. A vorbit despre Nulla. Fără ca eu să fi făcut vreo remarcă, începuse să creadă că era ceva oarecum ciudat legat de natura îngrijorării ei. Grijile ei legate de tratamentul Nullei erau legate de interesul ei pentru biologia umană. Îi plăcea să afle detalii despre corpul omenesc și era fascinată de articolele despre ultimele tehnologii medicale. Își amintea că în copilărie dorise cu disperare să se facă medic, dar nu dispusese de circumstanțele sau educația potrivite care să creeze o asemenea posibilitate pentru ea. Pe măsură ce vorbea, devenea tot mai conștientă de faptul că unele elemente ale interesului ei pentru medicină și pentru corpul uman erau aproape macabre. Asocierile ei la macabru au condus apoi la aducerea în discuție a unui film violent pe care îl văzuse recent și la amestecul curios de excitație și detașare rece pe care i-l trezise.

Întotdeauna am fost impresionată de capacitatea Joannei de a-și pune sub semnul întrebării reacțiile într-o manieră reflexivă. Îi admiram capacitatea de autoreflecție și onestitatea cu care era pregătită să discute despre aspectele mai puțin lăudabile ale propriei persoane. Dar acum, pe lângă admirație, eram intrigată pentru că nu mă gândisem că Joanna, care era atât de pregătită să afle lucruri noi despre sine, ar fi putut sau ar fi fost în stare să coabiteze cu o stare disociată a sinelui ei. Probabil că o cantitate considerabilă din energia ei psihică era consumată pentru a ține înlănțuită acea stare și eram surprinsă de cât de multă energie îi mai rămânea încă pentru a-și explora părțile mai conștiente ale sinelui.

Discuția ei despre film și despre interesul pentru macabrul medical plutea în cabinet. Vorbea atât de plastic despre sângele contaminat și despre transfuziile de sânge, încât am simțit la un moment dat o tresărire în partea de jos a brațului meu stâng și am avut în fața ochilor imaginea câtorva picături de sânge roșu-vânăt închis scurgându-mi-se pe încheietură. Știam că eram în căutarea unei căi de acces pentru a discuta despre ultima ședință, astfel că nu am fost surprinsă de empatia mea fizică pentru rănile pe care și le făcuse. Ezitam să vorbesc, pentru că, deși doream să aduc în discuție ceea ce se întâmplase la ultima ședință, dând curs dorinței mele aș fi putut întrerupe unele asocieri pe care în mod mai valoros le-ar fi putut face ea singură.

Am rămas un timp la film și la modul în care ea simțise un fel de pace în timp ce pe ecran erau puse în scenă cele mai șocante violuri. Descria cum simțise că se excita, dar se și calma simultan.

Mintea mi s-a îndreptat către un studiu care investiga efectele fizice și emoționale ale traumei la opt soldați veterani ai războiului din Vietnam. Studiul ajungea la surprinzătorul rezultat că, după ce le era arătat veteranilor un film de război timp de cincisprezece minute, percepția propriei lor dureri se reducea semnificativ.[7] *La șapte dintre cei opt bărbați imaginile violente din film creau o stare de hiperexcitație care, la rândul ei, producea un efect analgezic liniștitor echivalent cu efectul sedativ al morfinei.*[8] *Efectul de calmare era obținut nu prin relaxare, ci prin creșterea nivelului de stres.*

Imaginea antebrațului stâng al Joannei mi-a trecut scurt prin fața ochilor. Dacă mai înainte aș fi urmărit poate discuția despre filmul de groază pe care tocmai îl văzuse, pentru a explora împreună cu ea ce trezea în ea fiecare personaj al filmului, acum eram nerăbdătoare să aflu dacă tăieturile de pe brațul ei fuseseră o reacție la vreo stare extremă pe care nu putuse să o stăpânească. Ceea ce înțeleseserăm până acum despre violența tatălui ei jucase mai degrabă un rol secundar, și nu un rol principal în viața Joannei. Mă întrebam dacă acest lucru avea să se schimbe curând, dacă violența la care asistase, care îi fusese transmisă și căreia îi supraviețuise urma să se dovedească a fi de o însemnătate mai mare decât cea pe care i-o däduserăm amândouă până atunci. Invadase oare violența într-atât de mult relația cu tatăl ei, când era foarte mică, încât capacitatea ei de a-și regla excitația fiziologică fusese tulburată? Interpretasem oare greșit energia și eficiența ei la birou? Mascau ele un fel de adicție la hiperexcitație, similară cu cea a veteranilor din Vietnam, de care avea nevoie pentru a declanșa acțiunea liniștitoare a opioidelor endogene? Îi ofereau oare întâlnirile violente cu iubiții ei această ușurare, nu doar pentru că îi putea presa să facă lucruri pe care ei le considerau a fi lipsite de caracter, ci și pentru că stimularea pe care o obținea prin violență îi activa producția de analgezic calmant?

Dacă aveam dreptate, atunci aducerea acestei părți clivate a sinelui ei în terapie demonstra un anumit nivel de inteligență emoțională. Găsea o cale pentru a-mi spune ceva despre ea. De fapt, făcea mai mult, îmi transmitea la un nivel aproape visceral ceva despre modul cum gestiona surpriza și panica. Căci în mine însămi, deși o parte din mine se simțise atacată de cuțitul din cameră, o altă parte rămăsese profund calmă, într-un fel de mișcare împietrită în care fiecare nuanță părea să îmi atingă simțurile. Am simțit că fusesem supusă într-un fel la experiența Joannei. Reușise să mi-o comunice.

— Joanna, am început, este posibil ca filmul, interesul tău pentru macabru și pentru detaliile operației și tratamentului pe care trebuie să le facă prietena ta să aibă vreo legătură tulburătoare, și totuși stimulativă, între ele?

Înainte să pot explicita ceea ce încercam să spun, Joanna m-a oprit. S-a aplecat în față, și-a întins mâinile în sus în fața ei, și-a desfăcut degetele ca un evantai și a scos un geamăt. Arăta ca o fetiță neputincioasă care împinge cu mâinile un perete de sticlă.

Uimită și întru câtva îngrijorată de faptul c-aș fi putut să o împing mai adânc în starea necunoscută în care se afla, am întrebat-o pe Joanna la cine se uita atât de concentrată. „La părinții mei, desigur," a zis ea, ca și cum ar fi fost cel mai firesc lucru din lume pe care l-ar fi putut spune și ca și cum ar fi fost ceva ce eu deja știam. „Părinții mei. Veneau în vizită, dar nu-i lăsau să intre. Mi-era groază de asta. Mi-era groază să-i văd așa."

Există momente în aproape orice terapie când cunoscutul deodată se evaporă, iar psihoterapeutul se simte ca și cum pică de pe scaun. Atunci, el se întreabă dacă nu cumva i-a scăpat vreun detaliu crucial — vârsta vreunui frate, numele celui mai bun prieten, semnificația vreunui incident special. Acesta era unul dintre acele momente și mă zvârcoleam pe dinăuntrul meu. Crezusem că fusesem foarte atentă la istoria Joannei, dar acum se dovedea că scăpasem ceva extrem de important, crucial. Oare? Nu eram chiar sigură. Am rememorat succesiunea de stări prin care trecuserăm împreună, sperând să capete vreun sens. M-am gândit la cine era ea când venise prima dată la terapie: vivace, entuziastă, implicată. O tânără femeie frumoasă, isteață, capabilă, străduindu-se să își conștientizeze resurele, să-și înțeleagă nesiguranța și să găsească o cale mai sănătoasă de a trăi cu sine însăși. Apoi venise amenințarea și mi-am amintit cât de neașteptată fusese, ce schimbare marcantă adusese în relația noastră, cum buna comunicare fusese înlocuită de groază. Mi-am reamintit de izolarea ei, de confuzia din cabinet, de sentimentul meu că nu reușeam să ajung la Joanna în niciun mod care să aibă sens. Iar apoi, de modul surprinzător în care fusese întreruptă amenințarea, cum cerându-mi să joc x și zero cu ea, Joanna îmi arătase brațul ei rănit, îmi dăduse mie cuțitul și căpătase înfățișarea unei fetițe înspăimântate. Nimic nu se lega ca să se clarifice în vreun fel.

Această referire la părinții ei veniți în vizită, care nu erau lăsați să intre, nu părea să se potrivească niciunde. Îmi era la fel de nefamiliară precum Joanna pe care o aveam acum în fața mea.

— Când, Joanna? am zis cât de blând și de neutru am putut. Eram interesată acum să deschid un dialog, să vorbim. Dacă ar fi simțit că nu știam despre ce să vorbesc, aș fi putut pierde această șansă.

— Când am fost în spital, în spitalul de boli contagioase, când eu și Daniella eram mici. M-a privit și a revenit la postura ei de adult. Apoi a început să plângă.

Spitalul de boli contagioase, desigur. Îmi *spusese* că avusese scarlatină când era mică, dar acest lucru nu căpătase niciodată vreo semnificație pentru travaliul nostru. Am fost tentată să am chiar trăirea de „Evrica!", tipică acelor caricaturi despre psihanaliza de altădată, în care identificarea traumei făcea să pice ca o fisă și tot ce nu fusese înțeles se revela acum cu claritate. Era ceva incitant. Mi-a apărut în minte imaginea Joannei într-unul dintre acele spitale tentaculare precum casele de la țară, construite în epoca victoriană. Unitățile de izolare, care fie se aflau într-un spital general, fie erau în spitale separate, se dezvoltaseră după ce apăruseră Legile Săracilor din 1834 și fuseseră constant folosite până la jumătatea anilor 1950, când antibioticele și vaccinurile puseseră capăt nevoii de carantină. Imaginându-mi-o pe Joanna la șase ani, închisă acolo săptămâni la rând, m-a făcut să mă simt foarte tristă pentru ea.

Înainte de răspândirea pe scară largă a ideilor lui John Bowlby[9] *despre atașamentul timpuriu și înainte de a fi cunoscute efectele negative ale separării copiilor mici de părinții lor la apariția unor boli în familie, un copil diagnosticat cu scarlatină sau cu difterie putea fi consultat acum de un medic, iar peste o oră sau două era luat de niște străini într-o ambulanță și dus într-un loc îndepărtat, de un alb imaculat, unde părinții nu puteau să-l viziteze. Acolo rămânea mai multe săptămâni, sub pază, alături de alți copii care erau tot niște străini. Adulții care îi îngrijeau, asistentele medicale și doctorii erau cel mai adesea minunat de drăguți, dar și ei erau tot niște străini. Copilul era smuls de acasă, lăsat într-un loc necunoscut, conștient că ceva nu era în regulă, dar fără nimic care să-i ușureze intrarea în acest mediu nou.*

O astfel de separare era traumatică din mai multe puncte de vedere. Separarea de familie la vârsta de patru, cinci, șase, șapte ani sau chiar mai mare nu este ușoară (Cui îi place o separare neanticipată, până la urmă?). A fi separat când ești bolnav poate produce o anxietate teribilă. Explicația că separarea este în interesul tău este greu de acceptat. A fi lăsat singur într-un spațiu necunoscut, doar cu pijamaua și ursulețul ca unice obiecte familiare, în timp ce niște străini te mână, te hrănesc și fac mare zarvă în jurul tău, creează o realitate care poate fi foarte înspăimântătoare și bulversantă. Toți îți spun cât e de bine că ești salvat dar, asemenea copiilor evacuați din orașe în timpul celui de-al Doilea Război Mondial sau copiilor evrei germani urcați în Kindertransport, *sunt prea puține încercările de a înțelege și a vorbi despre pierdere, despre traumă, despre teroarea care poate fi provocată de mutare.*

Experiența separării timpurii de părinți prin trimiterea copilului la internat este întrețesută în cultura clasei britanice superioare și mijlocii-superioare. Această instituție care găzduiește băieți de la o vârstă foarte fragedă a creat un tipar emoțional particular în care durerea separării devine ceva ce copilul învață să stăpânească, mai degrabă decât să jelească. Băieții luați de acasă încă de la vârsta de șapte ani erau și sunt încurajați să strângă din dinți, să suporte și să-și convertească pierderea într-un atașament față de ceilalți băieți, oferind aparența de sănătate și vigoare.

Această cutumă s-a infiltrat și în spitalele cu unități de izolare. Exista o cerere implicită ca toți copiii să afișeze chipuri fericite și să alunge durerea undeva departe, în loc să o ușureze prin conștientizare. Se punea accentul pe „zâmbitul către surorile medicale" sau pe „înveselire", de parcă doctorii, asistentele și îngrijitorii nu suportau să vadă durerea copiilor. Se vorbea despre acasă, desigur, ca despre un loc minunat unde toți doreau să meargă, dar agonia dorului de patul propriu, de mama și de tata, de prieteni, cățel, frați, surori, Buni, Tanti, mâncarea preferată nu era prea des adusă în discuție. Ca parte a unui model cultural care presupunea că cel mai bine era ca lucrurile dureroase să rămână nespuse, tristețea copiilor era pomenită doar indirect, iar trauma separării neanticipate și îndelungate era rezolvată prin refuzul de a vorbi despre ea.

Când copiii se întorceau acasă, durerea sufletească suferită și de copii și de părinți în egală măsură — aceștia din urmă simțindu-se incapabili să-și îngrijească copiii acasă sau să împiedice plecarea lor — conspira la păstrarea tăcerii: „Mai bine să nu mai vorbim despre asta", discutau cei mari. „N-ar face decât să-l supere." Sejurul la spitalul de boli contagioase era adesea tratat ca și cum nu s-ar fi întâmplat niciodată cu adevărat. Chiar și ursulețului pe care copilul îl luase cu el în spital și care reprezenta o oarecare continuitate între înainte și după ruptură i se făceau fumigații și adesea se dezmembra în bucăți astfel că nu-l mai putea însoți acasă pe copil.[10] Experiența spitalului era astfel un subiect închis. Părinții nu o pomeneau pentru că îi supăra prea tare, iar copiii erau îndemnați să se gândească la faptul că totul era bine acum că lucrurile reveniseră la normal.

Dar foarte adesea nu reveneau. Și nu reveniseră nici pentru Joanna. Experiența emoțională și traumatică a secției de izolare și starea mentală în care se aflase Joanna cât timp stătuse acolo se ascunseseră de fapt în subteran. Nu existase nicio posibilitate pentru ea să vorbească despre acea experiență sau să se gândească la ea, nici chiar cu surorile ei, și era adusă la viață indirect, doar prin fascinația pentru domeniul medical și interesul pentru filmele violente și uneori macabre, în special pentru filmele de groază cu subiect medical.

Am simțit imediat o speranță când Joanna a menționat spitalul de boli contagioase. Aveam un început de explicație pentru tulburarea și teroarea emoțională a ultimelor noastre ședințe. Atmosfera de amenințare care impregna timpul petrecut împreună, sentimentul de groază de parcă ceva cumplit urma să se întâmple, frica pe care cred că o simțeam amândouă, experiența mea de a fi atât de departe de ea și incapabilă să ajung la ea în vreun fel, toate începeau acum să capete un sens. În ce privește reflecțiile asupra spitalizării Nullei, deveneau mai clare panica ei legată de cum avea să se simtă Nulla în interiorul tomografului și interesul ei de a cunoaște toate aspectele medicale.

I-am cerut să-mi spună mai multe despre palmele sprijinite de geam, despre viața de zi cu zi din spital, despre vizitele părinților, despre frecvența contactului cu ei și despre reîntoarcerea ei acasă, într-un mod care să scoată în evidență importanța acestor evenimente. Nu voiam ca această experiență să fie din nou alungată de ea prematur. Puteam vorbi, simți și ne puteam gândi la ea împreună — pentru a aborda izolarea și teama pe care le simțise atunci și pe care le purtase cu ea până acum.

Cu toate că vorbeam despre evenimente extrem de dureroase, cabinetul era plin acum de sentimente pe care le puteam înțelege și gestiona amândouă. În următoarele cinci ședințe a ieșit la iveală întreaga poveste.

Joanna avea o imagine deosebit de vie a mamei ei plângând, în timp ce ea și Daniella urcau în ambulanța albă gigantică, și îl vedea și acum pe șoferul ambulanței care îi spunea: „N-o face pe mami să se îngrijoreze. O să te distrezi cu alți copii, cât timp doctorul te va face bine".

Repovestind această frază, o mânie feroce a țâșnit din ochii ei. Când ușile ambulanței s-au închis, Joanna a fost copleșită de teroare și de senzația că totul se dezintegra. Daniella începuse să plângă și, ca să o poată liniști, s-a stăpânit pe ea însăși. Joanna știa că *era* ceva de care trebuia să se îngrijoreze. Nu era totul în regulă și nu avea să fie, dar știa că ea trebuia să fie curajoasă.

Supraviețuirea pe parcursul călătoriei și a primei săptămâni în spital a fost grea. Totul era extrem de neobișnuit și ea se refugia în acea stare dintre somn și veghe unde stau învălmășite gândurile dezordonate ale unui creier amorțit. Există o anumită siguranță în acea formă de conștiință. Timpul trece măsurat de termometru, de tăvile cu mâncare fără gust, de programul radio pe care aștepți să-l asculți (doar ca să aluneci în somn după cinci minute), de îndemnurile asistentelor și de ridicarea și lăsarea jaluzelelor.

La sfârșitul primei săptămâni Joanna s-a trezit din reveria ei apatică și a început să privească lung prin geamurile ferestrelor. Era ziua de vizite, iar ea își imagina cum familia exuberantă venea să le viziteze cu brațele pline de paste și prăjituri. Tensiunea îi mai slăbise în timp ce aștepta. Simțea cum începea să se relaxeze mai mult în loc să se retragă. Dar până la jumătatea după-amiezii, nu veniseră. Starea de așteptare a explodat. A trecut de la depresie la spaima de a-și pierde mințile. Cu frenezie născocea scenarii pentru a le explica absența. Un alt copil era bolnav, nu erau autobuze de acasă la spital, mătușica avusese iarăși o criză. Joanna fusese sigură că ai lor aveau să vină și nu putea împăca această certitudine cu faptul absenței lor.

Încă o săptămână a trecut. De-acum își făcea de lucru prin salon, își făcuse o prietenă bună, juca la nesfârșit *x și zero* și arșice, în timp ce își imagina că era Frumoasa Adormită care aștepta să fie salvată. Între timp, Daniella nu era deloc bine. Era letargică și retrasă, iar Joanna încerca să o consoleze și să fie cât de efervescentă putea ea. Cu siguranță, părinții lor aveau să vină săptămâna următoare.

După ce o ridica pe Daniella la geamul care separa salonul lor de spațiul public, cele două fete își sprijineau coatele pe genunchi și așteptau. „Înveseliți-vă, îngerașilor," le zicea femeia de serviciu strecurându-le câteva fursecuri. „Vor veni, o să vedeți. Nu vă faceți griji." În inima ei, Joanna știa că părinții ei aveau să vină, nu avea nicio îndoială. Mami le așteptase întotdeauna pe fete la școală și le ducea și le lua de la lecțiile de balet. Nu trebuiseră niciodată să aștepte, cu atât mai puțin să fie uitate.

Fetițele se priveau pentru a se asigura una pe alta. Joanna vedea frica și disperarea Daniellei. Își ținea deoparte propria îngrijorare încurajând-o, inventând joculețe pe care să le joace cât timp așteptau, gândindu-se la cine avea să vină și cu ce aveau să fie îmbrăcați. După două ore, când niciun membru al familiei lor nu venise, și-a condus surioara cuprinsă de hohote de plâns în salon, a ajutat-o să se culce în patul ei și s-a băgat apoi și ea în patul ei, neconsolată.

În al treilea weekend, a sosit tatăl lor. Joanna și Daniella au alergat să-l salute fără să bage de seamă că erau separate de un perete de sticlă. Venise cu baloane și cu bomboane italienești și puloverașe frumos croșetate, oferind o imagine atrăgătoare de bucurie și iubire de cealaltă parte a acelei bariere. Joanna a plâns, și-a plâns. Voia atât de tare să fie mare și să aibă putere să se ocupe de toate, dar nu putea. Tatăl ei se prefăcea că e vesel. Se strâmba la ele și se prostea. De pe partea cealaltă a geamului le trimitea bezele și îmbrățișări și-și prindea inima în pumni ca la operă. Dar scoțând o batistă foarte mare și frumos călcată din buzunarul de la piept, glumele lui s-au transformat în durere și i-au dat lacrimile. Văzându-l pe tatăl ei îndurerat, Joanna a apucat-o de mână pe sora ei, a fugit înapoi în salon și s-a aruncat în pat.

Trei săptămâni mai târziu fetele s-au întors acasă. Până atunci mai fuseseră alte două vizite separate de geam, de data aceasta ale ambilor părinți. Aceste vizite le ajutau pe fete să reziste, dar în același timp scoteau în evidență disperarea situației lor. Din spatele barierei de sticlă, Joanna nu putea ajunge la ei, nici ei la ea. Cu stoicism, zâmbea și se maimuțărea și ea la părinții ei. Când plecau, fugea în patul ei și plângea.

Ce s-a întâmplat odată cu reîntoarcerea acasă a început să explice anumite lucruri. În prima săptămână în care ele fuseseră în spital, bunica murise. În cea de-a doua săptămână, ceilalți copii fuseseră bolnavi. Mama Joannei, aflată în șoc după toate pierderile, fusese sedată de către doctor. Nu mai rămăsese nimeni în afară de tatăl lor care să se îngrijească de cei trei copii, nimeni care să le poată vizita pe Joanna și Daniella.

Dar, deși faptele explicau absența părinților lor, ceva se schimbase dramatic pentru Joanna. Lucrurile pur și simplu nu erau în regulă acasă. Mama ei acum se îmbrăca numai în negru și luase înfățișarea mamei ei sicilience. Bombănea și se târa prin casă cu suspine adânci și blesteme la adresa lui *dottore inglese*. Era jale în casă, dar era mai mult de-atât. Mai întâi, cea mai apropiată descriere pe care a putut-o face Joanna acestei stări a fost să spună că era ca și cum o lamă de ferăstrău tăiase familia în bucăți și, când s-au apucat să pună piesele tăiate din nou la un loc, câteva piese lipseau. Mă interesa utilizarea imaginilor legate de lamă.

Am notat această imagine, la fel ca și referirea Joannei la jocul repetitiv de x și zero din spital. Erau prea evidente pentru a le aduce eu în discuție și dacă Joanna nu făcuse legăturile nu doream să provoc o forcluziune* facilă a ceea ce ieșise la iveală. Eram mai nerăbdătoare să înțeleg ce se schimbase, ce impregna acum căminul și relațiile din familie, pentru a scoate la lumină, dacă era posibil, suferințele parentale care creaseră în Joanna sentimentul că lucrurile nu mergeau bine.

Am petrecut împreună destule ședințe în care viața de familie de dinainte de episodul de scarlatină a fost idealizată. Joanna se întreba dacă tatăl ei fusese violent și înainte de acel moment. Voia cu disperare ca șederea la spital să fie o demarcație a experienței ei. Vedea lumină înainte de spital și anxietate după aceea. Nimic surprinzător aici. Psihicul nostru adeseori se constelează în jurul unei traume percepute, un eveniment pe care îl păstrăm în minte ca fiind *acel* eveniment semnificativ al copilăriei

* Termen introdus de Jacques Lacan, semnificând un mecanism de apărare care constă în respingerea conținuturilor psihice inacceptabile pentru Eu în afara psihismului și proiectarea lor asupra realității externe. (N.red.)

noastre care a schimbat totul. Și, deși astfel de idei nu sunt în general agreate de analiștii contemporani, pentru care contextul în care este resimțită și gestionată suferința sau în care este în mod repetat greșit gestionată, este mai grăitor decât nevoia individului de a avea un punct fix, un moment în care înainte era bine, iar acum este rău, această nevoie avea o rezonanță psihologică pentru Joanna.

Desigur, adeseori asemenea puncte sau amintiri fixe există tocmai pentru a ascunde ceea ce era prea dureros de simțit înainte. La fel ca amintirile-ecran ale lui Freud, care protejau individul de o amintire și mai teribilă, idealizarea trecutului, a unei perioade din copilărie în care totul era perfect, îi dă siguranță individului. Există speranță pentru că a existat o perioadă de timp înaintea alungării lui Adam și a Evei din Rai. Munca întreprinsă de psihoterapeut cere multă grijă aici. Căci el trebuie să creeze spațiul în care să se poată vorbi despre atmosfera de după Cădere, iar apoi să găsească modalități pentru a-l invita pe pacient să reflecteze la viața de dinainte, astfel încât pacientul să poată cerceta împreună cu terapeutul dacă diferența este chiar atât de dramatică. Accentul pus pe „după a fost rău" și pe „înainte a fost bine" este, de asemenea, un mod în care lucrul cu care pacientul nu s-a putut confrunta în timpul de dinainte este mutat în timpul de după, unde pare mai ușor de gestionat. Experiența rea este reorganizată. Dar dacă acest proces este inacurat, atunci nu facem decât să întărim un fel de ficțiune a pacientului, ficțiune care îl împiedică să se conecteze emoțional la vulnerabilitățile situației familiale și care îl menține într-o experiență clivată în loc să-l ajute să aducă mai multă complexitate și substanță atât perioadei de dinainte, cât și celei de după.

În cazul Joannei era un oarecare adevăr în percepția pe care o avea despre un înainte și un după. Comportamentul violent al tatălui ei începuse *după* internarea în spital; mama lor se metamorfozase *după* reîntoarcerea Joannei și Daniellei de la spital. Ceea ce atunci fusese pus sub semnul întrebării pentru părinții ei era sentimentul că-și pot crește bine copiii și, de asemenea, că sunt capabili să-i protejeze. Erau profund zguduiți, iar nesiguranța lor fusese exacerbată de moartea bunicii Joannei, care căpătase acum proporții epice.

Joanna, care învățase să aibă grijă de Daniella în spital, acum a învățat să aibă grijă de mama ei. Acest lucru însemna să-și ascundă sentimentele, să fie mica domnișoară Cumințenie, micuța domnișoară Deșteptăciune, micuța domnișoară Hărnicie și micuța domnișoară Veselie. Învăța bine la școală, nu intra niciodată în necazuri care să fi putut ajunge la urechile mamei sau tatălui ei și era cât de cuminte și de nădejde putea fi ea.

Dar avea o viață secretă.

După ce termina orele se ducea în atelierul de arte și începea să se joace cu lamele folosite la linogravură. Simțea o mare satisfacție în acțiunea de a săpa un șanț îngust în linoleum și obișnuia să adune resturi de linoleum și să facă tăieturi lungi în ele. Făcea linii paralele, apoi un alt set perpendicular de linii paralele, care le intersectau pe primele. Înainte să poată să joace x și zero pe linoleum se trezea scotocind după vreun instrument mai ascuțit, un briceag, pe care îl folosea apoi pentru a se tăia pe burtă, pe picior sau pe braț. Intra în ceea ce ea descria ca pe o stare de concentrare, pe măsură ce lucra pentru a-și desena jocul de x și zero.

În adolescență, Joanna se tăia în acest fel cam de două ori pe săptămână. Nu era prea sigură de ce, era doar o parte a obiceiurilor ei, o activitate intimă asupra căreia nu reflecta prea mult.

După terminarea școlii, acest obicei se mai rărise, dar când s-a mutat de acasă la douăzeci și doi de ani, fiind prima dintre fetele din familie care făcuse acest lucru fără să se fi măritat mai întâi, obiceiul a revenit în viața ei. În ultimii treisprezece ani fusese o activitate intermitentă și disociată. Din când în când, când făcea baie la sfârșitul zilei, intra într-un spațiu mental destul de ciudat pentru lumea unei Joanna care funcționa cu o competență atât de naturală la muncă. Dacă nu suna telefonul sau soneria de la intrare, care să o scoată brusc din ceea ce mai târziu avea să considere a fi transele ei, descoperea uneori mai târziu seara că își săpase adânc, gravând, cele patru linii necesare pentru x și zero în pielea de pe burtă.

Această viață secretă a Joannei era aproape secretă pentru sinele ei conștient.

Ceea ce începuse ca o activitate liniștitoare — încercarea de a pune o ordine în cele nouă pătrate — devenise o compulsie. Nu doar că Joanna simțea că nu avea de ales sau nu ținea de ea dacă să se taie sau să nu se taie, dar nu era nici conștientă când făcea acest lucru. Această activitate părea să „pună pur și simplu stăpânire pe ea" și până când adusese cuțitul la terapie și-mi arătase brațul nu fusese prea conștientă de ceea ce făcea decât după ce se întâmpla. Acum, că aflaserăm amândouă, nu-i era greu să invoce această activitate în mintea ei și să o descrie în ședințe, cadru cu cadru, așa cum se petrecea. Lucram pentru a reuși să ajungem la ceea ce era încapsulat în ea, la gândurile și acțiunile ei și la felul în care se legau ele unele cu altele. Parcurgeam acțiunile în imaginația ei astfel încât să poată încetini și să se oprească pentru a-și da seama de sentimentele care însoțeau ceea ce devenise acum o activitate ritualizată. Dacă am fi putut găsi un mod de a explora gândurile care îi ghidau sentimentele, apoi sentimentele care îi ghidau gândurile și acțiunile, ea ar fi fost în stare să aleagă o cale alternativă de a procesa ceea ce, până la acest punct, fusese gestionat prin x și zero.

Încetinirea în acest fel a activității sale mentale a făcut ca Joanna să intre direct în contact cu o imensă teroare. Îi era teamă că va fi copleșită de fricile care o străbăteau. Fără accesul la un mijloc care să o ajute să devieze aceste frici, cum era rănirea propriului corp, îi venea să lovească și să urle. Puteam vedea că se afla într-o suferință fizică puternică, asediată de senzații de care nu știa cum să scape. Cu mâncărimi și iritații, îi venea să se scarpine pentru a scăpa de usturime, pentru a îndepărta alergenul fizic și psihic care punea stăpânire pe ea. Privind-o, era de parcă ea fusese ștearsă de pe fața pământului pentru a deveni doar un corp dezgustător.

Era ușor de observat cât îi era de greu să suporte această agonie și cum, luând cuțitul și tăindu-se, mintea ei încerca să păcălească teroarea. Părând că își creează propria durere prin tăiere, ea fantasma că o controla. Pentru că și-o provoca singură, temporar își reducea sentimentul de vulnerabilitate.[11]

Când am reușit să vorbim împreună despre toate aceste lucruri, ele au devenit mai puțin înspăimântătoare. Pentru că era cu cineva care nu avea niciun interes ca ea să facă pe voioasa pentru alții, care îi putea sta alături în timp ce ea încerca să rostească acele cuvinte care încercau să ofere o descriere a experienței ei, am putut să văd cum suferința îi slăbea gradual. Nu era un drum ușor de parcurs. Nu era sigură că putea avea încredere că vreuna dintre noi era în stare să gestioneze ceea ce simțea ea și multe întrebări, neliniști și testări i-au însoțit încercările de a rămâne în contact cu trăirile dinlăuntrul ei.

După mai multe săptămâni teroarea ei a început să se reducă: îi mai dădea târcoale, dar fără să o copleșească. Exista o parte din Joanna care acum nu mai era nici atât de cufundată în durerea ei încât aceasta să o ia în stăpânire și să o ducă departe de sine, nici atât de distantă încât ea să o disocieze. În schimb, se deschisese un spațiu în care ea se putea observa pe sine în timp ce se afla în mijlocul lui. Acest lucru îi permitea să acccepte că era înfricoșată, că putea să plângă mult și că îi venea fie să se repeadă la mine, fie să se calmeze singură făcându-și tăieturi. A început să aibă o idee vagă că, dacă simțea ceva, apoi își observa parțial sentimentele și impulsurile, ar fi reușit să le supraviețuiască și să le proceseze. Dacă ar fi putut să încetinească ceea ce i se întâmpla și să tolereze ceea ce simțea atunci procesele ei de gândire ar fi putut fi prelungite astfel încât să se poată simți mai puțin luată în stăpânire sau mânată de impulsuri.

Erau multe de discutat despre tăieturi și despre paradoxurile pe care le încapsulau ele. Ca orice simptom care este adânc înrădăcinat, ele devin o modalitate de a fi cu sine, iar impulsul originar adună curând în el tot soiul de alte semnificații, devenind un vector prin care este procesată o mare parte din ceea ce atinge o persoană.[12] Dacă, așa cum era cazul Joannei, trauma spitalului de boli contagioase și transformarea vieții familiei după întoarcerea ei și a Daniellei acasă a fost prea grea pentru a putea fi suportată, chiar și pentru a fi refulată, atunci simptomul ei — tăierea a nouă pătrate în propriul corp — funcționa ca o modalitate de a gestiona ceea ce era de negestionat.

Ne-am fi putut speria de acele tăieturi — căci, într-adevăr, era greu să nu ne speriem — și să ne fi oprit acolo sau puteam urma sfatul lui Freud și să vedem ce semnificații bogate și multiple însoțesc astfel de acte. Psihoterapia permite urmarea celei de-a doua variante, dezvăluirea dramei psihicului și a vieții individuale, a drumurilor pe care ea le urmează și a soluțiilor pe care le caută, a căilor profund personale ale vieții psihice individuale, prin interceptarea unui simptom și întinderea unei pânze mai mari pe care să fie desenate și examinate temele impregnate în simptom.

Pentru Joanna, tăierea era o fereastră către procesele ei psihice. Spunea povestea emoționantă a internării ei în spital. Cadranul de x și zero arăta felul în care își distrăsese singură atenția cât timp stătuse în spital. Cele nouă pătrate desenau nouă cadre de ferestre largi prin care ea își ațintise privirile de atâtea ori și care le separaseră cu atâta cruzime pe ea și pe sora ei de contactul cu cei aflați de cealaltă parte. Utilizarea de către Joanna a unei unelte care tăia aceste forme în trupul ei indica latura fizică a experienței ei medicale de bolnav de scarlatină, în care spatule de metal rece îi erau apăsate pe limbă ca parte a rutinei medicale. La un alt nivel, crearea repetitivă a unui tipar în care trebuiau să se potrivească x și zero dezvăluia încercările Joannei de a da formă unui ceva trăit ca dezintegrare și de a se așeza pe sine (zerourile) și pe sora ei (x-urile) într-o structură ordonată. X-urile ei arătau de fapt mai mult ca niște Y-uri răsturnate decât ca X, dând impresia de siluete care stăteau înclinate.

Centrală pentru experiența Joannei de a se tăia era curgerea sângelui. Când am putut să vorbim despre aceste lucruri, Joanna inițial a legat sângele de scenele medicale — doctori, seringi, vaccinări și injecții. Acesta era un set de semnificații dar mai evidentă încă era căutarea unei eliberări fizice de sentimentele care îi sfâșiau trupul și care cereau imperios descărcarea printr-un fel de procedură de „lăsare de sânge". Groaza pe care o trăise era „pe sub pielea și prin venele ei" și o îmboldea să caute o purgație fizică.[13]

Joanna, la fel ca alte femei care se taie, era prinsă într-un paradox curios. Avea o viață psihică intensă. Dar această viață psihică, cu emoțiile și sentimentele ei vraiște, care nu se prea potriveau, putea fi acoperită și ascunsă. Așa, Joanna resimțea o iritabilitate și o frustrare extreme, pe care nu le putea stăpâni. Nu știa ce să facă cu ea însăși. De parcă ar fi fost prizonieră într-un iad creat de propria sa minte, care era în același timp vaporos și masiv. Soluția ei era să se taie. Sângele pe care-l făcea să curgă o forța să își vadă durerea. În același timp, sângele îi demonstra că era făcută din carne și sânge adevărate și că nu era doar o minte.

Când Joanna a venit la ședință cu cuțitul — întruchipând starea emoțională prin care era legată de experiența ei de la spital și ruptă de experiența ei conștientă —, acea stare psihică, ca de transă, în care intra în timp ce-și scrijelea cadranele o ducea în afara sa ori dincolo de sine. Deși acest mecanism de protecție a psihicului o ajuta să se îndepărteze de sine, el avea un neajuns. O golea temporar de corporalitatea sa.

Psihicul caută un echilibru între elementele sale mentale (psihice) și elementele sale fizice (somatice). Impulsul Joannei de a-și „lăsa sânge" putea fi înțeles ca o încercare de a reechilibra ceea ce devenise pentru ea o tortură mentală, una care fusese clivată și disociată. Era ca și cum ea ar fi avut nevoie *să simtă* ceva fizic și *să vadă* ceva fizic, tangibil, pentru a se asigura că exista cu adevărat fizic. Vederea sângelui îi oferea dovada că era un sine trupesc, nu doar un sine exclusiv mental. Prin tăierile ei, deci, Joanna își confirma sentimentul că era reală, că durerea ei era o durere atât corporală, cât și mentală și nu era imaginată, nu era ceva ce „inventase" ea sau care putea fi conținută sau integrată doar la nivel mental.

Atâta timp cât scrijelirea propriului corp devenise mijlocul prin care Joanna își asimila experiențele intense, tăierea trezea sentimentele ei legate de violența tatălui și în același timp era încercarea ei de a și le stăpâni. Deși amintirile din copilărie ale Joannei despre tatăl ei, care îi lovea mama, rămăseseră conștiente și nu trebuiseră să fie refulate sau disociate, unele aspecte ale sentimentelor ei și frica pe care această violență o trezea în ea fuseseră clivate și divizate între percepția tatălui de dinainte și a celui de după, pre- și post-scarlatină. Acum puteam vedea că fusese mult mai înspăimântată decât își putuse permite să știe. Dacă s-ar fi lăsat atunci, când era copil, în voia fricilor ei când auzea suferința mamei și violența tatălui, s-ar fi simțit periculos de aproape de locul mental în care se aflase în spitalul de boli contagioase. Dar era mai mult de atât. Violența tatălui ei apăruse după episodul spitalizării. Acel eveniment îi schimbase ei viața. Și pentru că nu putuse să vorbească despre perioada de dinainte sau din timpul acestuia, o frică prezentă, precum cea provocată de violența tatălui, a devenit de neîndurat. Astfel, când auzea o ceartă, se încorda instantaneu, se înghesuia în surorile ei și aștepta să treacă timpul. În ziua următoare se trezea că se tăia, de parcă, sfâșiindu-se pe sine, violența devenea a ei și astfel putea exercita un fel de control asupra acesteia. Violența tatălui devenea mai suportabilă dacă o făcea să fie a ei.

Acesta este sensul în care un simptom devine un vector, absorbind noua experiență prin canale cunoscute, astfel că noul nu este trăit pe deplin, ci individul se ajustează la el și îl gestionează prin transpunerea lui într-o formă familiară. Există o luptă psihică, de putere, în momentul în care apare o experiență nouă în circumstanțe deja amenințătoare. Va pune noul la încercare ceea ce este cunoscut sau cunoscutul va transforma noul? Dacă noul poate fi redat într-o formă familiară, el nu mai este o provocare. Nu e nevoie să fie privit în față, simțit sau gândit. Devine hrană psihică pentru un sistem care are căile sale bătătorite de a concepe realitatea exterioară. Realitatea internă, imaginile care pot fi create în mintea cuiva despre cum sunt relațiile, cum este lumea de afară, devine mult mai convingătoare decât orice nouă realitate. Dacă lumea este o creație proprie, ea poate fi sumbră, dar are o anumită siguranță în ea. Ceea ce se spulberase în lumea Joannei pe drumul către secția de izolare era siguranța ei. Când s-a întors acasă, această siguranță nu i-a putut fi returnată, pentru că și părinții ei fuseseră traumatizați de evenimentele acelor șase săptămâni.

Mai devreme în terapie, eu și Joanna ne întrebaserăm dacă violența față de iubitul ei nu încorpora ceva — deși nu prea știam ce — din ceea ce i se părea ei că ar trebui să se întâmple între femei și bărbați. Preluând comportamentul tatălui ei, presupusesem, și-l apropiase. Acum începeam să înțelegem mai bine violența tatălui, dar și a ei proprii, când îl lovea cu pumnii și picioarele pe Jeremy. În tradiția unui demers autobiografic, am început să rescriem violența Joannei nu doar ca pe o istorie a reacției ei la sentimentele de abandon, ci și ca pe o istorie a neputinței ei. În ceea ce preluase din violența tatălui ei era impregnată exprimarea colapsului lui, rușinea lui față de propria incapacitate de a-și proteja fetele și soția de scarlatină și de moartea soacrei.

Leo, tatăl Joannei, era un bărbat orgolios. Era modest în exprimarea dorințelor lui lumești, dar foarte hotărât când era vorba despre familia lui. Se aștepta de la sine, ca adevărat cap al familiei, să o păstreze stabilă și puternică. Deși boala fiicelor lui și mutarea lor la spital ar fi putut să nu-l lovească aidoma unui blestem dacă ar fi rămas în sătucul în care crescuse în Grecia, aici, în Londra, extras din familia sa de origine, rupt de reperele sale culturale, de o comunitate închegată alături de care să-și deplângă soarta și disperat de vinovăția și tristețea de a nu le fi putut vizita pe Daniella și pe Joanna la spital, se simțea neajutorat. Incapabil să o scoată pe soția sa din depresie, el și-a pierdut fetele, soția, soacra și sentimentul posibilului. Acest sentiment de neajutorare, cu care nu era obișnuit, l-a copleșit. Când a trebuit să se confrunte cu o situație căreia nu i-a putut da de capăt și fără spațiul psihic necesar pentru a-și procesa propriile pierderi considerabile, încrederea în sine l-a părăsit și a fost înlocuită de o neajutorare apăsătoare. Și-a depășit această neajutorare printr-o furie a cărei forță părea să-l adune din nou într-un întreg potent, pe care apoi îl avânta asupra soției sau a fetelor lui când lucrurile deveneau prea dificile.

O neajutorare se cuibărise și lângă sentimentele de abandon ale Joannei, după ce îl înnebunise pe Jeremy pentru că nu crezuse în iubirea lui pentru ea și după ce el se retrăsese în sine. O moștenire psihică de neajutorare se împletea cu violența Joannei. Pe măsură ce am reușit să regândim experiențele ei de după episodul spitalului, și am ajuns să știm ce schimbări au avut loc în ea în timpul spitalizării și mai apoi, Joanna s-a simțit în stare să intre în contact cu sentimentele ei de neajutorare. Disocierea o ajutase în perioada teribilă a spitalului. În spital și după aceea această parte disociată ajunsese să întruchipeze părțile triste și bântuite ale Joannei, cărora ea nu reușea să le găsească locul. Pe măsură ce Joanna crescuse, această parte clivată din ea alunecase în afara vieții ei și nu mai apăruse, în amintirile conștiente ale Joannei, până de curând, în terapie.

La doi ani după ce apăruse pentru prima dată acel aer amenințător din ședințele petrecute împreună, Joanna a părăsit terapia.

Nu mai era înspăimântată sau neîncrezătoare în sine. După o perioadă de depresie profundă, care durase aproximativ șase luni, pusese capăt relației cu Jeremy, care încetase să fie partenerul mult dorit. Făcuse țăndări tot ceea ce știuse despre ea și cu toate că, piesele adunându-se acum din nou la un loc, era mult mai puternică, unele dintre piese se îmbinau acum diferit, iar ea se dezvolta și se schimba în moduri care însemnau că această relație și câteva dintre prieteniile ei nu mai erau potrivite.

Cu toate că fizic nu fusese niciodată prea distanțată de părinții ei, a descoperit o nouă relație cu ei, mai puțin din poziția de fiică îndatoritoare și realizată și mai mult din cea de adult empatic dar și vulnerabil, care percepe suferința prin care trecuseră apropiații ei, fiecare în modul lui propriu. Era acum cu un bărbat despre a cărui iubire nu mai credea că o crease ea și în care era foarte aproape de a crede — suficient de aproape încât să încerce să aibă o familie împreună. Tăierile încetaseră destul de abrupt, pe măsură ce Joanna se obișnuise să-și gestioneze durerea, furia nestăpânită, frica și neajutorarea când le simțea în corp, prin moduri mai convenționale de exprimare, precum plânsul, mânia, trăirea fricii sau trăirea în profunzime a propriei neajutorări.

Era încă o femeie incredibil de vivace și plină de viață, dar acum adăugase un timbru suplimentar vocii sale și corpului său. Mă minunam de ea, gândindu-mă la ce sigilase în afara ei timp de treizeci de ani pentru ca să-și poată continua viața, și de curajul ei de a trece prin (și a se reconecta la) un episod care fusese separat și lăsat în afara sa. Am simțit o extraordinară bucurie că, prin munca asiduă din primele optsprezece luni ale terapiei ei, reușise să ajungă la un spațiu psihic suficient de sigur încât să poată să aducă în discuție acel vector, necunoscut ei sau mie, prin care fusese canalizată cea mai mare parte a experienței sale.

Dar povestea mea care a fost? Cu ce mă confruntasem eu, unde fusesem, cum am fost eu schimbată de timpul petrecut cu Joanna?

Un terapeut experimentat abordează fiecare situație clinică cu o încredere rezonabilă în cunoștințele sale. Această încredere, care nu are legătură cu detaliile modului în care ar putea evolua sau ar putea fi înțeles un anumit caz, este despre capacitatea de a înțelege și devine terenul pe care pot fi gândite și gestionate nesiguranța și surpriza. Psihoterapia și psihanaliza nu sunt atât despre ceea ce este cunoscut și predictibil, cât despre ceea ce trebuie să fie înțeles, ceea ce trebuie să fie povestit, la ce trebuie să rămână deschis terapeutul, ce ar putea să înțeleagă și cum poate fi folosită curiozitatea în mod profitabil.

Am fost forțată să-mi reamintesc aceste lucruri în timpul petrecut cu Joanna. Nu a fost o terapie în care să mă fi relaxat. A fost o terapie în care încrederea în capacitatea mea de a înțelege a fost pusă la grea încercare. Uneori, în timpul perioadei pe care o descriu drept amenințare, mă aflam în ceața necunoscutului. Ezitam între confuzia absolută și încercarea de a-mi aminti că o asemenea confuzie poate fi o redare a experienței emoționale a pacientului, dar la fel de bine și o comunicare vitală din partea lui despre starea sa psihică.

Pașii mei șovăitori în întuneric, așa cum simțeam că erau cele mai multe dintre cuvintele pe care i le adresam Joannei în acele momente, erau încercarea mea de a articula acele sentimente cu speranța că, odată puse în cuvinte, aveau să devină mai ușoare. Cum s-a dovedit, până la urmă așa a fost. Dar nu fără scufundări în și mai multă confuzie, în întuneric și groază.

Confruntată cu acel cuțit, mă întrebasem dacă nu cumva îmi pierdeam mințile, dacă era cu adevărat un cuțit, dacă nu cumva eram prinsă într-o stare paranoidă. Orice a fost, în timp ce încercam să deslușesc ce se întâmpla, am învățat să rămân nemișcată în fața fricii. Știam că nu mă aflam în niciun pericol fizic din partea Joannei, ci că ea se afla psihologic pe un teren dificil. Știam că exista posibilitatea ca o persoană profund tulburată să cuprindă și pe altcineva în panica sa, dar panica Joannei și drama ei m-au învățat să stau nemișcată. Starea de absorbție pe care mi-a oferit-o acea situație a fost o stare de alertă și de nemișcare — genul de hipersensibilitate care reprezintă cealaltă față a panicii, probabil înrudită cu starea de a naște sau de a alăpta un copil. Această imagine mă surprinde, pentru că prea puține lucruri din timpul petrecut cu Joanna, chiar și din perioada amenințării, făcuseră apel la partea mea maternă. Ce am simțit a fost mai mult o compasiune profundă față de ea, o dorință de a ajunge la ea și de a-i ușura sentimentul de izolare dezolantă. Doream să o ajut pe Joanna, să pot să ajung la ea, dar acest impuls era prea superficial. Și aceasta este frumusețea psihanalizei. Nu a fost posibil să o eliberez din teroarea ei, din spaima ei, fără a trăi eu mai întâi ceva similar împreună cu ea. Joanna mi-a arătat cum trebuia să fiu în afara ei, în propria mea celulă de izolare, să fiu capabilă să suport durerea ei și chiar să o iau asupra mea fără a putea face prea multe pentru ea în primul moment, pentru ca ea însăși să-și poată digera durerea. În consecință am ajuns să-mi dezvolt o capacitate de nemișcare profundă.

Mai presus de toate, însă, cred că i-am simțit frica. Întâlnirile semnificative lărgesc în mod inevitabil granițele propriilor noastre experiențe limitate, iar cu Joanna mi-am simțit aria emoțională extinzându-se, pentru că am cunoscut, am mirosit și am atins ceva din ceea ce însemna frica pentru ea. A fost ca și cum unde înainte existaseră în mine unul sau două tonuri de frică, acum aveam deja un acord sau chiar două. Interpretarea acestor note, cu discordanțele și cu rezonanțele lor, făcea ca frica să atârne mai greu, dar în același timp să fie mai ușoară.

În cele din urmă, Joanna m-a schimbat, permițându-mi să văd satisfacția pe care o resimțea ea când se tăia. Pentru că a adus-o direct în relația noastră, invitându-mă să iau parte la o activitate — pentru mine — de negândit, nu am putut fi nici un spectator uimit, nici un teoretician psihanalitic. Chiar și când am refuzat ceea ce îmi oferea ea, am fost forțată să intru cumva în ceea ce trăia. În această călătorie am ajuns la înțelegerea, mai mult din interior decât una teoretică, a controlului pe care ea simțea că putea să-l exercite prin tăiere și a durerii extraordinare în care se afla.

La fel ca în aproape fiecare experiență terapeutică, și cea a Joannei m-a învățat umilința. Ea, la fel ca și alții, venise pentru că se afla în nevoie. Terapeutului îi sunt date autoritatea, cunoașterea și credința că poate ajuta. Acesta este un aspect inevitabil al demersului terapeutic. Și este adevărat că prin experiența și prin măiestria noastră reușim să fim uneori de mare ajutor. Dar întotdeauna ne putem înșela, putem pricepe greșit, putem să nu înțelegem și chiar să judecăm greșit cât de multă durere poate suporta o persoană, pentru că am văzut, am auzit și am fost martorii unor asemenea dureri de nenumărate ori înainte. Joanna m-a învățat, la fel ca mulți dintre oamenii cu care am lucrat, despre ceea ce a fost pentru ea atât de insuportabil, încât a devenit inabordabil. Această confruntare cu realitatea altuia îmi reamintește limitele foarte modeste ale înțelegerii mele, ale nevoii mele de a nu fi cea care conduce, ca terapeut, dar nici de a renunța, ci de a mă strădui să particip cu smerenie.

Greutatea este o problemă...*

A venit fără tragere de inimă, abordând terapia ca pe o campanie politică. Bărbat orgolios, lider de sindicat în vârstă de cincizeci de ani, care-și scăpase din mână alimentația și familia, Edgar era obosit și se plângea de munca fără sfârșit. Cocheta cu diabetul, realizând că de ani de zile mânca fără nicio legătură cu foamea.

Ideea că lumea era potențial perfectibilă fusese perspectiva lui morală, indiferent de faptul că experiența sa politică pragmatică de negociator îi spunea cu totul altceva despre natura amestecată a înțelegerilor și a alianțelor de culise. Era genul de om care împărțea experiențele în bune și rele și uita cât putea mai multe dintre lucrurile care nu îi plăceau. Pentru a împiedica răul să se întâmple apela la blam, care devenise un ordonator util al vieții sale politice și psihice. Dacă ceva era greu, cineva era de vină. Găsirea vinovatului era reacția lui favorită și devenise temut de colegii săi. Pentru că acționa în forță, era eficient și era văzut ca un om hotărât, își construise o imagine de sine care îi convenea. Era un tip dur pe un câmp de luptă dură.

---

* Aluzie la titlul volumului Fat is a Feminist Issue (Greutatea este o problemă feministă) aparținând autoarei. (N.t.)

— Ascensiunea mea a fost una destul de ușoară pentru un negru, a zis el. Am avut o familie unită. Bunica mea, Doris, locuia cu noi și vedea de mine, de sora și de fratele meu când părinții noștri erau la serviciu și când învățau la seral ca să-și obțină diplomele. Edgar primise o educație strictă, dar cu mult mai puține ingerințe decât avuseseră parte mulți britanici de culoare născuți în Anglia în familii de imigranți. Familia sa se aștepta ca el să fie integrat; îi spuneau că e peste tot rasism, dar că el putea să schimbe lucrurile și contau pe el și pe sora și fratele lui să facă acest lucru.

Nu era neapărat dur cu sine, dar ceea ce îl guverna erau principiile și pragmatismul. Sentimentele contau mai puțin. Avea să fie o căsnicie ciudată, această relație terapeutică. Cu ochii minții îmi imaginam cum aveam să sugerez ceva despre sentimente, iar el avea să devină circumspect. Vocabularul fiecăruia dintre noi și cadrele noastre de referință erau la antipozi. Dacă aveam să fac vreo alianță care să fie utilă, mă gândeam că trebuia să fie una mai degrabă pedagogică, cel puțin la început.

Era de ajutor faptul că respecta specializările și formările profesionale și considera că se află în fața „unui expert". Altminteri ar fi putut respinge instantaneu ceea ce spuneam. Și era de ajutor și faptul că proveneam, ca educație, dintr-o zonă în care politicul chiar conta. Fusesem nevoită să-mi bat și eu capul cu întrebarea dacă viața emoțională ar putea avea vreo valoare oarecare. Eram obișnuită cu o sensibilitate care vedea economia ca fiind centrală și nu l-aș fi contrazis. Adăugasem pur și simplu înțelegerii mele cu privire la locul ei central importanța emoțiilor noastre și a psihologiei individuale și de grup. Nu aș fi avut dezacorduri cu Edgar dacă am fi discutat despre cum sunt construite mentalitățile și emoțiile noastre în timp și în spațiu. Aceste aspecte mă interesau încă de când hotărâsem să devin terapeut. Fusesem intrigată de modul în care unele detalii din contextele noastre familiale se contopeau cu specificul dat de gen, clasă și cultură, asigurându-ne un sentiment al identității. Terapia lui Edgar ar fi putut avea de câștigat dacă discutam despre aceste lucruri. Pe de altă parte, ar fi putut să nu aibă.

Simțeam multă simpatie pentru el. Despre istoria lui caraibiană știam puține lucruri. Dar, fiind eu însămi a doua generație a unei familii de evrei sosite în Anglia, știam câte ceva despre experiența imigrației — dislocarea, confuzia în urma încercărilor de a te integra într-o cultură nouă în timp ce te străduiești să nu-ți pierzi identitatea adusă cu tine din fosta țară. Antisemitismul cu care se confruntase generația părinților mei în Marea Britanie și în Statele Unite mă făcea sensibilă la rasismul cu care se confruntau în general persoanele și grupurile de persoane și la felul în care rasismul poate fi atât de dăunător prin preluarea parțială a imaginii de sine depreciative induse de elementele rasiste ale culturii-gazdă. Astfel, am presupus că biografia lui Edgar, în ciuda declarației lui despre cât de ușor îi fusese lui, personal, ar putea include multe episoade de rasism și mi-am imaginat că suferise și pentru copiii lui, și pentru situațiile cu care fuseseră nevoiți să se confrunte și ei.

Mai știam și cât de mult muncise generația bunicilor mei pentru a-și face un cămin într-o țară nouă, cât de mult doriseră de la copiii lor să răzbată, să prindă rădăcini, să prospere. A doua generație, desigur, are o istorie foarte diferită de cea a primului născut într-o țară nouă, dar unele ițe trec prin experiențele imigrației și speram să fiu în stare să le prind pe cele care ieșeau la lumină în cazul lui Edgar. Deja mă întrebam dacă sentimentul lui că îi scăpaseră lucrurile din mână nu venea cumva din dorința de a reuși ce definește imigranții din prima și a doua generație. În ciuda vervei și a hotărârii de a celebra binele ce putea fi smuls vieții, acestea erau deseori contrazise de sentimentul celui abia sosit în noua lui țară că mereu mai e ceva de făcut, de reparat, la care să aspire și pe care să-l cucerească, sentiment care făcea ca viața să fie mai mult o cursă cu obstacole decât să fie pur și simplu trăită.

Și terapia a început. Edgar încerca să-și țină viața în mâini, zicea el, dar ea părea că se destrăma. Era un om ambițios și reușise să aducă schimbări semnificative în sindicatul său. Trecea de la un proiect la altul, obținând noi victorii în moduri inovative, dar succesele lui îi aduceau mai multă tensiune decât plăcere și-l făceau să se întrebe ce era cu acea presiune neîncetată de a obține avantaje pentru organizație. Devenea mereu mai gras și mai epuizat. Diabetul îi punea viața în pericol și părea să nu poată ține lucrurile în frâu. Doctorul îi recomandase o nouă dietă, dar soția și fiica lui știau că el mai încercase să slăbească de multe ori până atunci, dând jos și apoi punând la loc echivalentul a tot atâtea corpuri, pe parcursul vieții sale de adult, câte ar fi putut asigura cvorumul unei ședințe a conducerii sindicatului și le era teamă de stresul pe care i l-ar fi provocat încă o dietă. Fiica lui îi spusese să citească o carte binecunoscută despre mâncatul compulsiv și să nu-și facă griji că era scrisă pentru femei.[1]

Dietele sau restricționarea alimentelor induc o reacție care îi face pe oameni să mănânce tocmai alimentele interzise atunci când nu le este foame și să-și piardă simțul foamei și al sațietății. În spatele mâncatului compulsiv stau motivații emoționale; problemele emoționale sunt transformate în probleme de alimentație, care apoi par să poată fi rezolvate sau cel puțin amânate într-un mod în care cele emoționale nu pot. Iar cei cu probleme de alimentație mai au și idei inconștiente despre ce înseamnă stările diferite ale corpului, care intră în conflict cu ideile lor conștiente despre gras și slab. Când aceste discrepanțe trec neobservate, ele pot interfera cu capacitatea unei persoane de a-și schimba imaginea corporală și volumul corpului.

Spre deosebire de multe dintre femeile cu probleme legate de alimentație și imagine corporală pe care le-am consultat, Edgar nu căuta o rețetă magică, ci mai mult un set de instrucțiuni pe care să le poată urma. Înțelegea logica, ba chiar și relevanța imediată pentru el a argumentului că a mânca de foame este altceva decât a mânca pentru a te liniști când ești tulburat emoțional. Era destul de pregătit să accepte ideea că mânca de obicei mai mult decât i-ar fi fost foame și era foarte conștient că diferitele scuze pe care și le găsise de-a lungul anilor — că nu avea timp să mănânce corect, că pur și simplu îi plăcea mâncarea — nu stăteau în picioare. Ar fi putut exista și motivații emoționale ale obiceiului său, mi-a spus. Dacă s-ar fi dovedit că existau motive inconștiente pentru care se agăța de greutatea lui, și care îi stăteau în cale în încercarea de a mânca în mod corect, ar fi fost nerăbdător să ajungă la ele și să le înlăture.

Poate fi util să răsturnăm ideile pe care le au oamenii despre gras și slab atunci când lucrăm cu oameni cu probleme de alimentație. În timp ce, la suprafață, a fi slab pare a fi echivalent cu succesul, fericirea și sexul, iar a fi gras pare să fie echivalat cu durerea, autodistructivitatea și disconfortul, dacă cercetăm mai adânc descoperim semnificații care sunt mult mai complexe și mult mai puțin agreabile, cum ar fi aceea că slab poate fi echivalent cu fragilitatea, cu prea multă vizibilitate și cu o incapacitate de a se autoproteja, în timp ce gras poate simboliza substanță, confort și protecție.

Stilul direct al lui Edgar și modul tranșant în care aborda această ultimă campanie a sa m-au făcut să-l îndrăgesc. Poate, m-am surprins gândind, chiar ne va fi foarte ușor. Desigur, nu fusese deloc așa pentru cei mai mulți dintre oamenii cu care lucrasem înainte, dar până la urmă fiecare terapie este o aventură în care ingeniozitatea individuală este un aspect principal al muncii. Eram obișnuită cu mâncăcioși compulsivi al căror entuziasm inițial pentru a învăța să mănânce când le este foame și de a se opri când s-au săturat se stingea când începeau să piardă în greutate. Descoperiseră singuri că semnificațiile psihologice ale volumului corporal aveau tot atâta importanță ca și motivațiile emoționale pentru a mânca.

Am decis să folosesc tiparele de alimentație ale lui Edgar ca punct central al terapiei lui, din moment ce pentru aceasta venise. Cu toate că aveam senzația că nu doar trupul lui era în creștere, ci și lista lucrurilor care nu se prea potriveau în viața lui, o abordare focalizată părea la fel de bună ca oricare alta pentru început. Explorarea în terapie a obiceiurilor alimentare ale cuiva și găsirea numeroaselor semnificații pe care le au acestea pentru acea persoană sunt o modalitate minunată de a-l cunoaște pe acel om. Mai mult chiar, lucrurile pe care îmi imaginam că avea să le afle Edgar gândindu-se la rolul pe care îl aveau în viața lui mâncarea și volumul corpului ar fi putut fi mai ușor receptate dacă erau corelate cu ceva ce făcea în fiecare zi.

Sugestia pe care i-am făcut-o lui Edgar de a nota timp de câteva zile în detaliu tot ce mânca, de a observa și dacă îi era foame sau nu, ce gust avea mâncarea și unde, când și de ce mânca a produs pentru cea de-a doua ședință un registru întreg de procese-verbale care detaliau în mod sofisticat relația lui cu mâncarea. Reușise să fie atât de meticulos în îndeplinirea sarcinii, zicea el, pentru că săptămâna aceasta nu avusese de făcut prea multe drumuri prin oraș. Soția lui era plecată în vizită la familia ei din Ghana, avusese destul de puține treburi la sindicat și doi dintre cei trei copii ai lui făcuseră cu rândul să-i servească regulat cina la ei acasă.

Exercițiul care-i fusese dat, de a se gândi la mâncarea sa, și nu la dietă, îl făcuse să conștientizeze tot felul de lucruri. Prima și cea mai uimitoare revelație a fost aceea că rareori îi era foame. Alimentația lui Edgar avea prea puțină legătură cu foamea. Era în primul rând o experiență senzuală, reconfortantă, în care gusturile și texturile delicioase îi mângâiau și încântau bolta palatină și-l făceau să se simtă solid ferm și sigur. Cea de-a doua descoperire a sa a fost aceea că atunci când mânca — ceea ce continua să se întâmple des și din belșug — se sătura destul de repede, prea repede față de cât de mare părea să îi fie pofta.

Edgar nu încercase să-și modifice obiceiurile alimentare în acest timp, întrucât nu încerca să facă altceva decât să observe care îi era rutina alimentară. Luând aminte la această sarcină, a observat cât de repede îi era distrasă atenția. Observa primele înghițituri din ceea ce mânca sau bea și le savura, dar numai atât. A realizat că mânca în continuare chiar și după ce încetase să mai simtă gustul. Apoi mai era și dilema legată de momentele în care poftea la un anumit gust sau la o anumită mâncare și nu la altele. De exemplu, ar fi mâncat la micul dejun doar un fruct, dar aceasta era o problemă din cauza diabetului său, așa că mâncase cereale cu lapte. Spunea că nu era sigur cât din faptul că mânca atât de des era dictat de încercarea de a-și regla diabetul[2] și cât era din cauza oboselii care îl epuiza.

Din observațiile lui Edgar asupra alimentației lui obișnuite puteam întrezări o cale de a-l ajuta să descopere cum să mănânce *de* foame și să-și mențină și nivelul de zahăr din sânge. Dar ceea ce m-a izbit, dincolo de înregistrările lui detaliate, era faptul că Edgar era unul dintre foarte puținii oameni cu probleme de alimentație pe care îi vedeam în terapie și care chiar se observase pe sine așa cum îi sugerasem. Eram obișnuită cu pacienți care se entuziasmau atât de tare de posibilitatea de a se schimba, încât se repezeau imediat să încerce să-și modifice modul de a se hrăni înainte să putem aduna suficiente date pentru a ști mai multe despre felul în care se hrăneau și ce simțeau de fapt în legătură cu mâncatul. Pentru că atât de mulți oameni au probleme de alimentație, aveam tendința de a mă simți ca într-o misiune de salvare. Informațiile apăreau de obicei doar înglobate într-un acces de mâncat compulsiv, astfel încât rareori aveam o imagine a obiceiului alimentar originar. Dar Edgar ne permisese amândurora să vedem cum arăta modul lui de a mânca și ce simțea când mânca.

Lui Edgar îi plăcea să mănânce până când se simțea sătul și greu. Îi dădea o senzație de mulțumire, un sentiment că „totul este bine." A recunoscut de îndată natura emoțională a acestei atracții față de starea de a fi sătul și faptul că aceasta îl făcea cu adevărat să mănânce. Ideea că ar fi putut să amestece două tipuri diferite de dorințe — dorința de a fi sătul și dorința de a-și potoli foamea — și faptul că existau tipuri diferite de sațietate îi deschideau noi orizonturi. Nu se oprise niciodată înainte să se gândească dacă îi mai era foame sau dacă era sătul sau de ce anume îi era foame. Respectând cu meticulozitate ceea ce îi sugerasem eu, se convinsese singur că mânca într-adevăr când nu îi era foame, că nu avea nici pe departe nevoie de atât de multă mâncare pentru a-și potoli foamea dacă putea încetini suficient pentru a savura fiecare dumicat, că exista o fuziune sau o confuzie între dorința lui de a fi sătul fizic și dorința lui de a fi satisfăcut emoțional.

Destul de promițător pentru o a doua ședință, m-am gândit, în timp ce îi dădeam un al doilea exercițiu.

Acest exercițiu se baza pe ceea ce reușise el să observe la sine însuși. Trebuia să se străduiască să mănânce doar atunci când îi era foame. Și trebuia să încerce să fie atent la ce mânca, astfel încât să se poată opri atunci când se simțea satisfăcut fizic. Oricât de simplu poate părea pentru cineva care nu are probleme cu mâncatul, acest exercițiu nu era deloc simplu pentru Edgar, ale cărui impulsuri de a mânca rareori își aveau originea în tractul său digestiv. Un lucru chiar mai dificil ar fi putut fi să se oprească în momentul în care se sătura fizic, pentru că adeseori, la cei pentru care alimentarea este separată de senzația fizică de foame, mecanismele delicate care semnalează sațietatea sunt tulburate. Cu toate acestea, i-am sugerat lui Edgar să încerce, chiar dacă acest lucru ar fi însemnat să mănânce puțin și des și în momente neconvenabile.

Activitatea la serviciu continua să fie mai lejeră decât de obicei și era pregătit să ia măsurile necesare pentru a se asigura că putea primi de mâncare îndată ce simțea că avea nevoie. M-am simțit încurajată. Nu se lovea de prea multe rezistențe interioare. Diabetul lui însemna că trebuia să mențină un echilibru în ceea ce mânca, astfel că am analizat împreună alimentele care reușeau să-i liniștească pancreasul și am vorbit despre cum le-ar fi putut mânca în combinație cu alimentele de care avea poftă și care puteau fi nutrițional de mai puțin ajutor pentru un diabetic.[3] Dacă dorea să mănânce un aliment „nutrițional nesănătos," atunci neapărat să-l mănânce, i-am zis, dar să-l susțină cu unul dintre carbohidrații complecși cu acțiune lentă pe care îl preferă pancreasul. I-am cerut să-și folosească registrul ca să noteze ce simțea când se oprea în momentul în care era sătul fizic.

 Voiam să descoperim ce ar fi simțit dacă nu ar mai fi continuat să mănânce până la momentul senzației de greutate în stomac.

Cea de-a treia ședință nu a fost ușoară pentru el. Avusese momente de revelație legate de mâncatul lui, dar fusese și cumplit de tulburat. Simțea că își deranjase (chiar dacă erau haotice) tiparele și că nu mai era în apele lui.

— Pot să țin dietă fără nicio dificultate. Nu mă întrece nimeni la ținut diete, a zis, zâmbindu-și sieși căci realiza că probabil repeta lucruri spuse de multe persoane cu probleme alimentare care stătuseră în acel fotoliu înaintea lui. M-ați zăpăcit de tot cu șmecheria dumneavoastră. Nu mi-e foame de prea multă mâncare. Mi-am dat seama că mănânc puțin și des — de fapt, nu chair atât de des — dar ca să vă spun adevărul, nu mi-a plăcut. M-am simțit nesigur pe picioarele mele, de parcă stăteam să cad. Ca și cum aș fi fost un uriaș care-și ține echilibrul pe poante de balerină.

A scos din servietă un blocnotes și spontan a mâzgălit pe el acest desen.

Era o imagine complet opusă celei a omului îndesat, dar grațios așezat în fața mea, care părea bine înfipt în propriul trup. Am așteptat un pic până să fac vreun comentariu, pentru că mă întrebam ce ar fi putut ieși la suprafață. Nu după mult timp, a scos un oftat adânc.

— Îmi privesc corpul cum cade de pe mine. Am sentimentul straniu că substanța mea s-a decojit și mi-a rămas doar o formă slăbănoagă și scofâlcită. A desenat această a doua siluetă, a făcut o pauză, iar apoi a părut să se adâncească în gânduri.

— Este tata, a zis, ieșind din reverie după câteva minute. El este. Nu sunt eu deloc. A vorbit fără să se uite la mine și mi-am amintit din scurtul istoric pe care apucasem să i-l fac în prima ședință, că tatăl lui murise când el avea zece ani. Dacă murise de cancer, atunci se prea poate ca înainte să moară să fi rămas o mână de om a cărui masă corporală, în ochii unui băiețel, se topise.

Edgar era tăcut și reflexiv. În vreo două rânduri a ieșit din starea sa gânditoare cu divagații despre el însuși simțindu-se ca o balerină, dar erau ca niște pufnituri în tăcerea mult mai adâncă. Corpul i se relaxase și părea să se afle într-un loc intim meditativ în care simțeam că n-ar fi fost corect să intru neinvitată. După zece minute petrecute astfel, și-a scuturat capul ca și cum se scutura de acel loc în care fusese, s-a uitat la ceas, a observat că eram la finalul ședinței și m-a întrebat care era tema pentru următoarea săptămână.

Am încercat să-l privesc în ochi. Nu voiam să răspund ca și cum nimic nu s-ar fi întâmplat în acea ședință. Părea surprins să mă vadă privindu-l, ca și cum atenția mea nu era binevenită. Și totuși l-am privit în continuare. Nu eram pregătită să dau o temă. Ezitant, mi-a susținut privirea. Au fost douăzeci de secunde lungi în care amândoi ne-am simțit inconfortabil. Convențiile interacțiunii sociale fuseseră încălcate și creierul mă înțepa. Eram ca într-o stare de superalertă; se putea întâmpla orice. Nu puteam rămâne pe pilot automat pentru că nu reacționam la ceva automat. În terapie, adeseori trebuie să marcăm ceea ce apare neașteptat, dar, în încercarea mea de a marca acest fapt, se pare că îl trăsesem și pe el după mine într-unul dintre acele momente stânjenitoare în care nesiguranța este singurul lucru cunoscut.

Liniștea începea să se simtă ca o luptă pentru putere, dar mă simțeam totuși departe de a fi în dezacord cu Edgar. Cât timp fusese adâncit în reveria lui, cântărisem în minte cele două imagini puternice formate de liniile desenelor lui: Edgar, bărbatul gras care se clătina pe poante de balerină, și Edgar/tatăl lui Edgar cu grăsimea curgând de pe el, dezvăluind un trup sfrijit și prăbușit. Scopul meu, privindu-l pe Edgar, fusese acela de a sublinia și a înțelege semnificația *pentru el* a celor zece minute de dinainte. Deși eram entuziasmată de claritatea imaginilor lui, nu eram sigură cum le percepea el. Cum se simțea? Ce simțea? Felul în care se uitase la ceas și ceruse tema era ca un fel de semnal. Era acesta un mod de a-mi spune că sentimentele lui erau încapsulate și interzise, și să fac bine să-l las în pace? În mod clar, nu erau de împărtășit acum. Felul în care păruse că se scutură de ele m-a făcut să mă întreb dacă, după apariția lor scurtă și neașteptată, trebuiau separate și îngropate.

Nu eram împotriva ideii *în sine* de a-i da o temă. Mă făcea să ezit însă modul abrupt în care o ceruse. Mintea îmi fugea la ce anume aș fi putut să-i dau, ceva ce ne-ar fi putut duce către un punct de întâlnire și i-ar fi putut da lui ceva util asupra căruia să reflecteze. Am respins primul gând, de a-i cere să-și petreacă săptămâna imaginându-se pe sine la greutatea ideală. Simțeam că ar fi putut fi prea aproape de ceea ce se petrecuse în sinea lui în timpul ședinței și, cel puțin deocamdată, nu se grăbea să dezvăluie.

Acest exercițiu are multe utilizări. Ne poate ajuta să recunoaștem ce ar putea deveni dificil pentru noi dacă am avea greutatea ideală. Ideea este inedită pentru că de obicei greutatea ideală este gândită ca o stare în care dispar toate problemele. („Dacă aș fi", își zice pacienta, „dacă aș fi slabă, aș avea un bărbat, un serviciu bun, m-aș simți bine, aș fi fericită, mama m-ar accepta..."). Acest exercițiu ne poate ajuta să ne pregătim pentru orice fantasme am putea avea despre ce s-ar întâmpla dacă am avea greutatea ideală; lumea nu se schimbă, lucrurile nu devin neapărat mai bune, pot exista în continuare aceleași conflicte. Ne poate ajuta să „acceptăm" sau cel puțin să avem curiozitatea de a vedea acele părți din noi înșine care se tem sau sunt precaute în fața greutății ideale; greutatea nu rezolvă problema. Imaginarea propriei persoane având greutatea ideală și menținerea conținuturilor pe care le generează pentru suficient de mult timp, astfel încât să se risipească vraja puterilor ei magice de vindecare pot să scoată la suprafață conflicte și probleme care ne împiedică să ajungem la greutatea ideală. Știind care sunt fricile sau problemele care sunt accentuate și care sunt dezamăgirile care pândesc în spatele atingerii greutății ideale, avem oportunitatea să intrăm în contact cu ele și să reflectăm asupra lor. Putem să descoperim cum au ajuns problemele emoționale să fie traduse în probleme de greutate și ce stări emoționale sunt codificate inconștient în corpul ideal sau într-un corp mai suplu. Examinarea acestor probleme emoționale poate fi preludiul pentru ocuparea unui corp mai subțire.

Deși acest exercițiu în sine avea o logică și o valoare considerabile, pentru că Edgar fusese lipsit de voință, ezitant sau hotărât să nu dezvăluie ceea ce îl absorbise într-atât, am simțit că a-i cere să facă acest lucru ar fi fost o intruziune. Una este să-i transmit analizandului voința și încrederea că poate să se confrunte cu ceea ce i-ar putea părea dificil sau terifiant, sau că pot să tolerez o confuzie amenințătoare, sau să suport să fiu martorul unei dureri îngrozitoare, și cu totul inutil este să sar cu cruzime pe pacient când acesta se află într-un loc atât de intim. După câteva clipe, care au părut o eternitate, am ales lucrul cel mai simplu și mai puțin alarmant pe care l-aș fi putut spune.

— Edgar, am început eu, ezit să îți sugerez vreo temă anume fără a ști prea bine la ce anume te gândeai mai devreme, dar poate că ar fi de ajutor să te gândești la acea perioadă din viața ta în care ai început prima dată să mănânci atunci când nu îți era foame.

Tensiunea dintre noi s-a risipit. Edgar a părut ușurat că i se dăduse o sarcină concretă. Eu m-am simțit ușurată pentru că el se simțea ușurat. Speram că această idee putea lega ceva din dorința lui de a mânca și din nevoia de a se îndopa cu ceea ce îl făcuse să se piardă în gânduri atât de profund.

Odată format un tipar alimentar nesănătos, tot felul de situații vor împinge persoana să mănânce și tot felul de idei se vor atașa de semnificația diferitelor dimensiuni corporale, dar este interesantă descoperirea impulsurilor originare care au condus la mâncatul compulsiv. Se poate ca semnalele copilului că are nevoie de liniștire să fi primit întotdeauna răspunsuri inadecvate, astfel că atunci când plângea, persoana de îngrijire credea că îi este foame sau îi oferea „recompense". Se poate ca bebelușul să fi fost hrănit după ceas, după un program, și nu ca răspuns la foamea lui. Se poate să nu fi fost suficientă mâncare când copilul avea nevoie de ea. Astfel de motive pot face să ne fie greu să avem încredere că știm ce este foamea fiziologică și cum să ne-o satisfacem.

Pe lângă codificarea greșită a suferinței emoționale drept foame sau decodificarea eronată a semnalelor de foame, pot exista alte motive, la fel de complexe, legate de apropiere și de identitate, care pot instiga la mâncatul compulsiv. De exemplu, se poate ca unuia dintre părinți să-i fi plăcut mâncarea și să-i fi comunicat copilului său pasiunea sa pentru orice are legătură cu mâncarea și se poate ca timpul petrecut împreună cu copilul să fi fost impregnat de senzualitatea mâncării. Prepararea mâncării și anticiparea deliciilor ei, mâncatul ei împreună au stabilit și au semnificat o legătură particulară între ei. Sau se poate ca mâncarea să fi fost mereu un câmp de bătălie. Când era mic a fost pus la regim și s-a revoltat, eventual dezvoltând un sindrom dietă–mâncat compulsiv în toată regula. În cazul lui Edgar, știind că el începuse să se îngrașe în adolescență, voiam să-i dau prilejul de a urmări firul care apăruse cu privire la tatăl lui.

Reveria lui Edgar și felul în care luase ea sfârșit mi-au rămas în minte după ședință. Am recapitulat ce știam despre el din ceea ce îmi spusese, din ceea ce citisem în ziare și din ceea ce descopeream acum. El fusese speranța părinților lui; fratele lui mai mare își pierduse direcția pentru o vreme în adolescență, deși se îndreptase după ce împlinise treizeci de ani. Edgar fusese crescut în principal de către bunica lui în vestul Londrei, într-o casă mică, mai mult ascunsă de lume. Mă întrebam care era locul bunicii, când murise ea și cum erau relațiile lui cu mama și cu sora lui. Fusese un elev bun, se arătase de timpuriu a fi promițător pentru societatea civilă, devenise inginer și lucra la Plessey, unde devenise un lider de sindicat apreciat pentru modul relaxat, dar ferm în care apăra drepturile colegilor săi. Bărbat masiv, emanând demintate și grație și cu o voce melodică frumoasă, el sfida stereotipul sindicalistului și a fost curând recrutat în conducerea sindicatului căreia i se alăturase în biroul central. După câțiva ani a devenit reprezentant de rang mediu și sindicatul l-a trimis să studieze la Ruskin College. Cât timp a stat la Oxford, s-a simțit atras de un grup de studenți ghanezi de clasă mijlocie-superioară din care făcea parte și femeia care i-a devenit apoi soție. I-a făcut curte în perioada în care ea își făcea doctoratul. S-au căsătorit, s-au întors la Londra și au întemeiat o familie. În ultimii cincisprezece ani, soția lui a lucrat pentru o agenție ONU. Scrisorile medicale de la doctorul lui Edgar arătau că el se îmbolnăvise de diabet la treizeci și opt de ani, deși fusese masiv încă din adolescență. Aceasta era povestea lui schematică, așa cum o știam eu. Singurele informații suplimentare pe care le puteam afla despre el erau cele pe care le puteam obține din propriile mele senzații.

Văzusem un Edgar reflexiv în după-amiaza aceea. Acel aspect completase partea lui de băiețel studios, care asculta cuminte și care se străduia cu hotărârea pe care i-o cunoșteam din severitatea pe care o exprima ca lider sindical. Apărea la știri din când în când, astfel că îi auzisem declarațiile publice, și cu mult înainte ca el să mă fi căutat pe mine, fusesem impresionată de abilitatea lui de a comunica cu claritate problemele în timpul unei greve, astfel încât nu era deloc greu de înțeles punctul de vedere al organizației lui.

Mă simțeam atrasă de el și simțeam o mare căldură și admirație pentru el. Îi apreciam seriozitatea cu care își asuma scopurile și eram fermecată de partea lui mai degrabă sclipitoare, care apărea deseori la suprafață și care trebuie, presupuneam, să fi fost evidentă în munca lui, în care charisma și analiza rece se combină la organizatorii de primă clasă cu realismul aspru al negocierilor. Dar aveam și o puternică impresie că Edgar era un singuratic, cu toate că era aproape tot timpul înconjurat de oameni. Putea să dea directive și să conducă. Degaja căldură. Dar era singur, poate chiar izolat, în gândurile lui, în sentimentele lui și în gândirea lui de strateg politic.

În săptămâna care a urmat după această ședință, Edgar m-a urmărit prin toate cotloanele și ungherele minții mele. Mă întrebam cum era viața lui la muncă, dacă era un bun manager sau dacă înțelegerea și flerul erau darurile lui. Îmi imaginam cum era soția lui, cum se descurcau cu cele trei culturi atât de diferite în care trăiau, ganeză, afro-caraibă și cea a britanicilor de culoare. Mă întrebam care erau tensiunile de clasă care ar fi putut exista între ei și mediile profesionale în care funcționau. Eram curioasă să știu cum își crescuseră copiii. Cât de mult fusese Edgar implicat? Ce fel de căsnicie aveau? Mă gândeam cum e să trăiești cu o afecțiune medicală care necesită monitorizare în fiecare zi?

Nu era ceva neobișnuit pentru mine să fiu prinsă de câte un pacient nou, căci acesta era în mare parte felul în care lucram eu. Eram obișnuită să mă trezesc cu mintea alunecându-mi în orice moment liber către vreun pacient pe care îl primisem de curând, în special înainte de a adormi sau când mă trezeam din somn. Presupun că este un mod de a absorbi această persoană nouă în viața mea (profesională) și de a-i permite să-mi intre pe sub piele și să-și găsească un loc în mine.[4]

Edgar îmi trezea afecțiunea și interesul. Îmi plăceau categoric el ca persoană, spiritul lui de luptător, idealurile lui. Îmi plăcea formalismul lui. Ne strângeam mâinile când sosea la ședință și ni le strângeam din nou când pleca. Chiar și atitudinea lui față de el însuși, ca om plin de importanță — pe care îmi imaginam că aveam să o disipăm dacă era să facem ceva împreună — mi se părea atrăgătoare. Cunoșteam acest tip de om din propria mea experiență politică și eram interesată de felul în care se împăcau (sau nu se împăcau) părțile lui publice cu cele private.

Desigur, la fel de important de descoperit erau și umbrele din spatele căldurii sufletești speciale pe care el o trezea în mine. În acest moment era o afecțiune colegială. Îmi venea pe limbă cuvântul respect și mă întrebam dacă era specific pentru ceea ce se petrecuse între noi sau dacă reflecta atmosfera relațiilor sale familiale. Respect era ceea ce trezise el în mine atunci când intrase într-un loc de reflecție profundă și de intimitate după ce făcuse desenele și avusese revelațiile despre lipsa de greutate a tatălui său. Mă întrebam care îi era temperatura emoțională. Nu dramatiza deloc, pentru cineva obișnuit a trăi cu cusăturile pocnind. Poate că nu era obișnuit să-și recunoască sentimentele și poate că nu știa cum să integreze ceea ce simțea, dar era foarte capabil să-și gestioneze trăirile fără ca ele să dea pe dinafară. Ceea ce îmi arăta mie nu se potrivea cu imaginea lui despre el însuși, de om căruia îi crapă cusăturile. Multe întrebări mi se învârteau în cap și eram nerăbdătoare să văd ce avea să se întâmple în continuare. Mai presus de toate, era contrastul dintre duritatea lui în lume și modul aproape timid în care mi se prezentase mie.

Pentru moment simțeam că mă agățam de insightul lui Edgar despre tatăl lui și despre propria lui greutate. Nu dorise sau nu putuse să îl ducă mai departe, iar eu nu putusem să găsesc atunci imediat o cale de a-l ajuta să o facă. Am presupus că simțise frică și durere când îi apăruse imaginea sa ieșind din propria lui grăsime. Nu aveam cum să știu, pentru că el nu reușise să spună și simțeam că aș fi încălcat limitele dacă aș fi adus acest lucru în discuție în acest moment. Terapia a continuat. Am încetat să mai fim atât de concentrați pe obiectiv. Edgar se străduia cu adevărat să identifice momentele în care îi era foame, ca să mănânce atunci și să se oprească în clipa în care se sătura. Era teribil de încântat că putea să facă (și să simtă) acest lucru, chiar dacă deschidea o cutie a Pandorei cu probleme legate de ce ar fi putut să facă în loc să mănânce. Hainele au început să-i atârne mai lejer în jurul corpului.

Gradual, câteva luni mai târziu, Edgar a vorbit despre frica pe care o simțise când murise tatăl lui. N-o mai retrăise de-atunci încoace. Pe de o parte, nu avusese niciun loc potrivit unde să vorbească despre frica lui, pe de altă parte nu avusese nicio cale chiar de a o conceptualiza când era mai tânăr. Cât despre boala care precedase moartea tatălui său, cu greu și-o putea aminti. Își amintea o mare liniște în casă, cu voci care șopteau. Imaginea lui Edgar ieșind din propria sa grăsime, clătinându-se precar pe poante de balerină, i-a rămas în minte, punctându-i discursul despre tatăl lui.

După înmormântarea și priveghiul extrem de încărcate emoțional, el încercase să le imite pe mama și pe bunica lui și făcuse tot ce putea ca să meargă mai departe. Și-a amintit că fusese stupefiat. Și-a amintit mânia față de nedreptatea de a-și fi pierdut tatăl. Și-a amintit că în mod conștient fusese frământat de tot felul de gânduri. Nimeni nu dorea să vorbească sau să asculte. Era interzis. Tăcerea rămăsese în casă. Frica și suferința l-au urmărit chinuitor până când mama lui i-a spus să se adune pentru că era norocos că le avea pe ea și pe bunica. Fusese aruncat în realitate. Devenise un băiat foarte conștiincios și cuminte. Fiind de ajutor în casă și bun la învățătură, curând și-a câștigat reputația că era foarte responsabil. Când a terminat școala la șaisprezece ani, a început un program de pregătire pentru ingineri. A devenit un tânăr hotărât, eficient și atrăgător.

Suferința actuală a lui Edgar legată de moartea tatălui său i-a redus nevoia de a se simți suficient de greu. Părea că tristețea îl umplea pe dinăuntru, ca și cum din lumea lui interioară ar fi lipsit tocmai sentimentele de pierdere și întristare. Această suferință a adus o greutate și o gravitate în ședințele noastre de terapie, dar în același timp a adus și ușurare. Și nu doar aici. A vorbi despre sentimentele lui devenise un leac și a început să-i caute pe fratele și pe sora lui pentru a sta de vorbă cu ei. Conversațiile, reminiscențele și emoțiile despre care vorbea și care îl îngrășaseră înainte acum îl implineau într-un alt mod. Mi se părea că parcă se estompa granița dintre bărbatul dur, uneori genial, uneori tinzând să acapareze controlul, responsabil, care știe ce să facă cu forța lui, respectiv bărbatul timid, aproape neîncrezător, care își cerceta sentimentele. Fără nicio îndoială că era mai complex pe dinăuntru, dar, paradoxal, acest lucru îi ascuțea sentimentul unui gol care persista.

Silueta lui se micșora. Se micșora încet și constant și era încântat. Și-a reîmprospătat garderoba și se simțea mai sănătos.

Părea mai puțin impunător, dar nu mai puțin demn. A povestit că-și pierduse apetitul sexual. Putea să facă dragoste cu soția lui și se simțea bine când o făceau, dar nu mai simțea nicio poftă acum. Pe dinăuntru era înfășurat în pierdere, nu doar în pierderea tatălui său, pe care o simțea acum atât de acut, ci și în pierderea certitudinii cu privire la cine este el și cine fusese el în ultimii treizeci, patruzeci de ani. Simțea că punea la îndoială acel mod de a fi care-l ținuse întreg atât de mult timp și că sub toată grăsimea era un Edgar care era imatur, nesigur și neliniștit. Fizic și emoțional resimțea o anumită precaritate, care în viața lui intimă îl împiedica să meargă mai departe, ca și cum nimic nu s-ar fi schimbat. Era o perioadă sensibilă a terapiei. Vedeam cum curajul pe care el îl adusese în munca lui de la sindicat se întorsese acum către luptele lui personale. Mergea acum pe vârfuri în jurul aspectelor mai delicate și mai nesigure ale lui însuși care erau extrem de nedezvoltate, în timp ce ținea la o oarecare distanță atitudinea de lider de sindicat zgomotos, agresiv, pe care o adoptase ca fel de a fi. Era cumva ca și cum testa totul în jurul lui. Se simțea foarte fragil. Nu credea că avea un teren nou sub picioarele lui (pentru că nu era încă ferm), în timp ce vechiul teren era destul de precar. Ar fi putut alege să se sprijine mai mult pe terenul acela nou, dar nu era încă foarte solid. Oscila între două perspective mentale, cea pe care o știa, care era destul de uzată pentru el, și cea care era încă neexplorată.

Între timp, ceva destul de ciudat mi se întâmpla mie în timpul ședințelor. Era ceva ce reușeam să prind cu privirea ieșind din scenă, doar din afara cadrului. După câteva săptămâni în care nu am vrut să privesc mai atentă sau nu am știut ce anume sesizam, am realizat ce era. Când Edgar intra în cabinetul de consultații, eu simțeam că mă măresc. Mi se părea că îmi crește corpul în așa măsură, încât aveam senzația că sunt cam cu o palmă mai înaltă, cu umerii lați, șoldurile largi, coapsele și brațele groase și pieptul foarte amplu. Surprinzător, dat fiind cât de detestată este grăsimea în cultura noastră, nu simțeam să fi fost dezagreabil acest corp mărit al meu. Dimpotrivă, îl simțeam liniștitor și reconfortant, cu toate că aveam o ușoară senzație de greutate care îmi producea confuzie.

Într-adevăr, ceea ce îmi provoca acea confuzie era mai mult decât senzația de greutate. În orice caz era ciudată senzația că te transformi fizic în timpul unei ședințe. Avusesem experiența cu Joanna când simțisem durere în braț și cu certitudine consideram că rezonanța fizică este o trăsătură importantă a întâlnirii terapeutice. Acum, se părea că pe măsură ce Edgar slăbea, umpleam eu spațiul și simțeam ceva din acea satisfacție emoțională pe care i-o dăduse masivitatea. Nu eram sigură. Nu știam de ce se întâmplă acest lucru.

Era clar că îmi imaginam aceste schimbări corporale. Nu creșteam literalmente în timpul ședinței, ca să mă micșorez apoi când pleca Edgar. Dacă ar fi să existe o dovadă a puterii imaginației de a ne influența percepțiile și sentimentul de sine, atunci aceasta era. Dar cumva nu despre acest lucru era vorba. Ca psihoterapeut cu siguranță observasem cum dispoziția, sentimentele și stările corporale ale pacienților găsesc ecou în stările ființei mele. Nu puteam să dau o explicație completă și nu eram convinsă de niciuna dintre explicațiile pe care profesia mea reușise să le găsească privind *modul exact* în care are loc transmiterea unor asemenea stări, în special transmiterea stărilor *inconștiente* de a fi.[5] Dar acest lucru nu m-a împiedicat să mă gândesc că era extrem de valoros și util să consider că ceea ce se întâmpla avea validitate și era semnificativ pentru terapia care se desfășura.

Mulți ani de zile am fost interesată de fenomenul pe care eu îl numesc contratransfer corporal: senzațiile fizice care apar în corpul terapeutului când acesta lucrează cu o persoană. Istoric, psihanaliza s-a concentrat pe două feluri de senzații corporale — senzațiile erotice și cele legate de somn. Stimulată de experiența cu pacienții anorexici (ale căror imagini corporale și sentiment al stabilității fizice sunt precare), dar extinzând gradual această conștientizare la toată activitatea mea în general, am descoperit că este extrem de productiv să consider că senzațiile fizice care pot să apară în mine sunt la fel de valoroase ca gândurile și sentimentele mai des observate care pot fi evocate când lucrăm cu pacientul. Observând acest tip mai larg de contratransfer corporal deschideam o fereastră către înțelegerea aspectelor dezvoltării fizice ale persoanei, care este la fel de importantă precum dezvoltarea emoțională avută în vedere în mod mai frecvent.

Primul meu gând a fost că preluam eu grăsimea lui Edgar. Poate că nu era chiar pregătit să renunțe la ea definitiv și astfel o depozitase în mine în timp ce încerca să vadă cum se simte fără ea. Oare semnificația transformării lui era atât de importantă, încât avea nevoie să o *concretizeze* în mine ca pe un mod de a înțelege mai bine ce conținea ea? Desigur că nu era ceva concret, era doar o idee, iar pentru cei neobișnuiți cu un mod psihanalitic de gândire, era chiar o idee ciudată. Dar cu asemenea idei „ciudate" lucrează psihanaliza pentru a ne permite să pătrundem în regatul inconștientului, al proceselor înalt imaginative din afara cunoașterii sau a logicii.

Dacă expansiunea mea era grăsimea lui Edgar, atunci eram surprinsă de sânii, coapsele și șoldurile mari pe care le simțeam. Nu le simțeam ca de bărbat, nu le simțeau ca și cum ar fi fost grăsimea lui Edgar și nici nu le simțeam ca fiind grăsimea tatălui lui Edgar. Le simțeam foarte distinct femeiești. Probabil că, deși ceea ce îmi stimula creșterea era modul în care Edgar invoca sentimentele pe care le avea față de tatăl lui, imaginația mea nu putea să cuprindă percepția propriei mele ființe ca fiind aceea a unui bărbat voluminos, astfel că îmi feminizasem creșterea. Îmi lăsasem mintea deschisă.

În ciuda imaginilor puternice pe care le avem cu toții despre maternitate și despre poala mamei, în munca mea mă confruntasem cu un paradox. Pentru mulți, în special pentru femei, tatăl era acela pe care și-l aminteau ca pe un loc de refugiu și reîncărcare în sânul familiei. În timp ce imaginea și senzația îmbrățișării materne poate avea legătură cu perioada de sugar și cu perioada de dinaintea limbajului, adesea în copilărie îmbrățișarea fermă a tatălui este cea care este resimțită ca prețioasă. Mamele, dimpotrivă, sunt întotdeauna prea ocupate cu treburile — să pună masa, să curețe, să gătească, să facă ordine, să se agite și așa mai departe — ca să poată să asigure starea de calm pe care o găsește copilul în brațele tatălui, în timp ce acesta își citește ziarul sau își soarbe băutura după o zi de muncă.

Masivitatea lui Edgar, ne dăduserăm noi seama, îl protejase de groaza pe care o simțise în fața imaginii tatălui lui care, către sfârșitul vieții, se micșorase fizic. Soliditatea lui îl sprijinise, fantasmatic, împotriva fragilității bruște a tatălui. Mă întrebam dacă aceasta era întreaga poveste. Psihanaliza este obișnuită cu credința că actele simbolice conțin multe idei și că un simbol conține în el însuși și propriile contradicții. Grăsimea lui Edgar, și acum a mea, putea reprezenta atât puterea pe care și-o dorise pentru și de la tatăl său, *precum și* distanța pe care o simțea față de el. Mai era și senzația că se putea ca supărarea, teama și furia lui Edgar cu privire la moartea tatălui său să fi fost înglobate în acea grăsime ca să creeze o barieră între sentimentele profunde ale lui Edgar și ceea ce își putea da el voie să știe. Dar de unde venea ideea lui Edgar că substanța fizică și masivitatea aduceau alinare? Începuse să mănânce în adolescență pentru a fi mai robust, mai bărbat? Desigur, făcea parte dintr-o generație pentru care soliditatea și forța puteau fi însoțite și de o talie mai mare la bărbați. Îi oferise vreun confort faptul că-și putea stinge durerea mâncând? Îi oferise masivitatea o masculinitate de care el se simțise privat? Fusese grăsimea un mod de a se proteja pe sine?

În timp ce reflectam la aceste întrebări și mă simțeam crescând, m-am întrebat dacă trupul meu „umflat" era un fenomen trecător sau dacă avea să persiste și să cupleze cu ceva ce ar fi putut spune Edgar. Edgar reușise să discute și să-și simtă tristețea și durerea, dar teama care apăruse în jurul pierderii tatălui său nu fusese prea mult discutată. Să fi fost aceasta o cheie pentru unele aspecte din personalitatea lui Edgar, să fi fost poate o cheie către sentimentele lui de gol și către starea de „a fi gras", care acum păreau să graviteze către mine?

Înainte să apuc să urmăresc această frică și felul în care grăsimea ar fi putut să fie o modalitate de a se acoperi și a se securiza, a murit soacra lui Edgar. Edgar fusese foarte atașat de ea și era profund întristat. În mod necaracteristic, și-a dat voie să simtă suferința, în loc să se transforme în soțul de nădejde, care îi îmbarcă pe toți în avionul de Accra și face toate aranjamentele doar ca pentru încă o campanie eficientă, trecând astfel peste propriile sale sentimente. Nu că nu ar fi făcut acele aranjamente — acest lucru ar fi fost de neconceput —, dar durerea lui a avut o exprimare directă și imediată. Masculinitatea pe care și-o dezvoltase după moartea tatălui lui se bazase pe izolarea sentimentelor lui neelaborate și sensibile, a fricii lui, a incertitudinii lui și a tristeții lui. Din propria durere și din propriile dificultăți, el învățase să îi dinamizeze pe alții să treacă la acțiune. Acum se dezvolta altceva. Putea fi îndurerat fără să-și compromită eficiența.

Moartea soacrei l-a făcut pe Edgar să se gândească la mama tatălui său, la bunica lui, Doris, care locuise cu ei până când făcuse doisprezece ani, când ea se întorsese în Caraibe, la doi ani după moartea fiului ei. Edgar a descris-o ca pe o femeie plină de energie, caldă, eficientă, care îl împinsese pe tatăl lui să vină în Marea Britanie, iar apoi îi ajutase atât pe el, cât și pe mama lui Edgar să-și termine școala și să-și găsească un loc de muncă bun. Fusese enorm de importantă pentru Edgar, iar reîntoarcerea ei în Caraibe i se păruse aproape de neînțeles. Rațional fusese perfect capabil să-și explice de ce plecase, dar emoțional fusese devastat. Ani de zile își tot spusese că urma să se întoarcă, că plecase doar într-o excursie lungă. Și pentru că și mama lui gândea la fel și nu făcuseră niciodată o petrecere de rămas-bun, îi fusese destul de ușor să ascundă realitatea plecării ei.

Acum părerea de rău se revărsa. Doris plecase. Fusese incapabil să-i scrie. Se simțise vinovat, presupunea, că nu îi scrisese și acest lucru făcea să-i fie și mai greu să-i scrie. Apoi, când el împlinise optsprezece ani, ea a murit, iar el nu și-a iertat niciodată faptul că nu ținuse o legătură mai strânsă cu ea în anii adolescenței. Vinovăția și remușcarea îl apăsau. Se poate să fi fost și supărat pe Doris pentru că plecase, am sugerat eu, astfel că pe lângă vinovăție, sau poate înăbușind-o, era problema sentimentelor complicate și a lipsei cuvintelor care să exprime ceea ce ar fi dorit cu adevărat să spună. Nu se putea ierta pe el însuși că fusese un nepot lipsit de respect, am continuat, la fel cum nu o putea ierta pe Doris pentru că îl părăsise?

Edgar a suspinat. Apoi a vorbit și a vorbit și a vorbit. Iubise statura scundă a bunicii lui, grația ei, brațele și sânii ei largi, fermitatea și siguranța ei. Era un melanj minunat de calități. Onestă și sensibilă, severă și generoasă, voinică, încrezătoare și sănătoasă. Odată cu plecarea ei, lumea lui se prăbușise a doua oară. Era speriat. Și era rănit. Sigur că Edgar înțelesese de ce plecase ea, sigur că nu o judeca, sigur că suferise și ea propria ei pierdere și sigur că dăduse tot ce avusese mai bun, iar acum avea tot dreptul să se întoarcă acasă.

Pe măsură ce vorbea, a început să pună în cuvinte un fenomen pe care îl trăim cu toții: capacitatea de a ști când se întâmplă ceva absolut zdrobitor și încercarea simultană de a explica, de a ierta și a accepta acel lucru. Însă, chiar dacă facem acest lucru știm că, în ciuda tuturor eforturilor noastre, nu funcționează. Indigerabilitatea nenorocirii rămâne.

Edgar trăise toți acești ani cu un clivaj. Avea o bunică a cărei mângâiere și a cărei prezență mare și liniștitoare fuseseră leagănul copilăriei lui și o bunică a cărei plecare îl devastase într-atât încât nu fusese capabil să „o lase să se ducă" sau să se împace cu plecarea ei. În schimb el, așa cum facem mulți dintre noi când o pierdere se așază peste o altă pierdere, găsise căi magice pentru a o reînvia în el însuși.

Acum, „grăsimea" mea începea să aibă mai mult sens pentru mine. Edgar invocase inconștient prezența lui Doris în relația dintre noi. Erau multe paralele între felul în care o vedea el pe bunica lui și felul în care probabil că îi păream eu. Relația noastră era delimitată de granițe clare, eu eram *acolo* prin faptul că îi dădeam atenție lui, eu controlam plecările, eram scundă (iar acum devenisem și „grasă"). Deși importanța lui Doris fusese scoasă la lumină de moartea soacrei lui, prin această invocare corporală a prezenței ei în mine, el încercase să comunice ceva despre ea. Trebuia să mă gândesc cum să folosesc ceea ce fusese provocat fizic în mine.

Analiza, pentru terapeut, implică întotdeauna decizii despre ce să spună și când să spună. În timp ce analizandul începător este încurajat să spună ce-i vine în minte fără ezitare și fără să se gândească, să vorbească liber, astfel încât ceea ce a fost cenzurat sau refulat să poată deveni vizibil și comprehensibil, treaba analistului este, dimpotrivă, să absoarbă, să gândească, să reflecteze, să cugete. Acest lucru nu împiedică asociațiile mentale libere ale analistului. Vigilența în fața proceselor mentale proprii este crucială, dar procesul este unul esențialmente tăcut, din care doar unele fragmente îi sunt împărtășite analizandului. Apoi, acest fapt nu înseamnă că reacțiile analistului sunt în mod obligatoriu lipsite de spontaneitate, căci oricine este bun în ceea ce face poate realiza anumite operații cu mare viteză și aproape fără niciun efort conștient. Totuși, există posibilitatea de a alege, mai mult decât în interacțiunea socială obișnuită, de a-ți da timp să te gândești la ceea ce dorești să spui și să selectezi, chiar intenționat, ce anume simți că este bine, ce anume ține conversația vie și încărcată de sens, ce anume atinge acele emoții ascunse uneori de cuvinte.

Inevitabil, pe parcursul a câteva ședințe m-am tot gândit la ce aș putea să spun despre acest corp al meu care creștea, m-am tot întrebat dacă s-ar fi dovedit util pentru Edgar să-i împărtășesc ceva pe care eram încă departe de a-l înțelege.

Și nici acum nu eram sigură ce anume aș fi vrut să spun. Mă interesa să văd dacă reflecțiile și conversația despre importanța lui Doris aveau să-mi modifice acea senzație de corp mare pe care mi se părea că o am când eram cu Edgar. Aveam o presimțire că, dacă Edgar ar fi putut găsi psihologic o cale de a încorpora sentimentele pe care încă le mai avea în legătură cu plecarea bunicii lui, greutatea mea fictivă s-ar fi putut schimba. Ar fi însemnat că el luase în el toate acele lucruri la care nu fusese capabil să renunțe, dar pe care, până în acel moment, fusese incapabil să le recunoască.

Terapia lui părea aproape ca de manual, un fel de terapie „de modă veche", în care o traumă, ecranând o alta, se revela cu claritate. Încet și sigur oxigenul psihic era pompat în spațiile psihice lipsite de aer, permițându-le să fie aerisite în toate modurile de care aveau nevoie. Deși, cu excepția momentului în care suspinase deschis vorbind despre Doris, emoțiile lui Edgar rămâneau o chestiune foarte privată pe parcursul ședințelor, iar din postura lui sau din expresiile lui faciale nu-mi puteam da seama cu ușurință ce simțea, el povestea ce simțea în afara ședințelor și părea ușurat că putea să facă acest lucru.

Cu privire la masivitatea lui, Edgar reușise să înțeleagă ceva despre temerile lui de a trăi într-un corp mai subțire. Avea o idee despre înțelesurile simbolice ale grăsimii lui. Se lupta chiar din greu cu spațiul diferit care exista acum între el și alți oameni. Pierzându-și grăsimea devenise conștient de felul în care îi ținuse pe oameni departe de el însuși. Sociabilitatea și căldura lui, și capacitatea lui de a avea grijă de alții atât de bine, până în prezent, nu fuseseră problematice. Dar acum se întreba cât de mult acoperiseră ele dificultatea de a fi apropiat de oameni, cât din disponibilitatea lui nelimitată și talentul lui de a rezolva problemele altora îi asigura un anumit tip de contact — un contact cu o enormă cantitate de control — în timp ce îl privau de reciprocitate sau conexiune. Autodefinirea fizică mai clară sublinia golul din viața sa. Pierderea mâncării, până atunci un companion apropiat și intim, expunea ceea ce nu era acolo. Acum își simțea acut atât disconfortul, cât și dorința de legături mai profunde cu ceilalți. Salutam această schimbare, căci simțeam că într-un anumit mod își recâștiga o parte din afecțiunea și speranța pe care i le dăduse cândva relația cu bunica lui.

Edgar începea acum să realizeze că voința și controlul lui erau consecința nevoii de a înfrânge frica și vulnerabilitatea sa din copilărie, dar și ceea ce percepea el ca fiind fricile altora. Simțea că interiorul și exteriorul vieții lui începeau să se cupleze, pe măsură ce acțiunile lui și motivațiile acestora îi deveneau tot mai clare. Munca lui cu oameni care aveau nevoie de reprezentare fusese un debușeu extraordinar de adecvat pentru mușchiul psihologic pe care și-l dezvoltase din propria adversitate. Fusese capabil să-și folosească identificarea cu cei aflați în nevoie pentru a-și da asigurări lui însuși, iar și iar, la un nivel intim, nici măcar conștient, că ceea ce era greșit putea fi îndreptat. Succesul lui în rezolvarea a tot felul de treburi făcuse ca, pe măsură ce urcase în ierarhia sindicală, tot mai mulți oameni să ajungă să depindă de el. Îi plăcea să se ia la trântă cu problemele altor oameni, să le susțină cauza, să lupte de partea lor. Dacă cineva dorea să se rezolve ceva, se ducea la Edgar, care întotdeauna putea să se descurce în orice problemă. Cu toate că acesta fusese modul lui de operare un timp îndelungat, pe parcursul terapiei el a început să se simtă suficient de puternic ca să se întrebe dacă modul lui de a rezolva problemele altora demonstra o sensibilitate reală față de acei oameni. Și-a pus la îndoială și motivația, și nevoia proprie de a aranja lucrurile, de a repara, de a recupera ceea ce a fost luat pe nedrept.

Ședințele noastre aveau un ritm nou. Temele pentru acasă erau de domeniul trecutului. Edgar avea încredere în el și era suficient de interesat de procesele sale interne pentru a-și da voie să descopere ce ar fi putut fi important. Nu mai apăreau nici gâfâiala fizică, nici cea psihologică de la începutul lucrului împreună. Exploram cu fermitate aspecte aflate dincolo de suprafața preocupărilor lui zilnice: cum își gestiona conflictele, sexualitatea, pasiunea lui pentru drepturile colective și rolul individului și, crucial, cum și-ar fi putut da voie să-i lase pe oameni să îi ofere și ei lui ceva, în loc să fie atât de concentrat și ocupat să le dea el celorlalți ca să nu trebuiască să se confrunte cu propriile lui dependențe și ezitări.

Ar fi fost destul de ușor să ne oprim aici. Edgar venise la mine ca un om cu o alimentație compulsivă, gras și periculos de diabetic. Acum mânca doar când îi era foame, atinsese o greutate a corpului care era mai bună pentru el și își lărgise spațiul pe care îl acorda sentimentelor și autoreflecției. Într-un fel, este povestea unei terapii de succes. Dar, așa cum arată, parcă îi lipsește sufletul. Nu atât pentru că ar fi unele fire care nu se leagă, căci acestea există în orice terapie. Spre deosebire de filmele polițiste, cu care de multe ori a fost asemănată terapia, nu există o singură modalitate în care povestea să fie destrămată iar apoi rețesută. Aspectele care la un moment al terapiei par a fi dramatic de cruciale își pierd din importanță într-un altul. Terapia dă undă verde unui proces care continuă mult după ce au fost plantate semințele în timpul unei ședințe. Deci nu reasamblarea puzzle-ului emoțional dădea senzația de incomplet. În cazul lui Edgar, ceea ce rămăsese pe dinafară și mă neliniștise pe parcursul terapiei lui a ieșit la lumină doar atunci cât părea că ne apropiam de final.

Subiectul „corpolenței" mele, care părea clar să fie o parte din el sau dacă nu o parte atunci o comunicare de la inconștientul lui la inconștientul meu, crea în mine o nesiguranță. Eram neliniștită și în legătură cu sentimentul meu că, în ciuda schimbărilor enorme pe care le făcuse Edgar — devenise capabil să-și regleze alimentația în ton cu ritmul său corporal și nu cu nevoile lui emoționale, își redusese volumul corporal astfel încât să nu-și mai pună în pericol viața prin exacerbarea diabetului și își punea acum în acord feluritele pofte, dorințe și conflicte nealimentare — ceea ce dezvăluise pierderea lui la propriu în greutate era o dimensiune care rămânea neatinsă între noi.

Problema — despre cum ar fi putut el să se apropie de alți oameni — se intersecta cu o altă problemă cu care se lupta, a modului în care îi putea face pe oameni să se afle la distanța corectă față de el. Pentru mine, dar nu și pentru el, faptul că relația noastră exista doar în formula pacient–doctor, elev–profesor, era un indiciu al senzației de „fără suflet" pe care o aveam în legătură cu terapia lui. Structura formală a relației noastre îl scutea pe Edgar de sarcina de a relaționa cu mine. Mă vedea ca pe un chirurg care îi putea exciza „boala lui" sau ca pe un consultant cu care se angaja într-un anume soi de conversație la distanță. Respingea ideea că dacă participam la conversație amândoi cream o relație.

Doream să-l țin în terapie pe Edgar și să insist să ne ocupăm de natura conexiunii noastre *emoționale*. Din perspectiva mea modul în care se dezvoltase relația noastră ne-ar fi putut da indicii despre dificultățile și punctele lui forte din alte relații. Explorând ceea ce se întâmplase între noi puteam atinge dificultățile lui din alte situații. Deși încercasem să îi arăt respectul meu, mă simțeam categoric respinsă ca și cum orice era de natură *personală* era inadecvat. Când am încercat să leg descrierile sentimentelor lui față de colegi sau față de soția sau bunica lui, de sentimentele dintre noi doi, m-a privit de parcă veneam de pe altă planetă. Ce putea avea de-a face orice ar fi fost sau nu *între noi* cu personalitatea lui, cu nevroza lui, cu mâncatul lui compulsiv, cu problemele lui? De ce, mi-a zis el, te pui pe tine în discuție? Problemele mele nu au nimic de-a face cu tine sau cu relația eu–tu.

Când mi-a spus asta, am simțit că mă pune la locul meu. Înțelesesem totul greșit. De unde *răsărise* o asemenea idee? În timp ce încercam să reflectez la ceea ce se întâmplase, mă simțeam descumpănită. Deoarece conceptul de transfer este destul de puțin popular, referirile terapeutului la acesta sunt ca și cum ar vorbi într-o limbă străină, iar aplicarea lui în forma sa brută poate părea destul de înnebunitoare. Astfel, privind din perspectiva lui Edgar, puteam fi întru câtva de acord cu el. Poate că era o impertinență să mă inserez pe mine însămi în terapie. Poate că eram intruzivă cu acest om, cerându-i să accepte faptul că observarea, reflectarea, comentarea și examinarea relației terapeutice este o parte esențială a procesului de vindecare. Poate că era mai bine să mă abțin decât să încerc să explorez împreună cu el obiecțiunile lui față de aceste lucruri. Poate că era o diferență culturală, iar „interpretarea" disconfortului său pe care îl vedeam ca pe o formă de rezistență, interpretare pe care eu i-o ofeream lui sau chiar mie însămi, ar fi putut fi percepută ca o expresie a rasismului meu.

Odată ajunsă în acest punct m-am simțit blocată. Gândirea mea mă dusese într-o direcție care se învârtea în jurul rasismului. Dacă nu continuam cu ceea ce simțeam că era o zonă utilă de lucru, nu eram oare în pericolul de a sucomba sub o presiune culturală implicită (venită de la mine și nu de la el)? Cu siguranță, multe dintre obiecțiile pe care le puteam înțelege din perspectiva lui Edgar erau dintre cele cu care m-aș fi putut confrunta în orice terapie. Dacă însă continuam cu ceea ce simțeam eu că era un ingredient esențial al procesului terapeutic, nu ar fi fost ca și cum l-aș fi lovit cu o măciucă în cap? Dar dacă nu-l confruntam cu ceva ce eu consideram că e de folos, nu ar fi fost *aceea* o formă de rasism? Dacă nu i-aș fi respectat punctul de vedere cu privire la înfumurarea mea nu era aceea o formă de rasism?

Probabil că, dacă nu aș fi continuat să mă simt atât de corpolentă când eram cu el, aș fi putut accepta că era în regulă să nu explorăm ce conținea relația noastră. Dar grăsimea aceea care stătea între noi insista că ceva trebuia abordat.

Tema rasială nu lipsea de pe agenda noastră. Edgar vorbea despre unele propuneri de prevederi antidiscriminare la care lucra în TUC.* Râdea de convingerile de clasă și etnice ale soției lui amestecate cu „atitudini de alb" pe care ea le absorbise din educația anglicizată primită în Ghana. Vorbea cu amărăciune despre modul în care un băiețel de culoare putea trezi oamenilor sentimente de plăcere și iubire când era mic, dar le putea provoca sentimente de teamă când ajungea adolescent. Și-a reamintit cât de îngrozitor se simțise când fiica lui trecuse printr-o fază, când era mică, în care nu suporta felul în care arăta și dorea să fie albă sau măcar să aibă pielea mai deschisă la culoare. Ofensele rasiste zilnice nu erau niciodată departe de conștiința lui.

Dar când eu am ridicat problema rasismului între noi, el a fost oripilat. Era furios și nu voia să discute despre asta. Intra în aceeași categorie cu înfumurarea mea: veneam de pe altă planetă. Deși mă simțeam pe un teren sigur ca terapeut, dispusă să abordez relația dintre noi sub aspectul a ceea ce i-ar fi putut oferi din punct de vedere terapeutic, simțeam că din nou

* Trade Union Congress, uniune a sindicatelor care cuprinde majoritatea organizațiilor sindicale din Anglia și Țara Galilor. (N.t.)

șovăiam, iar ideea de a insista să explorăm gândurile lui despre dimensiunea rasială îmi conferea nesiguranță.

Subiectul rasial inflamează. Abordarea lui este dureroasă pentru noi toți. Simțeam că era ceva în care și eu și Edgar eram împreună, niciunul dintre noi nefiind capabil să-și asume o responsabilitate mai mare decât celălalt. Simțeam unul față de celălalt sensibilitate și grijă, când în sfârșit am luat taurul de coarne și ne-am confruntat cu ce se întâmpla între noi. S-a întâmplat în sfârșit, când eu am adus vorba despre „grăsimea" mea în ședințele cu el.

— Edgar, am început eu, știu că nu îți place să vorbim despre noi doi și despre relația noastră, dar vreau să-ți spun ceva ce mi se întâmplă când sunt cu tine, ceva ce încă nu am reușit să înțeleg. Mă intrigă și cred că am putea să folosim cumva lucrul acesta împreună.

Părea că începusem bine de data asta. Nu m-a repezit, deși arăta uimit. Cu ce aș mai fi putut să vin acum?

— Am observat, am continuat eu, că de luni de zile, de când corpul tău se tot schimbă, când mă întâlnesc cu tine eu am senzația că și corpul meu se schimbă, doar că în direcția opusă. Când intri în cabinet, mie mi se pare că iau proporții. E un lucru dificil de explicat.

Intenționam să continui, dar spre surprinderea mea, a intervenit Edgar.

— Da, știu, a râs el ștrengărește. Când intru și mă întâmpinați, eu nu prea observ ce înălțime aveți, dar când vă ridicați la sfârșitul ședinței sunteți mică, puțin prea mică. Nu vreau să par nepoliticos.

Știam la ce se referea Edgar. Nu mă surprindea. Consistența pe care un terapeut pare să o capete doar în virtutea faptului că se află în fotoliul terapeutului îl poate face să pară mai mare decât este. Dar eu mă străduiam să merg ceva mai departe de acest aspect.

— Edgar, ceea ce mi se întâmplă mie deosebit și îmi este greu să pun în cuvinte pentru că sună atât de bizar este următorul lucru. Eu simt că îmi crește corpul. Picioarele, coapsele, brațele și șoldurile mi se lățesc, pieptul mi se umflă. Senzația asta mă face să simt un fel de satisfacție și îmi place. Dar corpul acesta mai solid, mai cu picioarele pe pământ, mai înrădăcinat mi se pare că e împrumutat. Ca și cum aș fi un actor care intră în pielea unui personaj cu vârstă diferită de a lui și ale cărui mișcări reflectă încercarea de a întruchipa acel personaj. O spun astfel pentru că nu am nicio altă modalitate ca să o descriu, am încheiat eu.

Edgar m-a privit, apoi a privit într-o parte. Nu a răspuns. Nu-i puteam citi expresia, deși ar fi putut fi una rușinată. Probabil că îi spusesem mai multe cuvinte deodată decât îi spusesem în luni și luni de zile. Ezitam să mai spun altceva. Și-a coborât privirea, apoi și-a ridicat privirea, iar apoi, când mă pregăteam să reformulez ceea ce tocmai spusesem, Edgar a reacționat la ceea ce eu abia de reușeam să conștientizez.

— O descrieți pe Doris. A spus-o de parcă fusese prins că ascunsese ceva. De aceea nu am vrut să discut de câte ori ați deschis subiectul despre noi. Nu că m-aș fi gândit la asta în acest mod până acum, dar presupun că nu am vrut să-mi distrug iluzia. Am vrut să fiți ca ea. Sunteți ca ea.

A urmat o pauză lungă, apoi a continuat:

— Mi-era teamă că o să vă supărați dacă vă spun despre Doris. Mi-a fost teamă că n-o să mai slăbesc dacă mi-ați fi spus să nu mai vin.

Edgar plângea și inima mea s-a umplut și ea de lacrimi. Edgar s-a uitat la mine. Nu era plânsul intim de tristețe, care îl cuprinsese mai înainte, când își amintise de tatăl lui și de micșorarea trupului său. Lacrimile lui, lacrimile mele, lacrimile noastre erau cele ale înțelegerii și conexiunii. Aproape că simțeam căldura din inima lui și durerea plecării bunicii lui. Am avut senzația că mă mișcam către el și că mi se topea inima. Pe lângă respectul meu pentru el, simțeam o mare tandrețe și iubire pentru acest om atât de minunat. Edgar înțelegea ce simt pentru el. Nu s-a ferit. Și-a permis să se simtă mișcat de el însuși și de ceea ce se întâmplase între noi.

Când a ieșit din cabinet m-am simțit foarte împăcată. Un sentiment profund de bine mi-a pătruns sufletul. Se întâmplase ceva ce sperasem, fără măcar să știu cum să pun în cuvinte. Îmi fusese încredințat sufletul prețios al lui Edgar ca să-l port eu timp de luni de zile, iar acum era timpul să-l poarte și el și să-l purtăm împreună o vreme.

La următoarele câteva ședințe, Edgar a venit cu acea încântătoare sfială pe care i-o văzusem înainte, amestecată cu o nouă lumină pe chip. Îmi făcea cu ochiul la ușă, spunea „Bună, Bunica," se așeza și zâmbea. Nu zicea prea multe. Privea. Era gânditor într-un fel deschis. Uneori îmi aducea câte ceva ce gătise el după câte-o rețetă de-a bunicii lui. Primeam aceste cadouri cu căldură,[6] în timp ce mă întrebam dacă deveneam mai mult bunica lui sau mai puțin. Faptul că gătea rețetele ei era în mod evident hrănitor sufletește pentru el. Puteam eu și relația noastră *prezentă* să facem același lucru? Nu voiam să fiu o reîncarnare a bunicii. Putea el oare să simtă că avea iubirea, acceptarea și aprecierea *mea* pentru cine era el astăzi și pentru încercările prin care trecuse?

Bucurându-ne de această nouă căldură dintre noi și de sentimentul mai puțin formal al relației noastre, simțeam că acum eram suficient de mult în siguranță pentru a ne ocupa de lucrul pe care îl evitaserăm.

— Edgar, am zis, încrezătoare că nu avea să-mi spună că vin de pe altă planetă. Edgar, avem o mică problemă dacă eu sunt bunica ta. E aspectul acesta al rasei despre care n-am găsit încă o cale să vorbim amândoi. Eu cred, și te rog să nu mă înțelegi greșit, că această lună de miere a noastră ar putea intra în impas dacă nu vorbim despre faptul că eu sunt albă și tu ești negru.

— Da, da, a zis el, m-am gândit la asta. A făcut o pauză. Motivul pentru care tu ești Doris este pentru că nu vreau să țin cont de faptul că ești albă. Eu știu multe despre rasă și rasism. Nu sunt sigur dacă mi-ar plăcea să fiu iubit de un alb.

S-a oprit, dar știam că nu terminase ceea ce vrea să spună.

— Să nu mă înțelegi nici tu greșit, a zis el când a continuat. Nu e că n-aș vrea iubirea ta. O vreau, chiar o vreau. Dar nu sunt sigur dacă pot să am încredere în ea, să am încredere în tine.

Am făcut o pauză. Nu voiam să mă pripesc. Ce încerca Edgar să spună? Era aici o problemă legată de amestecul raselor? Poate că, deși mă iubea, în același timp și ura faptul că mă iubește pentru că eram albă? Era preocupat de limitele terapiei și de faptul că această iubire le-ar fi putut încălca? Eram pregătită să țin cont de orice bariere psihologice, căci acestea îmi erau familiare, dar simțeam că vorbeam cu adevărat despre rasă și despre semnificația ei. M-am simțit tristă și plină de furie. Cum de am reușit să creăm o lume în care rasismul marchează atât de distructiv relațiile noastre cu noi înșine și cu ceilalți? În sinea mea blestemam. Mă simțeam ca o naivă idealistă care dorește ca lucrurile să fi stat altfel.

— Dacă eu te iubesc *pe tine* și nu pe tine ca bunica mea, a zis el din nou, parcă pentru a pune în evidență dificultatea cu care se confruntа, atunci trebuie să te iubesc așa cum ești tu și să accept că tu ții la mine așa cum sunt eu. Iar asta nu vine din faptul că trecem „dincolo" de rasa fiecăruia dintre noi, ci o include și e tocmai din cauza ei, ceea ce — a făcut o pauză plină de înțeles — nu e ușor de acceptat. Nu mi-e ușor să am încredere în albul din tine. Nu sunt sigur cum stai tu în toată povestea asta, a continuat el. Desigur, îți spun toate astea pentru că am încredere în tine. În cea mai mare parte. Dar mă întreb. Tu vrei să îți accept iubirea și afecțiunea pentru că acest lucru te-ar scuti de vinovăția ta de albă?

L-am privit drept în față. Rasismul este un aspect atât de omniprezent în viața occidentalilor, încât niciunul dintre noi nu ar avea vreo speranță de scăpare. Cât de mult din grija mea față de el, din *respectul* meu pentru el, din distanța pe care o păstram, așa cum îmi ceruse, depindea de propriul meu rasism? Cât de mult tatonasem eu pe marginea problemei intimității și cât de mult îi permisesem să-mi ridiculizeze interesul de a pune în discuție relația noastră, din cauza rasismului meu? Îl tratasem oare ca fiind special și diferit și „îi făcusem favoruri", în loc să-l văd ca pe un egal care se putea confrunta cu mine și îmi putea contrazice argumentele? De ce, iarăși, fusesem dispusă să suport atât de mult timp „grăsimea" lui? Era grăsimea de negru mai acceptabilă decât grăsimea de alb? În esență, aș fi fost surprinsă să mă trezesc că m-aș fi simțit la fel de bine experimentându-mă pe mine însămi ca pe o grasă albă. Și ce era cu dorința aceasta ca el să-mi accepte iubirea? Ce încercam să fac?

Nu știam să răspund la aceste întrebări. Trebuia să le iau, pentru moment, ca pe una dintre tarele psihologice ale rasismului, la fel cum sentimentul că nu m-ar fi putut iubi cu adevărat în prezent era o tară pentru el. Dar chiar dacă nu puteam avansa din această situație prea mult, exprimarea ei în cuvinte ne-a adus mai aproape, a dezghețat ceea ce se întâmplase în cadrul terapeutic, iar Edgar a simțit cum sentimentele dintre noi doi începeau să umple golul emoțional care era prezent în el de treizeci și cinci de ani.

Edgar nu era primul om de culoare cu care lucram. Munca mea în Statele Unite și în Anglia a inclus persoane de culoare de pe diferite continente și cu istoriile variate pe care colonialismul britanic și cel francez, precum și sclavagismul nord-american le-au lăsat moștenire generațiilor mai recente. În fiecare dintre relațiile terapeutice de lungă durată, prindeau viață în terapie problemele legate de rasă și de felul în care aceasta se intersectează cu clasa socială.[7] Nu fusesem niciodată lipsită de conștiința propriei mele origini etnice (sau mai corect a originii mele sociale) în cabinetul de terapie. Nu era un aspect neutru, ci un element al relației. Și, cu siguranță, rasa și rasismul sunt prezente și între mine și un pacient alb. Este pur și simplu imposibil ca într-o cultură în care aspectele rasiale îmbibă toate relațiile sociale să trăiești în așa fel încât rasa și rasismul să fie absente, dar în cazul a doi participanți albi este destul de ușor să eviți să vezi ceea ce devine imediat evident atunci când cei care formează cuplul terapeutic sunt de rase diferite.

Un aspect și mai uimitor care a ieșit la suprafață a legat între ele problema lipsei dorinței sexuale a lui Edgar, cea a rasei și cea a atașamentului. Când, cu câteva luni înainte, menționase lipsa libidoului, eu mă gândisem că acest lucru putea avea de-a face cu o reelaborare a masculinității în care fusese prematur împins când murise tatăl lui. Mă întrebasem cât de mult contribuise pierderea masivității lui la punerea sub semnul întrebării a sexualității și a abilităților lui sexuale. Era el, pe sub grăsimea lui, mai reticent sexual decât crezuse? Sau credea că era mai puțin

„bărbat" acum, că luase contact mai direct cu propria sa vulnerabilitate? Oare pentru el sexualitatea sau activitatea sexuală și masculinitatea erau același lucru?[8]

Eu eram destul de mulțumită să opresc discuția aici. Dar fusese aprinsă curiozitatea lui Edgar despre sine însuși și despre relația noastră. Acum era rândul meu să mă simt încurcată. El mă dorea, a zis, dar îi fusese prea rușine să spună din cauza propriei lui „prejudecăți" că bărbații de culoare sunt niște prădători.

— Mi-am făcut griji că m-ai putea urî. Nu voiam să crezi că sunt doar un alt bărbat, un negru, care se dă la tine. Nu simțeam că era doar un flirt ușuratic, de genul aceluia la care recurg eu tot timpul ca să fac lucrurile să meargă. Era altfel, a continuat el. Cred că simțeam o mare iubire pentru tine și acesta este încă unul dintre motivele pentru care cred că ai devenit bunica mea.

Iubire, sex, rasă și pierdere, toate amestecate și reducându-se la tăcere una pe alta. Edgar nu era nici pe departe convins când spunea că ceea ce simțea pentru mine era dorință sexuală. Pur și simplu, nu avea alt mod pentru a explica ce simțea cu adevărat. Încă de la începutul terapiei se simțise tulburat de forța sentimentelor lui și le gestionase devenind un foarte bun pacient, un băiat foarte cuminte. Pentru că avea în minte imaginea că terapeutul este neutru și că mediul terapeutic este aseptic, își împinsese afecțiunea într-o categorie (o categorie sexuală) care, deși era lipsită de confort, era măcar o zonă care îi era cunoscută. Dar acolo căpătase o formă greșită, nu se potrivea, și el încercase să scape de sentimentele pe care le avea față de mine.

Acum, când sentimentele dintre noi doi erau la vedere, îl speriau mai puțin. Nu mai păreau nici prea sexuale și acest lucru îl ușura foarte mult. Era însă ceva legat de asocierea dintre dorința lui și rasa lui care îl făcea să se simtă disperat de inconfortabil.

Avea gândul cumplit că îi displăcea de alți bărbați de culoare din cauza abilităților sexuale pe care aceștia s-ar fi părut că le posedă.

Erau multe de pus în ordine aici. Din nou, nimic nu putea fi scos, analizat și apoi lăsat definitiv deoparte. Edgar putea înțelege cu ușurință că ideile lui despre rasă și sex erau reflexia unei culturi rasiste. Era aproape inevitabil. Dar era foarte înspăimântat de propriile lui gânduri, de îngustimea categoriilor în care gândea, chiar și când propria lui experiență de viață le depășise cu mult. Cu mare tristețe, a realizat că nu putea face mai mult decât să-și observe gândurile când acestea apăreau. Nu le putea alunga. În cel mai bun caz, ar fi putut să le gestioneze cercetându-le curios, ca pe niște artefacte ale minții cu care era nevoit să intre în contact. Dacă accepta apariția acestor gânduri, atunci ar fi putut să exploreze cu mai puțină teamă semnificația pe care puteau să o aibă, și în acest fel ele ar fi devenit mai puțin toxice.

Aveam și eu niște prejudecăți simetrice care rezonau cu disconfortul lui Edgar legat de sexualitatea bărbaților de culoare. Nici nu se putea altfel. Cum ar fi putut fantasmele care saturau cultura noastră să nu mă afecteze și pe mine? Îmi amintesc, când m-am mutat la New York în tinerețe, cât de oripilată am fost de modul extrem de sexualizat în care albii newyorkezi își exprimau rasismul. Mă tulburase profund. M-am simțit ușurată când unul dintre grupurile politice din care făceam parte a încercat să lupte împotriva modului în care albii absorbiseră tot felul de prejudecăți și stereotipuri legate de bărbații negri și sexualitatea lor. În grupul meu de femei le ascultasem pe femeile americane cum asociau propriul lor rasism cu abilitățile sexuale mitologizate ale bărbaților de culoare și cum ajunsese acel mit, în ultimii ani, să se extindă până la teama de viol. Grupul încercase să descâlcească aceste conexiuni, combinațiile de fantasme legate de femei albe și bărbați negri, și încercase să exploreze istoria acestor fantasme. Natura fără sens a acelor discuții mi-a revenit în minte acum. Mi-am amintit teama multora dintre acele femei și cât de contagioasă era ea. O uram. Uram rasismul pentru că producea frică, fantasme, pentru felul în care îngrădea relațiile dintre negri și albi, dintre bărbați și femei.

Acum, eu și Edgar ne confruntam împreună cu o altă versiune a acestei paradigme sexualizate negri–albi. Nu mă simțeam bine, dar simțeam că era corect ce se întâmpla. Mă simțeam ca și cum îmi era dată o șansă să mă gândesc din nou la aceste probleme împreună cu un bărbat, un bărbat de culoare care, contrar faptelor, era el însuși cuprins de frica de a fi purtătorul stereotipului nejustificat al negrului prădător.

Ura mea era prezentă, dar trebuia să mă gândesc la ea încă o dată. Era o ură rasistă generală? Venea de la Edgar? Mă forța el oare inconștient să iau în considerare că s-ar fi putut să-l urăsc, că nu eram deloc diferită de mulți alți oameni incapabili să-și conștientizeze ura rasială? Încerca el oare să găsească o cale de a se lupta cu ura, simțind-o dar simțindu-i și sfârșitul, astfel încât eu să pot experimenta psihologic cum era să fii în pielea lui, să trăiesc cu ura altora? Sau, chiar mai greu de conceput, îl uram eu pe Edgar într-o manieră pe care nu eram dispusă să o analizez?

Eram șocată. Eram obișnuită ca rasismul meu să se exprime prin „exageratul" meu respect față de diferența culturală. Acest lucru, desigur, putea înăbuși o relație chiar dacă aceasta nu era nici intenția, nici dorința mea. Ura era ceva dur. Dar aș fi fost surprinsă să simt ură față de Edgar. În mod conștient nu găseam în mine nici urmă de ură față de el. Dar poate că pur și simplu nu suportam să fiu confruntată cu disconfortul rasismului, cu durerea pe care o trezea în mine, cu vinovăția pe care nu eram conștientă că o purtam în mine, dar pe care eram pregătită să cred că o simțeam. Trebuia să explorez și să examinez această ură ceva mai în profunzime și trebuia să inlcud în analiză rasismul pe care îl regăsisem în mine însămi și pe care, în mod involuntar, i-l vâram pe gât lui Edgar. Ceea ce îmi era foarte clar era faptul că simțind ura lui și trebuind să mă gândesc la ea, mi se dădea ocazia să îmi fac o idee despre cum era să urăști și să fii urât totodată doar pentru că existi.

În timp ce eu aveam aceste gânduri, Edgar a continuat.

— Presupun, a zis, că sunt așa cum scrie Fanon*, am o parte albă pe dinăuntru și acea parte nu mă place. O jumătate din mine a crescut crezând că eu nu pot fi decât pe locul doi. Asta chiar e culmea. Sunt un negru cu prea multă minte de alb. Trebuie să am ambele feluri de minte, și neagră și albă, dar cea neagră e schilodită de cea albă.

Acum îmi arăta ura și furia lui: față de rasismul căruia trebuise să-i facă față și cu care se descurcase atât de bine și față de îndoiala și ura de sine din el însuși. Era furios că era chiar el cel viciat, că în ciuda a tot ceea ce avea, în ciuda respectului de sine pe care i-l transmiseseră părinții lui, în ciuda succesului personal în îndeplinirea unei funcții importante în lupta pentru drepturile membrilor de sindicat, în ciuda căsniciei sale de succes și a copiilor săi minunați, el avea sentimente rasiste față de sine însuși în străfundurile ființei sale. Ar fi vrut să vomite sentimentele acelea, să se dezică de ele, să le extirpe din el. Cuvintele îi

---

* Frantz Omar Fanon (1925–1961), psihiatru, filosof, revoluționar și scriitor de origine afrocaraibă, născut în Martinica, a scris despre psihopatologia colonizării și consecințele decolonizării (N.t.)

curgeau cu frenezie, căci folosea orice imagine de care se putea agăța pentru a exprima cu câtă disperare vrea ca această otravă a rasismului să fie smulsă din el. Își făcea griji, gândindu-se că ar putea-o avea și copiii lui. Și ce-ar mai fi de zis despre soția lui care, deși era ghaneză, trăia într-o lume saturată de o ură rasială mai mult sau mai puțin fățișă? Era sfâșietor de greu să privești drept în față acest aspect al rasismului.

Deloc surprinzător, sentimentele mele de ură s-au dizolvat în fața durerii lui. Ar fi fost prea mult să fim amândoi „în ură"; unul dintre noi trebuia să păstreze sentimentele care fac viața omului suportabilă atunci când este confruntat cu o durere atât de mare și cu un dezgust atât de profund. M-am simțit cumva onorată că Edgar simțise suficientă siguranță ca să-mi împărtășească ceea ce simțea. Era ca și cum, în toată această ură, încă mai era o speranță pentru noi, oamenii care ne-am distrus fără speranță relațiile unii cu alții, în special când este vorba de diferențe. Atunci m-am verificat. Nu era cumva o aroganță din partea mea să mă simt onorată? Și nu era de fapt în fișa postului meu ca oamenii să-și împărtășească împreună cu mine sentimentele, oricare ar fi fost ele?

Dar speranța mea a fost cu mult înăbușită de o puternică melancolie care mi-a cuprins întreaga ființă. Pentru că mi se dăduse voie să iau parte la suferința și furia lui Edgar, pierdusem ceva ce trebuia să se piardă, astfel că din nou m-am simțit copleșită de durere. Acel ceva era percepția mea că sunt posibile renașterea și schimbarea omului. Partea idealistă din mine era cea care credea că multe lucruri din toate câte sunt greșite în lume se pot ameliora dacă ne adunăm toată energia și gândim suficient de profund și de complex și dacă schimbăm structurile. Prietenii mei mă mustrau adesea pentru optimismul meu.

Poate că aveau dreptate. Poate că speranța mea era o apărare împotriva durerii provocate de cât de oribile pot fi aranjamentele sociale umane. Melancolia m-a pătruns până la oase, așa cum ura de sine îl pătrundea pe Edgar. Era un adevăr în ceea ce simțeam amândoi, pe care nici cea mai profundă înțelegere nu l-ar fi putut alina. Eram o femeie albă și un bărbat negru care trăiam în Anglia la sfârșitul unui secol în care rasismul se aflase în luminile rampei, alături de relațiile de clasă și sex. N-ar fi trebuit să fie nicio surpriză că simțeam ceea ce simțeam, căci psihologia îl face pe om după moda timpului în care trăiește. Și Edgar, și eu aparțineam epocii în care trăiam; eram amândoi osândiți să fim rasiști față de noi înșine și unul față de celălalt. Faptul că amândoi, fiecare în felul lui, luptam contra nedreptății era o cale pe care o găsiserăm ca să tratăm această plagă cumplită, dar nu puteam scăpa de tragismul vremurilor noastre, de ura irațională, de neîncrederea și fricile care se insinuau în toți oamenii la sfârșitul acestui secol de ură nerostită.

Jumătate inocentă, jumătate înțeleaptă

Povestea era atât de exagerată! Dacă aș fi citit-o într-un roman, mi s-ar fi părut la limita credibilului. Stând și ascultând-o, nu eram surprinsă că Jenny venise pentru o consultație.

Nu a ieșit totul la lumină dintr-un foc. Era prea multă durere și confuzie pentru aceasta. De fapt, când Jenny a venit la prima dintre cele șase ședințe, m-am întrebat chiar cât de nebună era. Rostogolea precipitat două, trei fraze comprimate, înainte ca frânele să-i cupleze și să se oprească abrupt, de parcă ceea ce se auzise ea singură spunând era prea oribil ca să fie crezut.

Odată spusă toată povestea, s-a simțit vizibil ușurată. Cadența s-a schimbat. Cuvintele ei curgeau unul după altul fără dificultate și cu foarte multă trăire. Era povestea unei asemenea dureri și a unei asemenea confuzii, încât temporar o dezechilibrase. Mai mult de-atât, îi tulburase imaginea pe care o avea despre oameni. Trauma pe care o trăise cutremurase puternic tot ceea ce credea și valoriza ea. Pierderea ei nu consta doar în evenimentele trăite, ci și în amenințarea implicită pe care o reprezentau ele la adresa a tot ceea ea luase de bun până atunci.

Iată povestea. Jenny fusese un copil adoptat la naștere și copilul unic al unei familii din clasa medie din Sussex. Tatăl ei era consultant în inginerie, mama ei absolvise cursuri de pian. Jenny a absolvit Trinity College of Music, a devenit profesoară de vioară, iar apoi s-a măritat cu Robert, un avocat care câștiga foarte bine, care era interesat de muzică și de teatru și cu care avea doi copii, Sophie, de șapte ani, și Jake, de nouă.

Când Jenny avea treizeci și cinci de ani, părinții ei au murit pe neașteptate, mai întâi mama, iar șase luni mai târziu tatăl ei. Dorința ei de a-și cunoaște părinții biologici a devenit tot mai puternică și s-a apucat să-i caute, în special pe mama ei. A descoperit că părinții ei nu mai erau împreună. Se despărțiseră la scurt timp după nașterea ei, când tatăl ei dispăruse din viața mamei ei biologice. Mama ei, Lily, emigrase apoi la Vancouver, în Canada, unde se căsătorise cu Mike, un șofer de camion, și avuseseră copii, pe frații vitregi ai lui Jenny, Steve, de douăzeci și șapte de ani, și Tony, de douăzeci și patru.

A fost contactată mama ei biologică și Jenny a plecat la Vancouver să o întâlnească. Lily era încântată că fusese găsită. Își dorise mult o reuniune și o șansă să ajungă să-l cunoască pe copilul la care renunțase. Jenny și-a prelungit vizita de weekend și a rămas cu Lily și cu Mike în casa lor din East Vancouver, o zonă de case modeste cu două sau trei etaje și structură de lemn, locuită în principal de imigranți albi. Și-au petrecut cele câteva zile împreună făcând cumpărături, stând la cafele, povestind, vizitându-i pe Steve și Tony și mergând la un meci de hockey al echipei Vancouver Canucks. Deși Lily nu era avută — serviciul lui Mike și zona în care locuiau dovedeau acest lucru —, Jenny a observat că trăia confortabil. Lily era bine îmbrăcată, într-o manieră stridentă, casa ei era ticsită de mâncare și, deși Jenny se întreba dacă toate acestea nu erau cumva pregătite pentru ea, a mai observat că locuința lor era plină de tot felul de obiecte ornamentale și de haine, și aveau televizoare în fiecare cameră. Într-adevăr, camera în care dormea Jenny era literalmente o debara, plină de câteva teancuri de cutii și pachete nedesfăcute, pentru care Lily se scuzase. Jenny fusese atât de captivată de faptul că-și întâlnise mama, încât absorbea toate detaliile și diferențele dintre viețile lor ca într-un vis.

Au stabilit ca șase luni mai târziu Lily, soțul ei și fiii lor să vină la Londra în vacanța de vară. Soțul lui Jenny le-a trimis biletele. Odată ajunși în Anglia, i-au cunoscut pe ceilalți membri ai familiei lui Jenny, au mers la casa de la țară a lui Robert și Jenny, au făcut un scurt tur al Angliei, iar apoi s-au oprit pentru câteva zile la Londra ca să se odihnească înainte de a se reîntoarce în Canada. Jenny, Robert și copiii lor au rămas la casa de la țară și s-au întors acasă, cum rămăsese stabilit, la câteva zile după ce Lily și familia ei plecaseră în Canada.

Timpul petrecut împreună în Marea Britanie fusese plăcut. Jenny se simțea întreagă și fericită și, după toată durerea pierderii părinților ei, îi primise cu sufletul deschis pe nou-găsita mamă și pe frații săi vitregi. În ciuda experiențelor și așteptărilor lor de viață extrem de diferite — Jenny fusese crescută în clasa aristocrată britanică, în timp ce mama ei biologică provenea dintr-un mediu needucat, cu înclinații către criminalitate —, trecuseră peste aceste diferențe ca să se întâlnească una cu cealaltă și să umple golurile din sufletul fiecăreia. Golul lui Lily era cel al unei mame care își pierduse copilul pe care îl purtase în pântece când era prea tânără pentru a ști cât de mult și cât de îndelung avea să sufere. În timp ce pentru Jenny pierderea mamei care o crescuse putea să fie alinată temporar de descoperirea mamei care îi dăduse viață. Pentru Lily, reîntâlnirea lor avea o importanță deosebită: ea însăși fusese adoptată într-o perioadă în care regăsirea mamelor biologice nu era posibilă.

Când Jenny și Robert s-au întors acasă de la vila lor de la țară, au fost șocați să constate că locuința lor fusese jefuită. Le fuseseră luate obiecte de mare valoare și lipseau câteva albume de fotografii. Au găsit un bilet de la Lily care îi spunea lui Jenny să nu o mai contacteze niciodată. Mesajul implicit al acestui bilet și alte câteva detalii au condus la concluzia de necontestat că Lily și bărbații ei le jefuiseră casa.

Jenny și Robert au încercat să ia legătura cu ei în Canada, dar familia se mutase. S-au dus la agenția care îi ajutase inițial să o găsească pe Lily, cei de-acolo au scris și au dat telefoane și au încercat să meargă pe urma lor cât de departe au crezut ei că pot. Fără niciun rezultat, Jenny și Robert au hotărât să dea uitării întregul episod. Jenny a încercat, dar pentru ea nu a funcționat. Abia după un an de la incident, Jenny, acum de treizeci și opt de ani, a venit la o consultație.

Am făcut cunoștință cu o femeie aflată într-o mare suferință, aproape înghețată de durerea produsă de ceea ce i se întâmplase. Arăta ca și cum un vânt rece și violent suflase peste ea și-o transformase într-un sloi de gheață. Avea o postură rigidă, mersul țeapăn, iar pielea îi era întinsă perfect peste trăsăturile delicate, făcându-i fața să arate ca o mască. Îmi era greu să-mi imaginez un corp atât de tensionat cântând la vioară. Nu știa prea bine de ce venise la consultație la o persoană complet străină, zicea, dar auzise în Hampstead* că eram o doamnă drăguță.

* Cartier luxos din centrul Londrei. (N.t.)

Odată ajunsă la sfârșitul poveștii, a început să plângă fără să se oprească. Aproape de finalul ședinței, nu știam ce altceva să-i spun decât că nenorocirea ei era sfâșietoare.

Interviul preliminar este partea cea mai puțin promovată a practicii psihoterapeutice și, cu toate acestea, el nu este doar punctul de pornire al tuturor terapiilor, ci are un rol unic ca intervenție în sine. În timpul și după prima ședință, psihoterapeutul evaluează dacă ședințele pot fi de folos și, dacă da, cu ce frecvență. Este terapia individuală fără final prestabilit varianta cea mai potrivită? Ar avea mai mult sens o terapie de scurtă durată? Sau una de grup? Este indicat tratamentul medicamentos? A fost util timpul petrecut împreună? A ajutat la clarificarea a ceea ce era prea tulburător și dificil și este terapia tipul potrivit de tratament?

Alegerile sunt rareori atât de libere și deschise cum ne-am putea dori, deoarece regulile profesiei impun ca în anumite situații specialistul să aibă posibilitatea să ofere o varietate mai largă de opțiuni fie personal, fie prin recomandări, iar în altele nu. În cazul lui Jenny, am avut un sentiment clar că voiam să o văd câteva ședințe. Mi-a venit în minte gândul că acesta putea fi preludiul unei terapii, dar înclinația mea cea mai puternică era către o consultație.[1] *În practica mea văd mulți oameni doar pentru una sau două ședințe, fie pentru a discuta cu ei despre tipul de demers terapeutic cel mai potrivit, fie cum era cazul lui Jenny, pentru a-i ajuta să asimileze un eveniment recent. Consultația nu este mai puțin bună decât terapia. Ea poate fi exact ceea ce este necesar. Adeseori, câteva ședințe focalizate pot fi extrem de valoroase.*

Ascultând ce i se întâmplase lui Jenny, mă simțeam de parcă primisem un pumn în inimă și de parcă rămăsesem cu gura căscată la propriu. Auzisem nenumărate povești pline de cruzime în terapie — copii legați de calorifere de părinții vitregi, fetițe la pubertate trimise să se prostitueze de mamele lor, băieți bătuți la internat pentru că fuseseră prinși plângând de dorul de acasă dar cumva reușisem să nu devin niciodată imună la oroarea feluritelor moduri în care oamenii îi pot răni pe alții și pot fi la rândul lor răniți. Acest caz mă uluia pentru că lucrurile pe care le aud de obicei sunt despre cruzimile cotidiene din cupluri sau despre suferințe pe care părinții le produc involuntar copiilor lor — despre suferința pe care nu intenționăm să o provocăm. Când întâlnesc sadism, abuz sistematic sau manipularea conștientă a unei soții care trăiește în teroare emoțională, chiar dacă le detest la modul absolut, am totuși o idee despre unele mecanisme care le pot cauza. Mă calmez încercând întotdeauna să pricep cum ar putea să iasă cei implicați din starea de a se simți victime ale suferinței lor, înțelegând modul în care au reacționat sau au contribuit ei înșiși la evenimente și ce ar putea face acum pe dinăuntrul ființei lor sau prin faptele lor.

Privind evenimentele așa cum le povestise Jenny, nu îmi puteam imagina ce ar fi putut face ea diferit. Îmi era greu să dau un sens comportamentului lui Lily și al familiei ei. Îmi venea să-l resping ca pe ceva neverosimil. Am cochetat cu ideea că Jenny, care stătea așezată în fața mea, era o persoană profund tulburată și nu chiar cea care se prezentase ea că este. Timp de câteva momente m-am întrebat dacă aud o invenție, o confabulație a cărei autenticitate izvorăște mai mult din adevărul ei emoțional decât din cel narativ. Poate că ceva cumplit îi fusese furat cândva lui Jenny. Poate că Jenny fusese păcălită mai demult în viața ei și fusese victima vreunei oribile escrocherii, poate i se dăduse ceva ce ea dorea doar pentru a fi apoi jefuită drept în față, sadic, de obiectul și de dorința ei. Poate că jaful nu fusese înfăptuit de Lily și de bărbații ei, până la urmă. Poate că întâlnirea cu mama ei biologică atât de curând după moartea părinților ei era în sine mai problematică decât realizase ea și o aruncase într-un delir paranoid.

În timp ce mi se învârteau prin cap aceste gânduri, pe unele alungându-mi-le din minte destul de repede pentru că realizam cât erau de aberante, mi-au rămas două gânduri cu care mă luptam. Primul era acela că încercam să mă apăr de oroarea a ceea ce îmi povestise Jenny. Poate că gândurile mele paranoide erau încercarea mea de a mă elibera de ceea ce auzeam și simțeam. Deși nu paralizasem, așa cum în mod clar o pățise Jenny, eram mai mult decât șocată. Mă simțeam de parcă mă izbise cineva de perete. Era unul dintre acele momente în care valorile mele și propria mea inocență se confruntă cu realitatea a ceea ce își pot face oamenii unii altora. Simțeam că mi se face rău.

Cel de-al doilea gând era că s-ar fi putut să nu fiu în stare să mă eliberez de ideile „paranoide" care îmi trecuseră prin minte. Cu toate că puteam să încerc să le ignor pentru că reușeam să înțeleg că probabil erau izvorâte din disconfortul pe care îl simțeam în legătură cu ceea ce îmi povestea Jenny, nu le puteam ignora cu totul. Când o asemenea idee pătrunde în spațiul terapeutic este greu ca ea să se disipeze pur și simplu: rămâne suspendată în fundal, oricând gata să fie folosită dacă este nevoie. Deși eram mai înclinată să cred ceea ce îmi povestise Jenny, știam că un mic semn de întrebare tot ar fi putut să mai plutească un timp prin aer. Pentru mine erau două motive de disconfort: oroarea evenimentelor și îndoiala mea dacă ele erau așa cum le povestea Jenny.

Un psihoterapeut trebuie să ia ceea ce spune pacientul ca atare. Dacă lucrurile par în mod ciudat a fi nelalocul lor sau dacă sunt redate în mod eronat, psihoterapeutul se străduiește să îi dea posibilitatea pacientului să explice cum ajunge el să vadă, să înțeleagă sau să concepă lucrurile în felul în care le povestește. În conversația terapeutică ideile fixe pot fi slăbite, astfel încât, ceea ce pare inițial o relatare deformată își poate dezvolta ulterior o coerență diferită.

Oamenii din afara terapiei se întreabă adesea de ce cred psihoterapeuții toate poveștile pe care le aud. Se întreabă dacă nu cumva suntem păcăliți de cei care vin la noi, care își caută un fel de consolare falsă pentru probleme pe care le-au inventat.[2] *Desigur, o asemenea ipoteză este plauzibilă. Dar, pentru un psihoterapeut, această întrebare prezintă prea puțin interes. Căci, dacă pacientul inventează sau minte (ceea ce poate să facă), acest lucru nu face suferința individului cu nimic mai puțin legitimă, ci mai degrabă deschide calea către investigația psihanalitică. Ne interesează să înțelegem* împreună cu *pacientul de ce a apărut nevoia de a inventa sau de a minți*[3]*. Ce anume nu poate fi exprimat fără a fabrica o poveste? Ce anume își caută o modalitate de exprimare alegând o formă particulară în care să fie spus? Psihoterapeutul acceptă ipoteza că pacientul se află în dificultate. Până la urmă, din acest motiv a venit. Psihoterapeutul nu își suspendă judecata morală normală, ci este interesat și curios să descopere modurile în care pacienții își construiesc înțelegerea propriei lor vieți și a dificultăților lor, inclusiv a acelor mecanisme cum sunt invenția sau minciuna, de care se folosesc.*

La cea de-a doua ședință, Jenny era preocupată de reacția ei față de Lily. Îmi era recunoscătoare mie, spunea ea, pentru că mă arătasem consternată de ceea ce i se întâmplase. Ea își închipuise că aveam să cred fie că reacționa ea exagerat la ceea ce se întâmplase, fie că inventase totul. Se simțise întru câtva ușurată când văzuse îngrijorarea de pe chipul meu, pe lângă faptul că vorbisem cu ea despre ceea ce i se întâmplase. Ea și Robert fuseseră cât se poate de discreți cu privire la întorsătura pe care o luaseră lucrurile, pe de o parte, pentru că amândoi se simțeau debusolați, pe de altă parte, pentru că Jenny se temea că ar putea arunca o lumină proastă asupra ei (poate că jaful acela indica o trăsătură de familie oribilă pe care o avea și ea?) și, în plus, pentru că nu obișnuiau să vorbească despre problemele foarte personale cu prietenii lor. Sigur, mersese la medicul de familie care îi prescrisese niște pastile, dar se pare că nu o ajutaseră prea mult, cu toate că încă le mai lua. Acum, a zis ea, expunerea celor întâmplate îi adusese puțină ușurare.

Jenny se afla încă în stare de șoc și era dezorientată emoțional. Nu era sigură dacă fusese un lucru înțelept din partea ei să se apuce să o caute pe Lily. Nu eram surprinsă că se punea la îndoială pe ea însăși. Spera să îi treacă durerea traumei prin asumarea responsabilității pentru producerea acesteia. Cine nu ar vrea să poată da timpul înapoi și să trăiască știind totul despre cine este mama care i-a dat naștere, dacă i-ar fi fost dat să experimenteze realitatea acestei trădări? Sigur că o altă parte din Jenny știa că acest lucru era un fel de nonsens. Nu avusese de ales. Să o găsească pe Lily fusese un fel de vis unic.

Jenny fusese adoptată de o familie fericită. Fusese iubită și se simțise valorizată și nu trebuise să-și trăiască crizele adolescenței lipind afișe prin oraș ca să-și găsească „adevărații" părinți. Să o găsească pe mama biologică fusese răspunsul la dorința ei de a pune la locul lor toate piesele unui puzzle. Când devenise mamă ea însăși i se accentuase o curiozitate activă cu privire la femeia care îi dăduse viață și care fusese nevoită să o părăsească. Jenny dorise să afle de unde venea ea, ce se întâmplase cu mama și cu tatăl ei biologici și dacă mai avea frați sau surori. Când părinții ei muriseră hotărâse că era timpul să afle.

O intriga tot ceea ce ținea de moștenirea genetică și de mediul de proveniență. Dorea să știe dacă părinții ei biologici aveau înclinații muzicale sau dacă aveau același temperament ca al ei. O amuzase întotdeauna să privească chipurile oamenilor când le spunea că fusese adoptată după ce ei se miraseră cât de mult semăna ea cu mama ei. Într-adevăr, într-atât de multe feluri ea era în mod categoric creația îngrijirii părintești, încât Jenny se întreba în ce măsură era și o creație a naturii. Mama ei fusese pianistă și interesele, stilul și sentimentele lor erau asemănătoare. Când mi-a povestit acest lucru, m-am întrebat cu cât preluase ea mai mult din înclinațiile mamei pentru a demonstra că era fiica acesteia, decât ar fi trebuit să preia un copil biologic ca să-și demonstreze apartenența. Știuse dintotdeauna că fusese adoptată, zicea, încă dinainte chiar să fi cunoscut sensul cuvântului. Acceptase acest lucru ca pe un fapt neproblematic. Acum o ajungea din urmă. Se simțise obligată să o găsească pe Lily.

Respingerea din partea lui Lily era un coșmar pentru care fusese total nepregătită și pentru care avea prea puține mijloace de apărare. Nu era de mirare că pielea îi era întinsă pe față, că era uluită și paralizată. Nu primise niciun semn din partea lui Lily că întâlnirea cu Jenny ar fi fost dificilă pentru ea. Ba dimpotrivă, Lily îi spusese cât de ușurată se simțea că își regăsise fiica, în special în lumina propriei sale istorii cu mama pe care nu o putuse regăsi. „Probabil că dacă lucrurile ar fi mers rău când am fost la Vancouver", a spus Jenny, „aș fi putut anticipa că ceva nu merge bine, dar am fost total nepregătită. Întâlnirea cu Lily era ca un vis devenit realitate. Mă simțeam împăcată. Mai aveam încă ceva din mine."

Trauma ultimilor câțiva ani zdrobise credința lui Jenny în felul în care este făcută lumea. Din afara situației și doar ascultând povestea ei, eu însămi eram profund zguduită. Există momente în viața fiecărui om în care aude lucruri care sunt în dezacord cu felul în care crede el că este lumea sau în care ar trebui să fie ea. În funcție de natura informațiilor noi, avem în asemenea momente opțiunea de a ignora acele informații, de a le refula, de a deveni cinici, de a deveni trădători sau de a încerca să ne extindem forțat capacitatea de înțelegere, astfel încât să găsim o cale de a încorpora ceea ce auzim sau trăim.

Presiunea de a respinge experiența nedigerabilă sau inacceptabilă este foarte mare. Oamenii care au trecut prin ororile războiului, ale emigrației forțate, ale dezastrelor adesea vor să le lase în urma lor, să le uite, pentru că nu există un loc destul de bun în care ele să se potrivească. Cu cât va deveni această tentație mai mare atunci când durerea cuiva nu face parte dintr-o experiență recunoscută la nivel colectiv, ci este un eveniment individual?

Psihoterapeutul, care trebuie să asculte povestirile detaliate ale suferințelor umane și ale cruzimilor care pot fi comise de oameni unii altora, nu poate fugi. Este datoria lui să asculte. Trebuie să găsească o cale ca să audă lucrurile despre care i se vorbește, să fie martorul tuturor lucrurilor perverse, sadice, barbare și de neimaginat. Pentru aceasta este ajutat atât de abilitățile dezvoltate în timpul formării profesionale de a asculta, simți și auzi fără a se lăsa copleșit, cât și de paradigmele teoretice disponibile pentru a gândi materialul înfiorător care îi este adus în cabinet.

Jenny nu avea niciun mecanism disponibil la îndemână. Asemenea lucruri nu se fac. Nu avea receptorii intelectuali sau emoționali necesari ca să proceseze ceea ce se întâmplase. Trebuia să se împace cu sentimentul cumplit de pierdere și de a nu fi fost dorită de Lily. Trebuia să o ajutăm să depășească sau să treacă peste sentimentele de șoc, pentru a trăi pierderea. Cu toate că, pe măsură ce se desfășurau cele șase ședințe ale noastre, puteam să înțelegem că acesta era un moment în care inocența nu o ajutase pe Jenny și trebuise să se confrunte cu felul în care este alcătuită lumea, cu realități care până atunci îi rămăseseră necunoscute, în primul moment Jenny trebuia să facă față formidabilei dureri și amărăciuni a pierderii lui Lily după experiența legată de găsirea ei și de crearea unei relații cu ea.

Prima mea sarcină era să creez în ședințele noastre atmosfera în care Jenny să se concentreze pe pierdere, mai degrabă decât pe furia ei față de evenimente. Ar fi fost destul de ușor să căutăm explicații sau să analizăm problemele ridicate de furt, dar mult mai prezente din punct de vedere psihologic erau problemele din jurul pierderii — pierderea lui Lily, pierderea credinței, pierderea certitudinii și pierderea expectației de adecvare. Trebuia reflectat, desigur, și asupra jafului, dar aveam intuiția că analiza lui doar ar fi accentuat pierderea. În plus, nu în furt era blocată energia emoțională a lui Jenny. Durerea ei părea saturată de pierdere. Voiam să îi dau posibilitatea lui Jenny să dezghețe acea durere, să-și simtă tristețea și să nu o mai țină înăuntru sub masca ce părea că i se întinsese pe chip.

Respingerea este unul dintre lucrurile care ni se par cele mai grele. Mulți dintre noi am face aproape orice pentru a nu simți respingerea și pierderile, și suferința asociate cu aceasta. Întoarcem situația pe dos, astfel încât să pară că noi am cauzat-o. Ne supărăm ca și cum așa am îndepărta de noi sentimentele grele, ca și cum creând suficientă mânie am putea ridica un scut împotriva durerii, ca să ne asigurăm că nu se mai apropie nimeni de noi. Murim pe dinăuntru în încercarea de a face să nu conteze. Într-un fel sau altul încercăm să evităm, să separăm sau să ne ascundem de sentimentele de respingere și de pierdere. Nu suntem siguri că le putem suporta.

Cum avea să descopere Jenny curând, deschiderea ei pentru a-și integra trăirile dureroase a permis spaimei pe care o simțea să scadă în intensitate. Chipul ei a început parcă să se miște. Părea mai puțin translucid și tensionat și acum puteam vedea cât de frumoase îi erau trăsăturile. Corpul a început să o doară îngrozitor pe măsură ce frica făcea loc durerii. Acum, pe măsură ce corpul ei a început să-și înmoaie rigiditatea și să-și regăsească o stare mai normală, simțea reacția post-șoc a posturii încordate pe care ea o căpătase atunci. În ciuda șovăielii ei fizice, îi puteam vedea mișcarea și suplețea și acele semne care arătau că era un muzician al cărui corp lucra cu vioara pentru a crea sunete minunate.

Acum nu se mai afla atât de mult în stare de șoc, cât în agonie. Era îngrozitor de tristă și îndurerată și totuși emana din ea un fel de vioiciune. În această ședință gândurile mele că Jenny ar fi putut fi nebună sau paranoidă s-au disipat cu totul. Depășiserăm amândouă șocul și puteam să înțeleg și să simt împreună cu ea ceva din suferința ei.

Pe măsură ce era tot mai capabilă să-și asume durerea plângând și suspinând, am observat că eu îmi simțeam corpul zgâriat și inflamat. În sinea mea mă întrebam dacă nu cumva luasem vreo gripă. După ce Jenny a plecat din ședință senzația a dispărut și a trebuit astfel să mă gândesc la ce simțisem fizic în prezența ei. Senzația că fusesem victima unei explozii sau că fusesem bătută până-mi ieșiseră măruntaiele m-a făcut să mă gândesc că și eu probabil rămăsesem tensionată după ce auzisem ce-mi povestise ea. Era ca și cum, din empatie cu corpul ei, corpul meu se îmbățoșase pentru a putea suporta ceva de nesuportat.

Aceasta a fost ședința după care l-am sunat pe medicul ei. Voiam să vorbesc cu el despre medicamentele pe care i le prescrisese. Nu eram sigură dacă îi amorțiseră durerea, dacă fusese într-un șoc depresiv atât de puternic când o consultase el încât se temuse că s-ar fi putut retrage prea adânc în sine sau dacă pur și simplu fusese și el tot atât de copleșit de povestea ei cum fusese și ea și se agățase de medicație doar pentru a-i da ceva.

Când lucrez cu cineva aflat sub tratament medicamentos, întotdeauna prefer să iau legătura cu cel care i-l perscrie pentru a înțelege de ce a ales un anumit medicament, ce anume dorește medicul să trateze și ce rezultat speră să obțină administrând acele medicamente. E nevoie să știu cât timp ar mai trebui pacientul să ia medicamentele, care sunt alternativele la care ne-am mai putea gândi și așa mai departe.

Interesul recent reînnoit față de psihofarmacologie și promisiunile pline de speranță ale celor care distribuie sau folosesc Prozac și preparate de tip SRRI i-au făcut pe pacienți și pe medici mult mai dispuși să apeleze la medicamente ca tratament sau ca adjuvant la tratament pentru o întreagă gamă de dificultăți, de la probleme de alimentație la comportament obsesiv, depresie ușoară, anxietate și susținere pentru adaptare după situații traumatice.

Deși, fără îndoială, unii oameni se simt ajutați de medicamente pe termen scurt (iar unii psihoterapeuți se abțin să le spună pacienților lor dacă ei cred că o asemenea medicație este sau nu adecvată), în multe cazuri promisiunile psihofarmacologiei nu reușesc să se ridice la înălțimea așteptărilor. Este greu de creat un preparat farmaceutic care să nu aibă și alte efecte decât cele menite să ușureze suferința mentală. La fel, și în cazul medicamentelor mai noi, așa cum arată Peter Kramer în Listening to Prozac,* *succesul unui medicament poate modifica diagnosticul pus de clinicieni și astfel poate extinde utilizarea lui dincolo de indicațiile originare mai limitate.*

* Să ascultăm ce ne spune Prozacul. (N.t.)

În cazul multor medicamente, în mod special în cel al preparatelor antipsihotice și al antidepresivelor de generație mai veche, pacienții se plâng de efecte secundare nedorite și fizice, și psihice. Unii se simt inhibați și zdrobiți psihic. Durerea le este diminuată, dar cu prețul amorțirii voinței personale. Durerea dată de boală, pe care o simte o persoană poate fi un motiv suficient pentru a alege un asemenea troc. Scriitori și suferinzi elocvenți, precum Kay Redfield Jamison, care își povestește amănunțit experiența de maniaco-depresivă în An Unquiet Mind*, *și Lauren Slater, care își descrie gesturile repetitive și episoadele maniacale în* Prozac Diary**, *au ales această cale. Dar din povestirile lor despre tratamentul medicamentos recomandat de medici aflăm atât despre pierderile considerabile, cât și despre beneficiile asociate unui psihic calmat în acest mod.*

La mulți pacienți există teama că, odată ce încep să ia un tratament cu medicamente, se redefinesc în mod stigmatizant ca indivizi care de-acum înainte au nevoie de medicamente ca să poată funcționa. Această teamă tinde să fie mai puțin răspândită în Statele Unite, unde companiile farmaceutice au avut mai mult succes în inocularea credinței că terapia cu medicamente este la fel ca purtarea lentilelor corective pentru miopie — un ajutor în viață, nicidecum expresia unei dizabilități.

Experiența mea profesională din ultimii douăzeci și ceva de ani a fost cu pacienți în ambulatoriu, dintre care cei mai mulți nu luau medicamente prescrise de medic. Atunci când li se prescriu, rețetele lor sunt mai mult pentru perioade foarte scurte de timp, pentru a-i ajuta să treacă prin momentele deosebit de dificile. Pacienții care au venit la mine în timpul tratamentului medicamentos sau care îl solicită în timpul terapiei tind în general să vrea să renunțe la el cât mai rapid posibil. Le este teamă de dependența de medicamente și se simt

* O minte neliniștită. (N.t.)

** Jurnalul Prozacului. (N.t.)

 disconfortabil cu ceea ce ei numesc o ușoară distanță pe care o capătă față de ei înșiși.

În cazul lui Jenny, medicul ei îi prescrisese mai întâi Prozac, dar pentru că acesta părea să nu-i ușureze suferința a trecut la benzodiazepină, o clasă de medicamente care îi pot ajuta să se mobilizeze pe cei care se simt paralizați de anxietate. Înțelegeam logica alegerilor lui, dar chiar dacă o văzusem pe Jenny doar câteva ședințe, nu eram convinsă că ele mai aveau vreun sens în cazul ei. Gradul în care medicamentele îi amorțiseră durerea îi dăduse posibilitatea să evite o cădere psihică, dar eu doream să discut cu doctorul ei despre cât de utile mai erau acum medicamentele și în ce măsură credea el că ar fi trebuit să continue să i le administreze. Mă întrebam dacă nu cumva, într-un mod inadecvat, ele reprimau ceea ce ar fi trebuit să iasă la lumină.

La fel ca aproape orice alt medic, doctorul lui Jenny a fost încântat să audă și părerea unui alt clinician și să afle că ea apelase la ajutor terapeutic. El, unul, se simțise neputincios. Era o poveste oribil de zguduitoare și el nu prea știuse cum să o ajute. Când soțul ei o adusese prima dată pe Jenny la consultație, îi dăduse o rețetă pentru că nu se putuse gândi la nimic altceva. Știind că era o persoană foarte retrasă, o încurajase precaut să discute cu preotul ei. Medicația nu avusese efectul pe care îl sperase el, astfel că se simțea ușurat să afle că era acum pe mâinile mele. Am căzut de acord să discutăm din nou înainte de ultima mea ședință cu Jenny, pentru a vedea cum vor sta lucrurile atunci.

Între cea de-a doua și cea de-a treia ședință, Jenny a povestit că se simțise foarte slăbită. O durea inima și abia de-și mai simțea membrele. Plângea tot timpul, mânca foarte puțin, își vedea de viața de zi cu zi, avea grijă de copii, își ținea lecțiile cu elevii, avea grijă de gospodărie dar nu mai încerca nimic altceva. Se simțea fragilă. Era o stare de a fi foarte diferită pentru ea față de cea de șoc. Trecuse de la a fi uluită, la a se îngriji de ea însăși cu puțină blândețe. Își recuperase unele sentimente importante față de sine. Era mai conștientă de lumea din jur și se purta de parcă ar fi vrut să se protejeze de ea.

Când a venit la a treia ședință, avea genul de fragilitate care însoțește o forță aproape regăsită. Părul pe care înainte îl purta prins spre spate cu o bentiță stil Alice, îi cădea acum în jurul feței, dându-i o finețe care rezona cu delicatețea ei. Eram ușurată și încântată pentru ea deoarece, deși știam că locul în care se afla ea era unul cumplit, era departe de teroarea înghețată care o ținuse întreagă în ultimul an. Și-a exprimat din nou ușurarea că putea veni și vorbi cu mine. Apoi, vorbind șovăitoare, a spus că reușise să se confrunte cu ceea ce pentru ea era aspectul cel mai oribil al întregii afaceri. I-a luat câteva clipe ca să vorbească. Ochii i s-au umplut de lacrimi, iar chipul și trupul păreau pline de o suferință și o tristețe teribile. De câteva ori s-a uitat la mine de parcă dădea să vorbească înainte de a-și întoarce din nou privirile în altă parte. Puteam să observ că simțea acel tip de teamă care apare atunci când cineva vrea să spună ceva de o enormă importanță. După câteva minute m-a privit iarăși fix, s-a apucat cu mâinile de fotoliu și a vorbit.

— Am realizat, a început ea, că Lily m-a părăsit. Lily m-a părăsit.

Spunând de două ori acea frază, părea să scoată în evidență lucrul cu care încerca să se împace. Era atât de tulburător și de oribil încât nu fusese în stare să creadă.

— Asta s-a întâmplat, de fapt, a zis ea, realizând ceea ce părea a fi un rezumat.

— M-a părăsit nu o dată, ci de două ori.

A fost un moment de o durere atroce. Nu exista nicio cale de a îmblânzi forța extremă a cuvintelor ei. Am stat împreună în liniște, simțind adevărul a ceea ce spusese. Suferința era atât de mare încât am simțit cum mă doare pe dinăuntru. Știam că aveam lacrimi în ochi.

— Robert s-a înfășurat într-o furie împotriva lipsei de recunoștință și de onestitate a lui Lily și a familiei ei, a spus când a continuat. Cu toate că știam că el are dreptate să simtă așa, eu îmi dădeam seama că nu acesta era și răspunsul meu și abia acum încep să descopăr ce simțeam eu.

A rămas tăcută din nou, dar părea că durerea îi scăzuse în intensitate. Când a reînceput să vorbească, s-a concentrat pe absurditatea acelui jaf, după momentele importante pe care le petrecuse cu Lily la Vancouver și la Londra. Natura bizară a pierderii lui Lily o făcuse să simtă acut pierderea mamei care o crescuse.

Ritmul ședinței era foarte lent și dens. Se întreba dacă nu cumva căutarea lui Lily, care într-un fel era căutarea unei piese lipsă din cine era și de unde provenea ea, era în fond dorința ei de a o înlocui pe mama ei iubită, care murise.

Acum se simțea plină de o recunoștință profundă față de mama și de tatăl ei pentru că fuseseră niște părinți atât de capabili și pentru că îi oferiseră atât de mult. Crezuse că își jelise durerea după pierderea lor. Acum o simțea din nou, îndoindu-se că suferise destul de profund înainte. Încă nu realiza că durerea pierderii este ceva ce se reelaborează de-a lungul vieții. Nu o simțim doar o dată, într-un mod corect, apoi ea dispare. Ne cuprinde din nou la aniversări sau zile de naștere sau când un miros, un gust, o melodie, o rază de lumină sau o vorbă ne reevocă acea pierdere și îi simțim din nou durerea ascuțită. Jenny avea să retrăiască iar și iar durerea pierderii părinților ei, dar și pierderea dublă pe care i-o provocase Lily.

Cum vorbeam și stăteam amândouă cufundate în tristețea ei, am simțit că retrăiam și eu două pierderi din propria mea viață. Nu simțeam doar empatie pentru Jenny, ci știam și că trebuia să reflectez la acele suferințe — să le permit să se repete și să se reașeze. Mi-am înregistrat propriile gânduri și mi-am concentrat din nou atenția asupra lui Jenny.

Consultația îi oferea un spațiu în care să-și exploreze sentimentele și să accepte complexitatea reacțiilor sale. Știa acum, a adăugat ea, că nu exista nicio modalitate prin care să poată îndrepta lucrurile. Se rupsese în ea ceva profund. Nu avea să mai fie niciodată aceeași Jenny. Viața ei nu se mai putea întoarce la normal. Înaintea acestor întâmplări nenorocite, ea nu se confruntase niciodată cu nimic atât de cumplit sau de provocator care să-i pună la îndoială propria viziune despre cine era, despre locul ei sau despre cum era alcătuită lumea. Nu fusese niciodată atât de profund dezamăgită încât să nu fie în stare să înțeleagă ceva, sau atât de confuză încât să nu-și poată explica. Cu toate certitudinile distruse acum, tot ce putea face mai bun pentru ea însăși era să afle ce simte. Până acum se ținuse tare, sperând că, nemișcând niciun centimetru, aproape prefăcându-se că nu există, se putea ține departe de ceea ce se întâmplase sau se putea asigura că nu avea să i se mai întâmple vreo altă nenorocire.

După ce a reușit să simtă și altceva decât șocul și să înceapă să accepte pierderea și respingerea, Jenny a început să speculeze pe tema furtului, a ceea ce ar fi putut să o facă pe Lily să se comporte așa cum o făcuse. Permițând sentimentelor de pierdere să fie prezente în ea, în loc să încerce să le alunge, nu se mai simțea atât de speriată să se gândească la sensul faptelor lui Lily. Cu toate că mulți psihoterapeuți ar putea vedea asemenea speculații ca pe o retragere din fața sentimentelor sau ca pe o modalitate de a șterge durerea, eu nu sunt de aceeași părere, în special în cadrul unei consultații psihologice.

Echilibrul dintre simțire și gândire este cauza multor neînțelegeri între diferitele școli terapeutice. Există o dispută aprinsă cu privire la măsura în care terapia funcționează pentru că le este permis sentimentelor refulate să iasă la suprafață sau pentru că sunt abordate gânduri disfuncționale din punct de vedere cognitiv. Unele școli privesc eliberarea sentimentelor ca fiind primordială și vitală. Ele susțin că sentimentele refulate blochează gândirea și capacitatea de a se pune pe sine sub semnul întrebării și că ele trebuie eliberate. Alte școli consideră că atitudinea persoanei aflate în diferite situații este cea care generează problemele. Ele insistă asupra faptului că modul în care este construită o situație creează fie armonie emoțională, fie suferință și că este suficient să fie numite sentimentele, fără a le trăi neapărat. Dar gândurile și sentimentele nu sunt parteneri voluntari, ele se formează unele din altele.

Pe măsură ce Jenny începea să-și asimileze sentimentele de respingere și pierdere, ea începea să poată să gândească din nou și, astfel, evenimentele recente deveneau cumva mai digerabile. Ideile fuseseră întotdeauna importante pentru ea, întrucât ele formau coloana vertebrală a haosului normal al vieții de zi cu zi. Ideile erau la fel de importante pentru ea ca muzica ei și ambele reveneau în prim-plan ca să o ajute în convalescența ei de pe urma evenimentelor traumatice pe care le trăise.

Jenny se întreba dacă nu cumva Lily se simțise vinovată și rușinată că renunțase la ea încă de la început. În perioada în care o căutase pe Lily citise multe povestiri despre regretul care le chinuie zi de zi pe mamele biologice. Poate că, se gândea ea, reîntâlnirea lor fusese prea mult pentru Lily din cauza diferenței atât de mari dintre viețile lor. În timp ce unele femei își primesc cu toată inima copiii proaspăt regăsiți, se poate ca Lily să fi fost o mamă care nu putea să facă trecerea de la sentimentele de vinovăție și rușine la iertarea de sine. Poate că bariera pe care și-o construise pentru a supraviețui renunțării la Jenny când o născuse era prea solidă pentru a putea fi demontată.

Jenny citise că femeile necăsătorite care rămâneau însărcinate în anii patruzeci, cincizeci și în prima parte a anilor șaizeci erau considerate depravate și rele și că adopția copilului le era deseori impusă mamelor, aproape ca un act de răzbunare. La baza practicii adopției stătea ideea că femeia desfrânată avea să considere cu timpul că renunțarea la copil era un act de mântuire. Când Jenny a încercat să se pună în locul mamei ei, o tânără muncitoare de nouăsprezece ani care trăia în Londra anilor cincizeci, credea că era posibil ca această identitate „imorală" să fi rămas fixată în Lily, cu atât mai mult cu cât ea însăși fusese adoptată. Retragerea lui Lily, încerca acum Jenny să creadă, putea fi un mod în care Lily o proteja pe Jenny. Poate că Lily își făcuse griji că ar fi putut întina cumva familia lui Jenny atrăgându-le necazuri. Sau poate că, iarăși, se gândea Jenny acum când se simțea liberă să exploreze aceste aspecte, poate că Lily *chiar* credea că era depravată și rea, iar furtul ei fusese o expresie concretă a imoralității ei, un semn de netăgăduit că Jenny și bunătatea ei trebuiau să se țină departe de ea.

Speculând la un nivel diferit, Jenny a recunoscut marea prăpastie dintre familiile lor, atât economică, precum și din perspectiva clasei sociale. Jenny presupunea că lui Lily i se păruse dificil să se raporteze la viața relativ bogată a ei și a lui Robert. Probabil că i se păruseră prea virtuoși în comparație cu felul în care reușeau Lily și familia ei să se descurce.

Jaful rămânea un mister. Jenny nu putea inventa nicio explicație potrivită. Era de o asemenea violență, încât prefera să îl vadă ca pe o faptă a fraților ei vitregi și a lui Mike, chiar dacă lipseau și albumele cu fotografii. Fusese, cum punea Jenny problema, manifestarea unei invidii sau gelozii a acestora față de ea și de Lily și față de unicitatea legăturii dintre ele. Își imagina că Lily fusese forțată să tacă, lipsită de apărare în fața furiei celor trei bărbați. Era mult prea mult ca să poată cuprinde cu mintea. Jenny își dorea să fi fost scriitoare ca să poată inventa un final mai bun.

Dar nu era și nu exista un final mai bun. Era sortită să se lupte cu aceste întrebări până când avea să se schimbe ceva sau avea să găsească vreun indiciu nou. Deocamdată, trebuia să se mulțumească doar cu realizarea faptului că niciuna dintre modalitățile pe care le folosise pentru a încerca să înțeleagă situația nu era satisfăcătoare. Motivația părea prea subțire, explicațiile prea simpliste, ca să reușească mai mult decât doar să pună un bandaj peste întrebările ei fără sfârșit.

Vedeam că îi era greu, căci o parte din ea dorea să se poată împăca în mintea și în inima ei cu ceea ce se întâmplase. Simțeam cum mă împungea și pe mine impulsul acela, să găsesc o explicație care să poată ameliora șocul, disconfortul și neputința fără sfârșit.

Câteva idei mai degrabă fanteziste mi-au trecut prin minte. M-am întrebat dacă Lily era cu adevărat mama biologică a lui Jenny sau dacă nu cumva ea și bărbații ei profitaseră de norocul care dăduse peste ei când primiseră scrisoarea de la agenția pentru adopții, scorniseră o poveste plauzibilă și o „adoptaseră" pe Jenny doar ca să comită jaful acela. Părea improbabil, dar nu-mi era prea greu să mi-o imaginez pe Lily înscriindu-se în registrul pentru copiii care-și caută mamele biologice. Numele ei de familie era destul de comun, anii coincideau cu momentul adopției, iar distanța ajuta destul de mult la inventarea detaliilor — o asemenea oportunitate îi putea surâde unui escroc de meserie. Am tras concluzia că paranoia mea era probabil doar atât: o rămășiță a îndoielilor pe care le avusesem în timpul primei ședințe, când mă întrebasem dacă nu cumva Jenny era nebună sau inventa toată povestea, precum și propria mea înclinație de a nu crede ce se întâmplase. Deși nu mai era nicio îndoială cu privire la veridicitatea povestirii lui Jenny, în sinea mea nu puteam găsi nicio explicație pentru ea. Mă împotriveam celor întâmplate. În naivitatea mea, nu puteam să cred că Lily, fiindu-i dată șansa de a repara orice resentimente ar fi putut avea față de sine însăși, fusese incapabilă să aleagă eroismul în locul josniciei.

Desigur, aveam și gânduri „neparanoide" și mai puțin naive. M-am întrebat dacă Lily nu era cumva o infractoare și acest gând m-a făcut să speculez cu privire la ce poate însemna uneori furtul. Era posibil ca lui Lily să i se fi părut că Jenny îi fusese furată de la căminul pentru mame necăsătorite, iar acum, după aproape patruzeci de ani, era mult prea târziu. Se poate să fi simțit că regăsirea a ceea ce îi fusese cândva furat era prea mult pentru ea. Nu putuse găsi un mod de a o prețui pe Jenny, astfel că se trezise furând lucruri din casa lui Jenny ca pentru a nega felul cum se întorsese situația. Știam că speculațiile mele erau exagerate, dar îmi rămăsese în minte ceea ce menționase Jenny despre casa din Vancouver a lui Lily, care era atât de aglomerată cu lucruri, unele chiar nedespachetate.[4] M-am întrebat dacă nu cumva Lily suferea de furt compulsiv și dacă nu cumva anii în care fusese nevoită să trăiască făcând față realității faptului că îi fusese furat copilul, a pierderii propriei mame și probabil a neputinței ei în fața întregii stări de lucruri își găseau exprimarea emoțională în gestul de a lua lucruri care nu erau ale ei. Pachetele nedesfăcute puteau fi marca unei femei care căuta ceva ce îi fusese furat ei și care era incapabilă să folosească ceea ce își însușise în loc.

Am realizat că, la fel ca Jenny, căutam și eu o explicație. Lipsa înțelegerii poate amplifica acest tip de suferință emoțională, în timp ce înțelegerea poate menține valurile de durere la un nivel aproape suportabil, astfel încât să nu ne scufundăm cu totul. Jenny se scufundase deja, dar acum ieșea la suprafață. Simțeam o mare empatie pentru dorința ei de a-și putea materializa o înțelegere — o înțelegere satisfăcătoare.

Pe lângă empatia pe care o simțeam, mai era și sentimentul că, dacă am fi putut accepta pur și simplu impulsurile noastre de a găsi explicații, fără a ne grăbi să le și răspundem, am fi putut găsi o cale prin care să o ajutăm pe Jenny să traverseze această perioadă. Reușise să-și dezghețe unele sentimente. Nu era lipsită de resurse emoționale. Disconfortul îngrozitor pe care îl simțea acum ar fi putut fi oarecum tolerat.

Pe măsură ce îmi mutam atenția de la dorința de a găsi o explicație plauzibilă, la cunoașterea faptului că nu puteam și nu aveam să găsim niciuna, am vrut să îi spun lui Jenny că faptul de a nu găsi o explicație care să poată liniști ceea ce fusese tulburat făcea parte din ceea ce ar fi putut să o ajute, dar nu reușeam să găsesc un mod de a-i transmite acest lucru, care să nu mi se pară arogant. Una este să trăiești satisfacția care poate izvorî din acceptarea faptului că unele lucruri trebuie să rămână în viață sub formă de întrebări un timp îndelungat, că viața înseamnă să tot revizuiești ceea ce înțelegi, astfel încât, în timp ce unele lucruri devin mai clare, altele devin în mod evident mai puțin clare, și cu totul altceva este să vorbești rostind platitudini. Terapeuții trebuie adeseori să aibă grijă ce spun, pentru că nu ceea ce știu ei este atât de valoros, cât capacitatea lor de a-i face pe alții să găsească acele căi către ceea ce le-ar putea fi de folos. Știam că aș fi ambalat lucrurile prea pompos dacă aș fi spus doar că Jenny ar fi putut cu timpul să înceapă să se bucure de întrebările fără sfârșit. Speram ca, prin felul în care ne dirijam conversațiile, ea să poată simți cum se pot adăuga, diminua, reelabora — chiar la mijlocul frazei — reflecțiile noastre și că tocmai mutabilitatea lor ne face să fim vii.

Dar inexplicabilul furtului era ceva pentru care Jenny trebuia să găsească o modalitate de acceptare. Chiar dacă, pentru moment, rămânea prezent, refuzând să fie metabolizat. Misterul era acum ceva ce trebuia regândit, mai degrabă decât rezolvat. Spre deosebire de romanul polițist clasic ale cărui fire narative sunt orchestrate astfel încât să ajungă să se unească, o terapie, o analiză, oferă o altfel de soluție: una în care certitudinea face loc toleranței față de lipsa răspunsurilor, față de neștiut sau de misterios. Întrebările continuă să apară, dar răspunsurile pot deveni tot mai puțin clare. Capacitatea de a rămâne cu întrebările și cu misterul, fără a le da deoparte, devine o realizare psihologică, o dezvoltare psihologică.

Pierderea traumatică a lui Jenny marca sfârșitul inocenței sale. Încă din copilărie, viața ei fusese o progresie în care starea ei privilegiată se amplificase pe măsură ce avansa în vârstă. Ritualurile prin care trecuse, de la școală la facultate, la relația de cuplu și maternitate, se petrecuseră destul de lin, confirmându-i credința că oamenilor buni li se întâmplă lucruri bune. Fusese crescută în sistemul de valori morale al clasei mijlocii din Sussex: politețe, onestitate, modestie, muncă și loialitate. Prin muzică își găsise o modalitate de expresie a pasiunii și sentimentelor ei profunde.

Întâlnirea cu Lily la Vancouver îi confirmase ideea că viața este un progres, că lucrurile supărătoare puteau fi rezolvate și că viața avea o anumită frumusețe a ei. Jenny gestionase pierderea părinților ei cu stăpânire de sine și nimic altceva nu i se întâmplase pentru a-i tulbura sau pune la îndoială sentimentul că certitudinile ei erau solide. Toate îi fuseseră spulberate în urma acelui jaf. Într-atât de tare contrariase acel jaf felul în care Jenny percepea lumea, încât ea rămăsese în starea de șoc provocată de oroarea și incomprehensibilitatea acelui act. Acum, că Jenny reușise să ia contact cu durerea pierderii și a respingerii sale, ne puteam întoarce la sarcina de a ne confrunta cu acel șoc.

Pentru a accepta șocul, Jenny trebuia să se confrunte cu ceea ce rămăsese încă nerostit și negândit, nefiind niciodată până atunci contestat — cu credințele ei. În confruntarea cu simplitatea credințelor ei de necontestat despre felul în care funcționa lumea, în care oamenii se tratau unii pe alții și în care viața este în mod esențial dreaptă, ea a suferit o pierdere cumplită a încrederii. Se simțea dezorientată, nesigură de modul în care ar fi putut să clasifice lucrurile care fuseseră dislocate atât în viața ei, cât și în mintea ei, pentru că nu putea potrivi evenimentele în categoriile ei de experiență existente. Eforturile lui Jenny de a contribui la îmbunătățirea vieții comunității în care trăia, de a se oferi voluntar acolo unde era solicitată, se bazau pe un sistem de credințe care trăgea o linie dreaptă de la cauză la efect. Acum, în ultima parte a acestei a treia ședințe, trecând de la o stare de inocență la una de deziluzionare, se simțea complet confuză.

Eu, dimpotrivă, mă simțeam plină de speranță pentru Jenny. Oricât de dureroasă este deziluzionarea, ea este parte a unui proces care ne forțează să ne maturizăm sau care mai degrabă ne permite să ieșim din coconul în care trăim, să învățăm ceva nou și să găsim răspunsuri care ne fac să creștem. Într-adevăr, agonia aceea prin care trecea Jenny, eu nu o trăisem nicicând, astfel că mie îmi era ușor să simt că până la urmă Jenny avea să poată să se dezvolte în moduri la care nu ar fi putut visa niciodată dacă nu i s-ar fi întâmplat acele lucruri îngrozitoare. Dar în munca mea cu oamenii de-a lungul anilor, văzusem, dincolo de a fi un simplu aforism, că deziluzionarea nu trebuie musai să fie un dezastru. Fusesem martora felului în care oamenii, forțați să renunțe la căile lor obișnuite de reacție și de gândire, erau împinși să se dezvolte în moduri care le ofereau mai multă complexitate și bogăție. Dacă Jenny ar fi găsit o cale să accepte ceea ce rămânea de neînțeles, să păstreze tensiunea creată între dorința de a înțelege și recunoașterea faptului că nu era posibil să descrie cu acuratețe ceea ce trăise, repertoriul ei emoțional și viața ei ar fi putut fi profund îmbogățite.

Una dintre caracteristicile dezvoltării este aceea că limpezimea pe care suntem încurajați să o căutăm și abilitățile pe care le învățăm când suntem tineri pentru a ne ajuta în viață, în studiu și în munca noastră, sunt chiar acele lucruri la care trebuie să renunțăm uneori pentru a ne permite un alt tip de dezvoltare. Anumite moduri de a cunoaște lumea ne pot ține prizonieri. Oferindu-ne canale pentru certitudini, pentru moduri de a explica lucrurile prin prisma a ceea ce este corect și ce este greșit, acestea ne privează de un tip diferit de gândire.

— Nu sunt sigură cum ar trebui să merg mai departe, a spus Jenny, privindu-mă cu speranță.

Am luat cuvintele ei ca pe un fel de punct și virgulă, ca și cum ar fi fost un sumar al momentului actual din viața ei, dar și o întrebare.

— Chiar nu sunt sigură, a adăugat un minut mai târziu.

— Da, este dificil, am spus eu, făcând un comentariu care să îi ofere contactul pe care părea că îl caută, dar și oprindu-mă înainte să spun mai mult.

Avea nevoie să rămână cu acel lucru spre care se îndrepta bâjbâind și să se simtă susținută s-o facă, mai degrabă decât să-i vâr pe gât predicile care-mi treceau prin minte. Sigur că eram tentată să-i spun că nu există rețete. Că deocamdată era probabil mai mult o problemă de a recunoaște că se lupta cu limitele abilităților ei explicative în această primă întâlnire personală cu cruzimea din relațiile umane, cu implacabilul vieții și cu strădania umană de a accepta limitele puterii noastre. Dar știam că orice aș fi spus ar fi sunat banal. Cuvintele nu i-ar fi oferit prea multă ușurare. Jenny era prea îndurerată, iar momentul conștientizării faptului de a nu ști era prea important. Dacă era să iasă cu bine din această experiență cu ceva din interiorul ei, trebuia ca ea să o parcurgă și să nu fie nici abandonată, dar nici să nu i se vorbească în acea clipă. Ceea ce părea potențial mai util în acel moment era să rămân împreună *cu* acel sentiment de „nesiguranță", subliniind prin tăcerea noastră pierderea inocenței ei. Nu prea știa cum să se poziționeze. Se simțea vulnerabilă și întru câtva neajutorată.

Am avut ultima noastră ședință două luni mai târziu. În tot acest timp ne-am întâlnit încă de două ori și am mai vorbit încă o dată cu medicul ei. Jenny fusese la el pentru că voia să renunțe la pastile. Toți trei căzuserăm de acord că era decizia corectă. Jenny se simțea destul de întărită și de puternică pentru a nu mai avea nevoie de ele. Abia așteptam să o revăd.

Jenny era diferită de mulți dintre oamenii cu care făcusem consultații și a căror angoasă îi măcina timp de ani de zile. Cu toate că păruse aproape nebună la începutul primei ședințe, era o nebunie situațională apărută din durerea confuziei evenimentelor recente. Trauma prezentă nu ne aruncase înapoi într-un istoric de suferință ascunsă. În realitate, avusese o viață familială bună în copilărie. Fusese adoptată la vârsta de o săptămână, o vârstă neobișnuit de precoce la începutul anilor cincizeci, când bebelușii rămâneau de obicei timp de șase săptămâni cu mamele lor biologice. Totuși, în cazul adopțiilor private, unii medici mai luminați făceau aranjamente pentru transferul mai rapid al bebelușului în grija părinților adoptivi, iar Jenny fusese un copil dorit și foarte iubit, care crescuse securizat. Problema cu care se lupta ea acum era un subiect care se potrivea perfect pentru o consultație psihologică.

Sigur că ceea ce descoperise despre mama care o născuse îi tulburase gândurile și fantasmele inconștiente pe care ea, ca orice alt copil adoptat, le avea despre nașterea ei biologică. Sunt puțini copiii adoptați care nu-și imaginează sau nu inventează povești despre originile lor, pe care trebuie să le revizuiască apoi când își întâlnesc părinții adevărați sau când descoperă ceva în legătură cu ei. Dar lăsând acestea la o parte, pentru că Jenny nu suferise niciodată prea mult, în afara gamei de îndoieli de sine „normale" și nici nu trăise disiparea vreuneia dintre certitudinile sale, într-un anume fel ea era psihologic vorbind chiar inocentă.

Teoria îmi spunea că deziluzionarea este prețul intrării în maturitate și un mijloc de susținere a creșterii psihologice. În fiecare stadiu psihic, deziluzionarea propulsează sau pregătește terenul pentru dezvoltarea ulterioară a sinelui. Privită din afară, progresia pare să decurgă din luarea în stăpânire a reperelor dezvoltării psihologice. Din interior, experiența noastră este mult mai chinuită și implică strădania de a găsi capacitatea de a absorbi pierderea și deziluzionarea.

Când suntem bebeluși, trebuie și reușim să renunțăm la ideea că noi suntem centrul universului. Atunci ieșim din ceea ce analiștii numesc faza narcisistă a dezvoltării și începem să recunoaștem prezența celorlalți. După vârsta de un an, suntem din nou deziluzionați, când începem să percepem că suntem indivizi separați, că cei de care depindem nu sunt parte din noi, ci sunt persoane distincte de noi cu intenții proprii. Putem să cerem sau să vrem, dar nu putem să comandăm ceea ce credem că ne trebuie și astfel suntem din nou deziluzionați. Realizăm că nu toate dorințele noastre se pot împlini și, ca urmare a acestei deziluzionări, avem experiența puterii noastre. Acesta nu este doar un moment de înfrângere, ci și unul de bucurie, căci începem să ne luăm în posesie propria voință și sentimentul de a fi capabili să facem să se întâmple lucruri. De aici se naște sentimentul nostru de agent, capacitatea noastră de a modifica și de a acționa asupra și în contextul situațiilor.

Povestea freudiană a stadiului oedipian ne duce către următoarea mare deziluzionare a dezvoltării noastre, pe măsură ce ne împăcăm cu înțelegerea faptului că nu-i putem avea pe mama sau pe tata — primele obiecte ale iubirii noastre — ca posesiuni exclusiv ale noastre. Înregistrăm, uneori cu invidie, faptul că ea sau el au alte iubiri, interese, activități și loialități. Trăim pierderea uniunii noastre fantasmatice, ne adaptăm la ideea că s-ar putea să nu ne aflăm în centrul preocupărilor părinților noștri și suntem încă o dată propulsați în afară, acum în afara cercului familiei, pentru a ne forma noi atașamente.

Ca adolescenți ne luptăm cu deziluzionarea, pe măsură ce limitele puterilor noastre sunt puse permanent și umilitor în evidență. Hotărâm că lumea pe care o vom crea ca adulți va fi mai puțin arbitrară și mai mult așa cum o vrem noi. Ca adulți, inimile frânte, dezamăgirile în profesie, evenimentele politice și bolile ne tulbură iluziile despre capacitățile noastre de a ne determina propriile vieți. Dar, cu ceva noroc, aceste iluzii zdrobite nu ne limitează lumea, ci o deschid larg pentru noi, forțându-ne să fim mai curajoși și mai îndrăzneți decât știam că putem fi. Ca părinți, suferim deziluzionarea de ideea că am putea face ca viețile copiilor noștri să fie așa cum sperăm noi. Ne luptăm permanent cu conjuncția dintre cine sunt ei, lumea în care trăiesc ei și căile limitate prin care noi am putea avea vreo influență. Suntem prinși pe picior greșit de înțelegerea faptului că, atunci când ne-am imaginat pe noi ca părinți, ne-am văzut a fi posesorii tuturor puterilor cu care i-am investit pe părinții noștri. Și astfel, în sfârșit, ajungem să înțelegem că ei erau și nu prea atât de puternici cum am crezut noi.

Aceste deziluzionări nu formează conținutul compromisurilor sau al loialității mortificatoare față de conformism. În ciuda conservatorismului la care poate duce lectura lui Freud și a multor altor scrieri psihanalitice, experiența deziluzionării este departe de a fi una constrângătoare. Este o cale de dezvoltare în direcții care nu au fost niciodată până atunci vizibile.

Cu toate că știam că Jenny suferea acum, când perspectiva ei asupra lumii fusese mai mult decât aruncată în aer, simțeam în ea tipul de vitalitate care izvorăște din capacitatea de a tolera ambiguitatea, confuzia și de a nu ști cum să percepi o situație. Acum ea putea să lase lucrurile neterminate. Zâmbeam în sinea mea la gândul plăcerilor pe care avea să le cunoască pe măsură ce această experiență o maturiza. Îmi răsunau în minte cuvintele lui Bob Dylan despre a fi cu mult mai bătrân înainte și cu mult mai tânăr acum. Prin deziluzionarea ei, Jenny căpăta o deschidere flexibilă către viață, care rezultă din experiența confuntării cu contradictorialitatea acesteia.

Când i-am deschis ușa lui Jenny pentru ultima noastră ședință, am întâmpinat o femeie plină de demnitate. A spus că au fost pentru ea două luni importante de trezire. Lily continua să o evite, iar ea continua să spere că va putea să o contacteze într-o zi. Dar ținta interesului ei se schimbase. Acum era fascinată de felul în care reacționa ea însăși la diferite întâmplări.

— Mă simt de parcă toată viața aș fi dormit până acum. Bine, nu e chiar așa, pentru că m-am bucurat de ea, mai ales de copii și de Robert și de muzica mea, dar e cumva ca și cum era pur și simplu acolo... Simt că am fost atât de naivă, de protejată... Nu am avut o viață cu scop, conștientă, vie. S-a oprit. N-am putut să înțeleg niciodată înainte ce însemnau aceste cuvinte și întotdeauna îmi venea să zâmbesc puțin strâmb când îi auzeam pe alții vorbind despre iluminare și conștientizare. Cred că n-aveam nici cea mai mică idee că eu eram cea care trăia de fapt într-un mod atât de limitat. După ultima noastră întâlnire, a continuat ea, am fost cumplit de îngrijorată în legătură cu căsnicia mea. Nu eram sigură dacă mai putea continua. Nu, de fapt e prea mult spus. E mai mult faptul că nici măcar nu realizasem că sunt în ea lucruri pe care nu le suport și că eu mă schimb, iar Robert nu. Am avut o adevărată criză.

Aceste cuvinte nu sunau chiar ca o încheiere, ci mai mult ca un preludiu pentru încă o consultație sau măcar încă vreo câteva ședințe. Jenny părea să aibă atât de multe de spus și acum avea și cuvintele cu care să spună.

— Reacția într-o singură notă a lui Robert la situația cu Lily m-a dezamăgit. Nu doream să aud doar furia lui. Era greșită. Pentru mine, adică. Simțeam că eu știam mai mult decât știa el, că erau o mulțime de sentimente diferite — durere, uluială, respingere — și că, acceptându-le pe toate, nu însemna că ștergi o parte din tine. Și încercam să-l conving și pe el.

A făcut o pauză înainte de a continua, ca și cum își punea în ordine mai degrabă procesul decât narațiunea.

— Ei bine, era fără nicio speranță. Nici nu voia să știe. Era o mare prăpastie între noi doi. Întotdeauna am fost foarte apropiați și toată criza aceasta cu Lily ne amenința fericirea. Oricum, atunci am realizat că eu încercam să-l schimb pe *Robert,* la fel cum încercam să dau un deznodământ diferit poveștii cu Lily. Nu acceptam că aveam reacții diferite. Poate că nu sună important pentru dumneavoastră sau poate că da, căci sunt chiar genul acela de lucruri pe care dumneavoastră le înțelegeți. Era ca și cum încercam să-l fac pe Robert mai mult cum aș fi vrut eu să fie, pentru că nu o puteam face pe Lily să fie cum voiam eu. Transferam sentimentele mele neîmplinite pentru Lily în relația noastră.

Jenny a vorbit aproape fără oprire și îmi plăcea foarte mult ce fusese în stare să facă cu *insightul* ei. Mi-a povestit cum se simțise, ca și cum se izbise întruna de un zid de cărămidă timp de vreo două săptămâni, într-o disperare cumplită. Apoi s-a trezit într-o zi, probabil după un vis premonitoriu, a spus ea, și și-a dat seama că trebuia să renunțe la iluzia pe care o avusese dintotdeauna, că dacă ea vedea lucrurile într-un anumit fel, sau dacă ce credea ea era o cale mai bună, atunci așa ar fi trebuit sau era musai să se întâmple.

Acum se lupta cu ideea că *insightul* ei putea să nu-i fie de ajutor lui Robert, oricât de folositor ar fi fost pentru ea.

— Nu sunt o persoană insistentă, a continuat ea, dar întotdeauna am simțit că viața progresează și că tot ce e mai bun iese întotdeauna la suprafață. Cred că toată această experiență este una din care eu încep să-mi dau seama că ceea ce este sau nu drept este de multe ori irelevant. E un lucru mărunt și poate că nimeni în afară de mine nu-și dă seama de diferență. Dumnezeu știe de câte ori am cedat eu dorințelor lui Robert. Dar acum știu că situația se schimbase. Eu nu mai eram de acord cu el sau cu ce dorea el, îl vedeam pe el ca fiind diferit de mine. A trebuit să mă lupt ca să văd că părerile și sentimentele mele sunt la fel de valabile ca și părerile sau sentimentele lui și nu să încerc să-l conving pe el doar pentru că ale mele erau atât de puternice. Cumva, schimbarea aceasta atât de mică a fost enormă.

S-a uitat la mine ca să vadă dacă înțeleg importanța acelei schimbări pentru ea. Mă gândeam că vorbea despre procesul de separare, de a fi capabilă să se vadă pe sine, cu gândurile și dorințele sale, ca având o integralitate proprie, indiferent dacă acestea erau sau nu confirmate de alții. Nu avea nevoie să-i fie confirmate de Robert. Nu avea nevoie să-l convingă. Nu avea nevoie ca lucrurile să fie așa cum voia ea să fie, oricât de convenabil și satisfăcător ar fi fost. Accepta faptul că ea era o mică parte din viață și că renunțarea ei la ceea ce terapeuților le place să numească omnipotență îi permitea să se repoziționeze pe sine și reacțiile sale. Întâlnirea cu Lily și suferința, și supraviețuirea acelei cumplite deziluzii îi dăduseră voie să se dezvolte.

— Dacă înțeleg bine, v-ați bucurat să observați că, deși ați fi vrut un rezultat anume, ați găsit o cale de a accepta că lumea nu este chiar așa cum o credeați dumneavoastră, am răspuns.

— Da, așa este, a continuat Jenny. Cred că atunci când s-a întâmplat treaba cu Lily, eu nu am putut să o accept deloc. A fost mai ușor pentru Robert, pentru că el putea să fie rațional și furios. El era în starea lui de avocat agresiv. Pentru mine era altceva, diferit, mai profund. Toate lucrurile pe care eu mă bazasem se evaporaseră. Eram atât de speriată! Înspăimântată, de fapt. A plâns puțin, apoi a zâmbit. Am trecut printr-o revoluție, știți. Una tăcută pe care vecinii mei nu ar putea să o observe de afară, dar nu mai sunt aceeași. Sau poate sunt eu, dar cu ceva în plus. Încep să gust ceva nou. Nu știu cum să spun ce vreau să spun. Chiar aud mai mult și în muzică. Dumneavoastră înțelegeți? M-am gândit că, probabil, înțelegeam. Dacă era să leg ce spunea ea de propria mea experiență, cred că aveam idee despre câtă îmbogățire aducea cu ea subtilitatea schimbării ei. Mi-am reamintit anii mei de tinerețe, când viața era mult mai clară. Iubeam hotărârea și certitudinea și sentimentul că puteam reface din nou totul așa cum știam eu că trebuia să fie. Era revigorant și, cum înțeleg acum, o parte necesară a înaintării în viață. Dar era specific acelei vârste. Nu își păstrează farmecul la nesfârșit și pe măsură ce îmbătrânisem dădusem de plăcerile complexității și de ușurarea dată de momentul renunțării la certitudinea acelor lucruri de care nu este cu putință să fii sigur.

Jenny fusese într-o stare de îngheț pentru că era șocată. Reușise să se elibereze din strânsoarea de gheață atunci când le permisese trăirilor ei să curgă. Soțul ei, Robert, își găsise alinarea pur și simplu trimițând-o de unde venise pe Lily și tot neamul ei. În fața durității reacției lui, Jenny se izolase și mai mult, până când reușise să se simtă încrezătoare să își numească propriile reacții foarte complexe. Polaritățile violente care îi afectează pe atât de mulți oameni în tinerețe nu o afectaseră niciodată pe Jenny. Nu avusese nevoie de ele. Până de curând, viața ei fusese una lipsită de îndoieli și plină de satisfacții. Cu toate acestea, întâlnirea ei cu Lily o împinsese pentru o vreme într-o stare de îngheț. Când a fost capabilă să dezghețe procesele care nu fuseseră niciodată activate în ea până atunci, nu s-a mai oprit. Dacă acesta era rezultatul la care ajunsese Jenny, atunci simțeam că într-adevăr cunoșteam acea stare.

Imposibilitatea sexului

A început destul de alarmant. Îndată ce au intrat pe ușă, Maria a început să țipe. Erau țipetele unei persoane cuprinse de o teribilă angoasă care își pleda cauza emoțională în fața mea, judecător și juriu al vieții afective. Carol, acuzata, ședea pe divan lângă Maria, emanând nemișcare. Una albă, una neagră, una calmă, una dezlănțuită — imagini în oglindă una pentru cealaltă. Nu puteam să-mi dau seama dacă nemișcarea lui Carol avea să continue sau dacă avea să fie și ea cuprinsă de furia care escalada și amenința să arunce în aer întreaga încăpere. Puteam doar să aștept și să observ.

Unele cupluri te invită în centrul relației lor etalându-și scandalurile în fața ta. Unii își afișează acreala dintre ei. La alții disprețul este cel care ascunde adesea dezamăgiri profunde. Ceea ce se întâmplă în prima ședință poate fi ca un stop-cadru care captează elementele esențiale ale relației de cuplu.

Țipetele Mariei erau extreme și convingătoare. O asemenea furie feroce putea însemna un teribil sentiment de nedreptate, o suferință prea grea pentru a tăcea. Venea ea oare la terapie pentru a se asigura că suferința ei era auzită și ascultată? Mi-a luat ceva timp pentru a înțelege contextul furiei ei. Trădare, abuz și înșelăciune erau cuvintele de condamnare pe care Maria i le arunca iubitei ei, fiecare cuvânt făcând să îi crească mânia.

Nu sunt genul de terapeut înclinat să considere că exprimarea furiei este neapărat pozitivă în sine, ca urmare, deși căutam un punct în care să pot interveni, trebuia să aștept, ca să evaluez ceea ce se întâmpla. În timp ce furia reverbera în toată camera, le priveam pe cele două femei aflate în fața mea. Erau amândouă elegante. Carol era înaltă și stătea așezată cu spatele foarte drept. Avea trăsături fine, tenul alb-piersiciu, iar părul ușor ondulat, până la umeri, era prins cu doi piepteni colorați în nuanțe de abanos și fildeș. Era îmbrăcată într-un costum negru elegant. Avea manichiura îngrijită. O servietă-plic luxoasă, moale, maro-închis i se sprijinea de piciorul stâng. Avea un stil de arhitectă sau de designer a cărei vestimentație și înfățișare radiau o încredere în sine necalculată. Am presupus că se apropia de patruzeci de ani. Și Maria era foarte stilată și frumoasă. Avea trăsături minione, păr negru, creț, tuns scurt, piele de culoarea ciocolatei. Aerul boem informal dar elegant al jachetei ei de bumbac verde șters, cizmele bej și pantalonii de in de culoare maro se asortau cu felul ei liber de a se exprima de mai devreme. Maria era afro-americană, prima generație din familia ei care primise o educație. Hainele ei mă făceau să cred că e poetă, artistă, editor sau scriitoare. Nu prea îmi dădeam seama ce vârstă avea, dar aveam senzația că e mai tânără decât Carol, puțin peste treizeci de ani.

Formau un cuplu deosebit. M-aș fi putut uita la ele mult timp fără să-mi pierd interesul. În timp ce Maria continua să țipe, Carol rămânea tăcută. Eram intrigată de continua ei nemișcare. De unde un asemenea calm ca de sfinx? Își împărțiseră emoțiile în acest cuplu — Maria furioasă și Carol calmă? Erau oare capacitatea de exprimare a Mariei și tăcerea lui Carol parte din atracția lor una față de cealaltă? Cum reușea Carol să accepte furia îndreptată spre ea? Așa se întâmplau de obicei lucrurile între ele, sau ședința de terapie le modificase stările interioare în acest mod contrastant?[1]

După câteva minute se părea că frustrarea Mariei avea să o facă până la urmă să o zgâlțâie pe Carol cu violență. Intervenind în acest moment, pentru a pune capăt nemișcării care o făcea să se înfurie tot mai tare și la care se adăuga acum și tăcerea mea, am spus doar atât: „Văd cât de cumplit de supărată și furioasă ești, Maria. Mă întreb însă dacă amândouă ați putea să vă opriți puțin și să îmi spuneți ce v-a adus aici?"

Mai devreme, în timpul săptămânii, Carol îmi dăduse la telefon câteva indicii despre ceea ce le făcea să vină la terapie de cuplu în acest moment. Erau împreună de trei ani și jumătate. Cu patru luni în urmă, prietenia lui Carol cu Sonya, un lector universitar cu vreo zece ani mai în vârstă decât ea, se transformase într-o aventură amoroasă. Maria se simțea amenințată și supărată. Credea că avea să o piardă pe Carol, deși Carol susținea că ea nu vrea ca relația lor să se termine. Carol încerca să găsească o cale pentru a ieși din relația ei sexuală cu Sonya, dar aceasta încă le mai provoca lui Carol și Mariei o durere cumplită. Se hotărâseră să facă terapie de cuplu pentru că se părea că aveau nevoie de un loc unde să poată să vorbească despre ceea ce li se întâmpla.

Când îmi intră în cabinet un nou cuplu nu știu niciodată cu ce voi avea de-a face. Este un cuplu care a venit ca să încerce să rămână împreună? Este un cuplu care a venit ca să se despartă? Este un cuplu în care cei doi nu mai pot să simtă iubire unul pentru celălalt, dar sunt legați între ei în moduri care fac separarea imposibil de conceput?

Ce fel de provocări și de dileme îmi va pune în față acest cuplu? Cum pot fi sigură că țin suficient seama de fiecare dintre ei ca individ, dar și ca un cuplu? Pot să fiu imparțială, suficient de empatică față de fiecare în parte, să nu le percep relația prin filtrul relației mele și al relațiilor prietenilor mei? Cum mă pot asigura eu că niciun filtru moral inconștient nu îmi distorsionează felul în care ascult și ceea ce aud atunci când valorile noastre sunt diferite?

Carol și Maria au început să vorbească despre criza care produsese puternica furie și suferință la care asistasem. Maria făcea apeluri repetate la mine să spun cât de nedreptățită fusese ea, dar, pe măsură ce vorbea Carol și își arăta și ea suferința, sentimentul dominant s-a transformat în confuzie și durere. Deși cuplul lor era în dificultate, între ele se simțeau o vibrație și o încărcătură vie. Era clar că aveau o relație pe care niciuna nu dorea să o piardă. Energia pe care o împărtășeau era una pozitivă. Era pasională, combativă, revendicativă și imperativă. Am început să mă gândesc la aventura lui Carol nu ca la o încercare de a o părăsi pe Maria, ci ca la o tentativă de a rezolva ceva ce nu mergea bine în relația lor. Mă întrebam ce anume.

Timp de un an înaintea aventurii lui Carol cu Sonya, între Carol și Maria sexul fusese sporadic. În primii doi ani ai relației lor viața lor sexuală fusese extrem de fericită, plină de imaginație și intens erotică. Apoi se stinsese. Viața: serviciul, cumpărăturile, gătitul, rudele de care se ocupau, planurile pentru activități sociale, găsirea unui instalator sau cine să stea cu Chloe, fiica de șapte ani a lui Carol, le canalizase contactele zilnice către plictiseală. Insatisfacțiile — cele normale care apar atunci când extazul face loc treburilor vieții cotidiene — au început să iasă la suprafață. Au apărut diferențele de opinie și tensiunile. Stingerea pasiunii lor sexuale avea o anumită logică.

La fel ca pentru alte multe cupluri care trec prin schimbări asemănătoare, intimitatea sexuală, cândva irezistibilă și captivantă — modalitate *unică* de conectare și comunicare — devine un zgomot de fond. Sexul devine mai puțin frecvent, mai puțin imperios și se transformă din deschiderea unul față de celălalt și explorarea reciprocă a doi oameni, într-un blocaj aflat între ei, un act înconjurat de așteptări, dezamăgiri, îngrijorări și rutină. Sexul devine acum o povară de care trebuie să scape în loc să fie un schimb fără cusur. Este aproape imposibil de imaginat că persoana care stă în pat lângă tine ți s-a părut cândva irezistibilă sexual. Imposibil să-ți amintești vremurile când felul în care îi vedeai chipul în timp ce dormea, zâmbea sau intra în încăpere erau clipe încărcate de erotism. Și așa era și pentru Carol și Maria. Erau partenere, dar rareori iubite. În timpul zilei fiecare dintre ele spera la o întâlnire amoroasă cu cealaltă seara dar, înghițite de problemele vieții, contactul nu ajungea să se materializeze. În ciuda poveștii pe care și-o spunea fiecare în sine despre ce se întâmpla, amândouă simțeau pierdere, anxietate și chiar disperare. Nu era de mirare că Maria se speriase când Carol se încurcase cu Sonya. Aventura prezenta o mulțime de asemănări cu felul în care Carol și Maria ajunseseră să fie împreună. Inducea ideea că era în regulă faptul că dintre ele dispăruse sexul.

În mod uluitor și dramatic, odată cu aventura lui Carol, sexul excitant, voluptuos și irezistibil se întorsese în viața lor împreună. Pusese în lumină (așa cum pot să o facă acest fel de lucruri) tipul de criză din relația lor care arăta că a face dragoste devenise deodată pentru Carol și Maria foarte urgent, foarte excitant și foarte important. Era un dinamism reînnoit între ele. Iubirea, dorința și angajamentul lor una față de alta ieșiseră la rampă. Dispăruse cvasicelibatul descurajant al anului care trecuse, pe parcursul căruia atmosfera caldă și suportivă, confortabilă, părea că alungase pasiunea. Apăruseră drama și pericolul, iar odată cu ele și pasiunea sexuală.

Maria, al cărei mod de a fi mai deschis, mai sexual și mai sexy părea a se potrivi cu furia ei și cu cererea ei de dreptate, era cea care articula tulburările pe care le resimțea. Pe parcursul perioadei de relativ celibat, feminitatea și atractivitatea ei se simțiseră aruncate la grămada de gunoi. Aventura lui Carol reaprinsese pasiunea dintre ele dar totodată o făcuse pe Maria să simtă că nu era dorită. Se simțea nesigură pe ea și supărată și oscila între a crede că putea să înțeleagă situația și senzația că era folosită.

Pentru Carol, aventura ei scosese în evidență, în mod paradoxal, cât de mult o prețuia și o dorea pe Maria. De când se încurcase cu Sonya, Carol începuse să o vadă pe Maria fantastic de atractivă sexual într-un mod în care nu o văzuse în anul de dinainte. Poate că fusese inevitabil, rumina Carol. Punând sub amenințare relația, ea o vedea pe Maria ca pe o persoană separată și foarte dezirabilă și nu o mai percepea ca fiind o parte din sine. Apropierea le făcuse să fie prea mult o singură entitate, le absorbise personalitățile puternice și le eclipsase individualitățile.

Carol se tot frământa de ce trebuia să fie așa și cu toate că aveam câteva gânduri care puteau aduce lumină în această problemă care poate afecta cuplurile, am păstrat tăcerea pentru a o asculta pe Maria ca să văd cum privea ea întreaga situație.

Maria se stăpânea mai puțin. Furia ei încă dădea pe afară, acuzând-o pe Carol că întotdeauna „căutase exoticul pentru că asta o face să se simtă vie". Sonya, se plângea ea, era ultima cucerire a lui Carol, prin care se excita cuplându-se cu „etnici".

Sonya era asiatică, Maria era afro-americană, iar Carol era o englezoaică de clasă medie-superioară care avea o bizarerie. Era o evreică provenită dintr-o familie anglicizată și asimilată, educată în școli particulare și confuză, sugera Maria, cu privire la propria ei apartenență. Ceva legat de „alteritatea" curățată și educată — Maria studiase la Harvard, iar Sonya la Oxford — o fermeca și o atrăgea pe Carol. Într-un fel era înjositor, într-altul încerca să-și găsească locul. Mai găsise și alte persoane excentrice cu care putea să braveze și să șocheze sistemul de clasă britanic.

Cu toate că la suprafață perspectivele Mariei și ale lui Carol puteau fi interpretate ca niște poziții antagonice, în realitate ele păreau mai degrabă similare. Amândouă scoteau în evidență importanța separării ca trăsătură importantă a unei vieți sexuale aprinse. Amândouă legau diferența de erotic. Amândouă puneau semnul egal între excitație și alteritate. Nu m-am grăbit să explorez legăturile dintre ceea ce spuneau amândouă, pentru că nu îmi era destul de clar către ce se îndrepta terapia sau ce așteptau ele de la ea. În terapia individuală avem luxul de a urmări ceea ce are sens în momentul prezent. A sări peste ceea ce este la îndemână și a ne îndepărta de direcția către care poate părea că o ia discuția sunt trăsături ale investigației terapeutice, astfel încât în terapie conversațiile au parametri diferiți față de conversațiile obișnuite. Psihoterapia de cuplu impune ca terapeutul să fie mai conștient de ceea ce doresc amândoi partenerii și acest aspect poate face necesar un anumit grad de clarificare. Dincolo de povestea infidelității lui Carol, nu eram sigură dacă ele veniseră la terapie cu scopul afirmat de a o ajuta pe Carol să renunțe la amanta ei, ca să o facă pe Maria să o accepte pe Sonya sau ca să discute despre slăbiciunile din relația lor sexuală sau din relația lor în general.

Ședința începuse cu Maria exprimându-și durerea și furia față de Carol, și cu Carol primindu-și pedeapsa. Acum trebuia să clarific ce speranțe aveau ele în legătură cu ce ar fi putut să rezulte din aceste ședințe. Cu o voce calmă dar autoritară, Carol a spus răspicat că ea vrea să încerce să nu se mai vadă cu Sonya și că terapia făcea parte din această misiune a ei. Își luase un angajament față de Maria, vrea să rămână cu ea și vrea să repare răul făcut. Și Maria vrea să rămână împreună, dar nu simțea că putea continua dacă Carol nu îi garanta că nu se va mai vedea cu Sonya deloc și nu recunoștea că greșise față de ea. Maria dorea să poată să aibă din nou încredere în Carol.

Încrederea este unul dintre cele mai suprasolicitate și totuși unul dintre cel mai precar definite concepte care sunt puse în discuție în toate relațiile. Este de o mare importanță, dar este și cel mai delicat. Durerea încrederii rănite adeseori îl împinge pe unul dintre parteneri să solicite terapie atunci când relația ia sfârșit sau se află în pericol. În mod ciudat, unul dintre sentimentele frecvent exprimate la începutul unei terapii este acela că persoana se simte în siguranță în terapie pentru că simte că poate avea încredere în terapeut. Cu toate că într-un fel înțeleg, desigur, ce înseamnă acest lucru — terapia este confidențială, este dedicată înțelegerii și transformării evenimentelor în ceva comprehensibil și așa mai departe —, la un alt nivel utilizarea ideii de încredere este paradoxală, pentru că procesul terapeutic dezvăluie tocmai cât de greu ne poate fi să avem încredere. Putem avea încredere la un anumit nivel, dar adesea, când încrederea a fost erodată, ceea ce vedem este fragilitatea ei.

Adesea, un aspect central al relației terapeutice este cel în care investigăm cât de mari sunt impedimentele care stau în calea încrederii la nivel inconștient. Oamenii ajung să se confrunte cu descoperirea propriilor lor rezistențe și obstacole în calea încrederii, chiar și atunci când cred că sunt încrezători și când au cea mai mare nevoie să fie așa pentru propria lor dezvoltare. Atunci ei descoperă că nu renunță cu ușurință la control sau nu au încredere că altcineva poate să aibă grijă sau că poate păstra ceva prețios și de mare însemnătate pentru ei. Dezamăgirile tinereții, care au rămas nedescoperite și neconștientizate, fac numeroși oameni să aibă un bagaj de experiențe dureroase și repetate care le-au distorsionat ideea de încredere în moduri de care adesea nu au cunoștință. Oamenii tânjesc după încredere și au impresia că intră în relații noi având o capacitate intactă de încredere. Mai dese sunt cazurile în care, în mod conștient, ei își abolesc neîncrederea, *căci atunci când încrederea le este amenințată, ea se prăbușește repede, dezvăluind cât de tangențială sau de supusă greșelii este.*

Astfel, scopul Mariei, de a avea din nou încredere în Carol, și dorința ei ca aceasta să-și asume responsabilitatea pentru că „greșise" față de ea însemnau că trebuia să clarificăm ce semnificație avea încrederea pentru ea, ca să ne dăm seama dacă era viabil ceea ce voia ea. Cum ar fi putut ea să aibă din nou încredere în Carol? Ce putea face Carol? Ce trebuia Carol să garanteze? Ce i-ar fi trebuit Mariei pentru a avea încredere în Carol? Cine purta responsabilitatea pentru acel lucru? Era neîncrederea continuă a Mariei față de Carol un mod de a rămâne într-o continuă suferință și cu sentimentul de trădare?

Cu toate că psihanaliza poate părea excesiv de laborioasă în examinarea banalului, punerea sub semnul întrebării a ideilor de zi cu zi, cum este și încrederea, ne permite să înțelegem subtilitatea dorințelor, conflictelor, sentimentelor și îngrijorărilor noastre. Genul de conversație reflexivă care diferențiază conversația psihanalitică depinde de punerea sub semnul întrebării a lucrurilor obișnuite și înțelese pentru a clarifica, a extinde și a ne asigura că descriem cu mai multă acuratețe ceea ce ne dorim. Acest lucru nu înseamnă atât „a fi absorbit de sine" — termen înșelător folosit pentru a devaloriza studiul subiectivității —, cât un tip diferit de discurs asupra experienței umane și intersubiectivității. Prin examinarea în profunzime a problemelor care apar atunci când indivizii, cuplurile sau familiile se află în dificultate, ne extindem înțelegerea asupra a ceea ce sunt relațiile umane pentru noi toți.

Maria se plângea de fractura din relația lor: își pierduse credința necondiționată în sinceritatea relației lor, dar și în Carol. Era îngrijorată că n-ar mai fi putut niciodată să se relaxeze complet cu Carol sau să-și suprime nevoia de a fi atentă la orice nuanță de interes din partea lui Carol față de alte persoane în afară de ea. Examinarea încrederii a făcut-o să exprime cât de multă neîncredere manifesta, cât de descurajată era pentru că se simțea nesigură de Carol și cât de tare se temea că ceea ce se întâmplase între Sonya și Carol modificase în mod ireversibil forma relației lor viitoare. Sigur că ultima parte era adevărată. Nu exista nicio posibilitate să apese un buton de ștergere a acelei aventuri ca și cum ea — și trădarea, și suferința care o însoțiseră — nu s-ar fi întâmplat niciodată.

Atât Carol, cât și Maria s-au simțit ceva mai ușurate reușind să spună toate aceste lucruri. Adeseori o dorință nerostită a cuplului care vine la terapeut este ca acesta să poată să facă ceea ce cuplul nu a reușit să facă: să le refacă relația așa cum a fost, ca și cum doar a căzut de pe un raft, s-a spart în bucăți și tot ce trebuie făcut este să fie lipită la loc. Odată ce eu am numit ceea ce era evident, adică fantasmele din mintea lui Carol și a Mariei, și am îndepărtat vraja mitului unei reparații facile, puteam să trecem mai departe. Era important să nu se prefacă. Amândouă știau foarte bine că acele evenimente le schimbaseră atât pe ele, cât și relația lor.

Dar totodată trebuia și să evităm să cădem pradă impresiei că acea aventură schimbase totul. Trebuia să evităm să cădem în capcana care ar fi putut-o încuraja pe Maria să rămână blocată în starea de victimă, iar pe Carol să poarte o vină fără sfârșit. Ar fi fost mai bine să vedem dacă înțelegerea acelei aventuri — de ce se întâmplase și ce însemna ea — le putea permite atât lui Carol, cât și Mariei să iasă de sub controlul defenselor emoționale astfel încât să poată fi din nou împreună. Declarația lui Carol, că nu avea să mai facă ceea ce făcuse, putea să aline în parte suferința lor comună, dar nu putea să îndrepte ceea ce nu mersese bine. Pe termen scurt trebuiau să accepte tocmai acea tensiune și insolubilitate date de situația dificilă.

În această primă întâlnire trecuserăm în revistă o cantitate enormă de subiecte. Acum aveam o bază pentru terapia de cuplu. Ceea ce începuse cu niște țipete se transformase într-un obiectiv: cum să avem încredere și cum să înțelegem factorii psihologici care duseseră la stingerea și apoi la resuscitarea vieții lor sexuale și ce putea rezulta de aici. Am căzut de acord să ne întâlnim săptămânal.

Câteva luni mai târziu am observat o schimbare în caracterul ședințelor. Vedeam la ele o excitare și o radiere asemănătoare cu atmosfera pe care o produce o nouă aventură amoroasă. Gândul că urma să mă întâlnesc cu Carol și cu Maria mă făcea să zâmbesc. Le așteptam cu nerăbdare, ca și cum odată cu intrarea lor în cabinet urma să se întâmple ceva vibrant.

Viața lor împreună era un triumf asupra educației pe care o primiseră. Carol, în esență lipsită de părinți, crescută de o bonă și trimisă la internat la o vârstă fragedă, parcă pentru a șterge orice era evreiesc în ea, se cuplase cu Maria, care crescuse împreună cu cei patru frați ai ei în North Shore,* Long Island, New York, unde tatăl ei lucra ca tâmplar, iar mama era educatoare.

* Zonă denumită popular Coasta de Aur, recunoscută pentru bogăția și apartenența aristocratică a locuitorilor ei. (N.t.)

Niciuna dintre cele două femei nu s-ar fi gândit că și-ar fi putut depăși diferențele de clasă socială, etnie și naționalitate într-un mod atât de uimitor cum o făcuseră. Cu zece ani în urmă Maria nici n-ar fi visat vreodată să locuiască la Londra. Dar o conjuncție între mediul lesbian în care se învârteau amândouă și activitatea lui Carol în designul de mediu le deschisese lumea transatlantică. Erau femei ale vremurilor în care trăiau, libere să muncească, să intre pe teritorii sociale care altădată le-ar fi fost interzise, să fie mai mult sau mai puțin deschise în legătură cu sexualitatea lor, să își planifice propriile vieți. Își trăiau viața și nu se adaptau doar rolurilor în care ar fi putut să fie gata distribuite.

De-acum, Sonya începuse să dispară din poziția de *unică* problemă. Fusese absorbită de cercul larg de cunoștințe și acest lucru o făcea mai puțin amenințătoare pentru Maria. Era în dezbatere subiectul încrederii. Imaginile personalităților lor care îmi fuseseră prezentate în prima ședință se completau acum și nu era greu să mă simt atrasă de amândouă. Erau femei extrem de atrăgătoare, de elocvente, care puneau pasiune în munca lor interesantă — Carol în designul de mediu, iar Maria în arhitectura peisagistică. Multe dintre lucrurile cu care se luptau în viețile lor țineau de miezul preocupărilor femeilor din ziua de astăzi. Își iubeau munca și o considerau foarte importantă, dar nu doreau ca aceasta să le absoarbă cu totul. Pentru că erau două femei crescute în umbra unor vremuri în care să fii o nevastă întreținută era ceva normal, se luptau în sufletul lor cu alegerile conflictuale încă valabile pentru femeile de vârsta lor — să fie ocrotite și să se bazeze economic până la un anumit nivel pe altcineva, să aibă ele grijă de nevoile emoționale și domestice ale altora, să fie independente și să nu aibă nevoie de un altul sau, invers, să renunțe la independența pe care o obținuseră.

Conflicte precum acestea se înșiruiau de-a lungul vieții lor și erau mediate de flexibilitatea relației lor. Se luptau cu problemele dependenței și independenței, cu grija uneia pentru cealaltă sau cu nevoia de a fi îngrijite, cu acea conștiință de femei care își cuceriseră singure noi teritorii. Faptul că amândouă aveau venituri foarte rezonabile le ajuta să evite să intre în roluri predictibile și fixe. O creșteau amândouă pe fiica de șapte ani a lui Carol, Chloe, și se gândeau să mai crească încă un copil. Erau devotate vieții de familie și se descurcau mai mult sau mai puțin cu reparațiile necesare în gospodărie.

Carol rămânea cea calmă, iar Maria cea tumultuoasă, dar aveau o sensibilitate profundă una față de alta și reușeau, în cabinetul de terapie, să se asculte una pe cealaltă vorbind despre felul în care trăia fiecare dificultățile care apăruseră între ele. Educația primită de fiecare în copilărie, care, în ciuda imensei diferențe dintre mediile lor de proveniență, pusese accent pe a oferi îngrijire, pe adaptarea la nevoile altora și pe împlinirea lor, le făcuse, ca femei, să fie în mod acut conștiente una de dorințele celeilalte. Și, cu toate că deseori acest aspect al psihologiei feminine poate fi unul care schilodește, fiind exprimat în dauna unei anumite dezvoltări personale, în cazul lor constituia un factor pozitiv.[2] Le ajuta să se audă una pe cealaltă, să fie empatice și grijulii, și dacă niciuna nu se simțea pe moment amenințată, le ajuta să-și poată accepta complexitatea fiecăruia dintre sentimentele lor.

S-ar fi putut crede că în această stare de fericire lucrurile mergeau atât de bine între ele (și că depășiseră cu mult obiectivul lor inițial) încât am fi putut foarte bine să oprim terapia. Dar aveam sentimentul, încă nespus în cuvinte, că pentru ele și pentru relația lor era energizant ceva ce ținea de triada noastră. Aveam o intuiție sau mai bine spus un iz de senzație că dacă terapia s-ar fi oprit, vivacitatea lor s-ar fi evaporat sau că energia generată între noi trei ar fi putut imploda negativ asupra lor două. Părea că este importantă prezența mea ca *o a treia parte atât la interiorul relației lor, cât și separată de aceasta* și era ca și cum această a treia axă remagnetizase relația dintre ele atât în plan erotic, cât și afectiv.

Credeam că înțelesesem acest lucru. Colegii care cercetează psihologia feminină au conturat tabloul aspectelor specifice care le pot afecta pe femei când sunt implicate în relații intime care le afundă în conflicte și dificultăți legate de asemănări și diferențe, indiferent de sexul celuilalt parterner. O relație intimă în mod fericit satisfăcătoare, care pornește de la deschidere, înțelegere și acceptare, poate eșua, împinsă fiind chiar de teama în fața farmecului, opiniilor, gândurilor și sensibilităților care i-au adus inițial împreună pe cei doi. Ceea ce cândva era fermecător, provocator și diferit, prin însăși natura contrastului său, este și potențial amenințător. Ceea ce cândva era revigorant, induce teamă: *dacă această persoană este atât de diferită de mine, cum va putea să mă accepte și să mă iubească pe mine?* Iar marginile tăioase ale diferenței pot eroda, ducând la o relație care este de la un punct încolo susținută de acele aspecte ale celor doi care s-au contopit; fosta plăcere a surprizei este sacrificată pentru o ambianță care poate fi dulceagă și sufocantă. Într-adevăr, apare acum și o iritare față de diferitele obiceiuri sau tabieturi ale celuilalt. Sunt preferate continuitatea și lipsa de întreruperi, astfel încât ceea ce era al celuilalt acum devine al meu. Ceea ce era individual, acum se întinde ca să-l cuprindă pe celălalt. Ceea ce nu se suprapune acum deranjează.

Când două femei sunt împreună, sentimentul de a fi înțelese și sentimentul de similaritate ies în evidență. Pentru Carol și pentru Maria, această asemănare crea o fuziune psihologică suficient de acută ca să fie nevoie de un altul pentru a o depăși. Spre deosebire de cuplurile bărbat–femeie, care pot folosi inconștient genul pentru a simboliza diferența dintre ei, Carol și Maria aveau nevoie de un altul, de cineva din afara relației, dar aflat în câmpul emoțional al acesteia, pentru ca să se poată demarca ele două.

Aceste raționamente teoretice care îmi structurau gândurile m-au făcut să mă întreb dacă nu cumva eram „folosită" acum de ele pentru a depăși orice ar fi fost acel lucru care le ucisese viața sexuală comună în acel an de celibat. Nu mă gândeam la a fi „folosită" în sens pornografic, erotic, ci ca o a treia persoană separată de ele, mai degrabă așa cum fusese Sonya. Cu excepția faptului că eu eram a amândurora.

Simțeam că fusesem desemnată să fiu *cealaltă* și, pentru că mă aflam în această poziție în sens profesional, mă aflam în ea și în sens psihologic. Fiind interesată de amândouă atât ca persoane individuale, cât și ca un cuplu, întrerupsesem temporar natura fuzională a atașamentului lor una fața de cealaltă, le smulsesem și le separasem din cuplul indivizibil care deveniseră, pentru a le reda pe una celeilalte ca persoane atractive sexual. În această ordine de idei mă întrebam dacă aventura lui Carol nu jucase cumva un rol important în salvarea relației lor. Acum, se părea că eu jucam un rol similar, deși prezența mea acolo pentru amândouă și pentru relația lor, și nu ca o prietenă specială a lui Carol, schimbase ecuația.

Ezitam să împărtășesc aceste gânduri cu Carol și cu Maria în acest moment, pentru că aveam multe de trecut prin sită eu însămi. Erau gândurile mele un construct teoretic facil bazat pe faptul că lucram cu multe femei? Eram cu adevărat pentru ele un altul sau căzusem în povestea lor de dragoste, alăturându-mă relației acum vibrante, revitalizate, pe care ele o creaseră? Tânjeam să fac și eu parte din intimitatea care emana dinspre ele? Cu certitudine aveam prietene foarte apropiate și le prețuiam prietenia. Iar gândul de a mă alătura lor nu avea vreun ecou în mine, pentru că prieteniile mele personale cu alte femei erau profund susținătoare și formau o parte a vieții mele cotidiene care mă îmbogățea.

Mi se cerea să fiu a treia parte, un terț, înțeleasă în mod obișnuit în teoria psihanalitică asemenea unei reprezentări a părintelui mai îndepărtat, a tatălui oedipian care rupe relația fuzională dintre mamă și fiică și care, prin masculinitatea lui, permite fiicei să-și parcurgă propria tranziție către iubirea genitală heterosexuală? Cu siguranță, eu eram a treia parte, dar aceasta părea o interpretare prea uzitată și predictibilă. Dacă eu eram figura cealaltă, oedipiană, atunci trebuia să aflu pentru cine? Eram spectatorul de pe margine al cuplului sau al lor luate individual?

Eram eu acel altul excitant? Ca terapeut disponibil doar cincizeci de minute o dată pe săptămână, încurajându-le să se deschidă și să discute dificultățile pe care le aveau în timp ce le induceam sentimentul că le puteam gestiona, atitudinea mea avea într-adevăr ceva din tatăl ușor distant, dar potențial incitant și oedipian seducător. Dar, din nou, această interpretare nu rezona cu psihologia feminină așa cum ajunsesem să o cunosc eu în cei peste douăzeci de ani de practică. Întrucât ceea ce caută multe fete și femei, indiferent de orientarea lor sexuală, este o relație cu o femeie care se poate atașa și apropia de ele fără a fi fuzională. Faptul că femeile caută acest lucru la bărbați și sunt adesea dureros dezamăgite nu este un secret. Faptul că femeile îl caută una la alta, dar apoi se împiedică de tendința fiecăreia de a fuziona este unul dintre aspectele ascunse ale psihologiei femeilor pe care a fost în stare să îl constate în terapie o ureche conștientă de diferența de gen.[3]

De unde provine această nevoie? Ce anume din constrângerile și tensiunile, din nevoile psihice neîmplinite pe care mamele le aduc în relațiile cu fiicele lor — care reprezintă în sine o dezvoltare a relațiilor mamelor cu propriile lor mame — dă această formă particulară psihologiei fetelor? De ce fiicele (la fel ca mamele lor înainte) eșuează, tânjesc de dor adesea, dar rămân incapabile să-și creeze propriile atașamente curate, lipsite de complicații? Cum se pot elibera fiicele de privațiunea emoțională care le-a legat pe mame de fiice și pe fiice de mame peste generații într-un atașament fuzional schiloditor? Cum ar putea evita femeile reproducerea unor dinamici fuzionale similare în alte relații intime?

Vrem să iubim fără să fim influențați. Când ne îndrăgostim ne imaginăm că creăm o relație pe o pânză imaculată. Dar pigmentul relațiilor noastre timpurii (cu mama în mod special) se îmbibă în aventurile noastre amoroase adulte și dificultățile lui pătează prezentul. Ne trezim fuzionați cu partenerul în așa fel încât individualitatea noastră îl cuprinde acum și pe el. Ne influențăm profund unul pe celălalt, astfel încât anxietățile, speranțele și dorințele celuilalt nu sunt trăite ca fiind ale unei persoane separate, ci ca parte din noi. Nu putem decât să reacționăm. Reacțiile noastre emoționale se îngemănează și apare o estompare a granițelor. S-ar putea să nu prea știm unde începem și unde ne sfârșim, ale cui emoții aparțin cui. L-am încorporat pe celălalt în sentimentul nostru de sine.

În timp ce femeile aflate în relații heterosexuale reușesc deseori să „folosească" genul diferit al partenerilor lor bărbați pentru a-și crea un sentiment de diferență, în cazul femeilor cu partenere femei nevoia de a se diferenția trebuie să fie abordată mai direct și uneori acest sentiment de diferențiere este obținut prin introducerea unui altul.

Gândindu-mă la mine în rolul acestui altul excitant sau autonom, chicoteam în sinea mea. Dumnezeu știe că nimeni nu este mai puțin excitant decât analistul sârguincios în cabinetul său de consultații. Dar prin procesul de transfer și de dezvoltare a transferului asupra terapeutului, probabil că regăseam în mine sentimentul că aș fi putut să joc pentru Carol și Maria rolul celui exclus și, dacă reușeam să fac acest lucru, să sparg aspectele fuzionale ale atașamentului lor pentru ca ele să poată să se bucure din nou fiecare de individualitatea celeilalte. Dacă le acceptam pur și simplu ca persoane individuale și în același timp ca un cuplu, în loc să încerc să le despart una de cealaltă, sentimentul lor de sine ca persoane individuale, fiecare cu propria unicitate era restaurat.

Mi se părea mai acceptabilă această idee despre ce anume putea să creeze sentimentele calde dintre noi decât interpretarea oedipiană reducționistă.

Apropierea lui Carol și a Mariei scosese la suprafață pericolele neprevăzute pe care le presupune intimitatea. În procesul de apropiere intimă și de atracție a iubirii, al susținerii și acceptării uneia față de cealaltă, ele *se regăsiseră și se întăriseră* ca persoane individuale. Talentele, lipsurile și aspirațiile fiecăreia erau reflectate și apreciate de către cealaltă, iar grijile și dorințele le erau respectate. Își vindecaseră unele dintre rănile copilăriei. Depășiseră cu mult constrângerile care le fuseseră impuse din afară. Dar chiar acel mediu de creștere, de iubire, acceptare și apropiere în cuplu generase și sentimentul contradictoriu că se *pierduseră* pe ele însele ca individualități. Deveniseră un cuplu în loc să fie două persoane distincte conectate într-o relație. Începeam să cred că evitau sexul pentru că, în mod paradoxal, le aducea mai aproape una de alta decât ar fi putut suporta psihic acum când se cunoșteau atât de bine. Poate că simțiseră că identitățile lor individuale ar fi putut dispărea cu totul dacă ar fi fost atât de deschise sexual și psihic una cu cealaltă? Căci sexualitatea feminină, cu metaforele ei puternice de topire și de sudare una în alta, este adesea o modalitate de dizolvare a barierelor. Dar dacă ești deja prea aproape? Ar deveni atunci periculos din punct de vedere psihologic?

Și aici apare o diferență de gen, cel puțin atât cât a fost ea exprimată în practica mea terapeutică. În timp ce femeile își găsesc identitatea și sentimentul de sine când le sunt confirmate inițial prin apreciere și asemănare, bărbații își găsesc adesea identitatea prin confirmarea diferenței sau a faptului că sunt distincți. În intimitatea sexuală, pentru femei, conexiunea este primordială. Pe de altă parte pentru mulți dintre bărbații care mi-au vorbit despre ce înseamnă pentru ei sexul, deși conexiunea face parte din ceea ce se întâmplă în timpul contactului sexual cu partenera, un alt aspect la fel de puternic al relației sexuale este confirmarea reasiguratorie pe care le-o dă percepția unui sentiment de „mine", a potenței și a senzației de a fi distincți.[4]

La începutul relației de iubire dintre Carol și Maria, când încă nu deveniseră creatoarele unei orbite comune, ci indivizi care trebuiau să se întindă peste spațiul dintre ei pentru a crea o intimitate împărtășită, sexul era felul lor de a se simți apropiate. Amprenta sexuală pe care Carol și Maria o lăsa fiecare pe trupul celeilalte le transforma pe fiecare fizic, adeseori făcându-le să tânjească dureros după reconectare. Cu trupurile deschise în acest mod, fiecare se simțea ca fiind mai puțin *dar și* mai mult ea însăși, fără cealaltă. Această dinamică ciudată încercuiește iubirea. Ne simțim simultan îmbogățiți și împliniți de iubire și de expresia ei erotică, și totuși într-un fel nefericiți atunci când nu e prezentă, pentru că am devenit de-acum dependenți de celălalt,

fizic și emoțional, pentru a putea avea sentimentul de întreg.
Legătura erotică dintre Carol și Maria și modul în care aceasta marca trupul fiecăreia umplea spațiul dintre momentele petrecute împreună. Era expresia nevoii lor una de cealaltă. Înainte să-și fi luat un angajament una față de alta și să trăiască împreună, jocul trupurilor lor ducea greul intimității lor.

În timp, viețile lor se împletiseră într-o țesătură deasă de care era strâns legată fiecare activitate intimă. Sexul nu mai era momentul intim *prin excelență*. Erau intime momentele când găteau, când se uitau la un film împreună, când își invitau prietenii acasă. Erau atât de apropiate încât ciondănelile sau dezacordurile lor deveniseră un mod de afirmare a individualității fiecăreia. Și mai era încă ceva. Știau atât de multe una despre cealaltă și atât de mult creaseră împreună, încât sexul una cu alta devenise aproape prea mult. Să facă dragoste una cu cealaltă, să rămână emoțional și fizic goale, pline de dorință și de iubire una în fața celeilalte era copleșitor.

Mai puteau avea doar contacte sexuale lipsite de interes, de cuplare facilă între doi oameni obișnuiți cu corpul și cu preferințele celuilalt. Dar dacă ar fi adăugat la contactele lor zilnice intimitatea sexuală de la începutul relației lor — când se priveau și se puteau vedea una pe cealaltă, când împărtășeau foamea de autodezvăluire și de contact ca să-și facă plăcere și să se cunoască una pe cealaltă — atunci ar fi apărut, dacă nu chiar o situație explozivă, o situație pe care nu erau sigure că o puteau conține.

Rămâne un fel de enigmă de ce trebuia ca lucrurile să stea în acest mod pentru Carol și Maria și pentru atât de multe alte cupluri aflate în relații stabile.

Deși avem tendința să considerăm că disiparea intimității sexuale din cauza familiarității lucrului cunoscut este un dat, această explicație nu este satisfăcătoare. Poate să aibă sens la suprafață, dar nu este convingătoare. Căci în timp ce unele activități pălesc după ce sunt repetate, din cauză că încărcarea lor cu excitație depinde de riscul pur (cum ar fi parașutismul sau bungee jumping), contactul sexual este la început potențat prin repetiție, deoarece oamenii se simt tot mai confortabil să-și expună sentimentele și dorințele cele mai profunde ca modalitate de a se cunoaște unul pe celălalt mai bine. Dorințele trupești se dezvăluie împreună și chiar natura revelatoare și autentică a întâlnirii o face să fie excitantă și profund gratificantă. Desigur, acest lucru implică un risc, și fără îndoială că acesta face parte din întreg. Dar ceea ce merge mână în mână cu riscul emoțional al propriei deschideri, al descoperirii celuilalt și al redescoperirii de sine cu un altul este contactul sexual repetat.

În cazul multor activități, fie că se desfășoară individual sau împreună cu alții, cum ar fi ascultarea sau interpretarea unei piese muzicale, gustarea unor mâncăruri noi sau practicarea unor sporturi, repetarea lor mărește plăcerea. Familiaritatea produce satisfacție și activitatea respectivă este mai degrabă căutată decât evitată. Deci merită să cântărim ceva mai profund de ce sexul, cândva bijuteria cea mai prețioasă a unei relații, ajunge să fie evitat. Care sunt factorii care țin de fiecare individ în parte și de cuplu care conduc la o perioadă de plictiseală în viața lor sexuală?

Panta descendentă luată de viața sexuală a lui Carol și a Mariei a apărut undeva între optsprezece luni și doi ani de la începutul relației lor. Deși nu există nicio dovadă care să confirme că aceasta ar fi altceva decât o simplă întâmplare, regularitatea cu care am întâlnit această perioadă în experiența mea clinică este uimitoare. M-a făcut să mă întreb dacă nu cumva „ciclul de viață" al intimității erotice a unui cuplu stabil oglindește ceea ce cunoaștem la nivel aproape preverbal, precognitiv, din amintirile noastre despre și din relația noastră cu intimitatea însăși. Când doi oameni încep să se apropie unul de celălalt, ei se retrag într-un spațiu privat, se creează pe ei înșiși ca un cuplu, iar apoi se reintegrează ca un cuplu în mersul obișnuit al vieții.

Cunoaștem mai întâi intimitatea cu mama sau cu cei care își asumă primii acest angajament responsabil față de noi. Înainte să învățăm să vorbim, modurile noastre de comunicare erau fizice și gestuale. Pentru că eram menținuți și absorbiți într-o relație intens fizică, schimbul senzual și atenția față de nevoile corporale au fost modalitățile în care ne-am exprimat și prin care am primit iubirea. Mama sau persoana de îngrijire maternă era întreaga noastră lume, farul în jurul căruia orbitam. Totul — cuvintele pe care le-am învățat, mișcările pe care le-am înțeles, imaginile care ne-au fost explicate și reacțiile față de inițiativele noastre — a fost exprimat în acest cadru. La circa optsprezece luni căpătasem abilitatea de a merge în picioare și câteva cuvinte ca să comunicăm cu alții. Puteam să ne îndepărtăm scurt timp de lângă persoana care ne îngrijea fără să ne simțim în pericol și să simțim gustul lucrurilor aflate la marginea orbitei sale. Lumea noastră se separa acum din intimitatea fizică a pruncei noastre în care fiecare nuanță, fiecare dorință (indiferent dacă i se dădea sau nu atenție) erau exprimate în ambientul fizic al mamei și copilului.

Între optsprezece luni și doi ani, copilul ajunge să se cunoască pe sine ca subiect, ca „eu", cu un început și un sfârșit și cu o relație cu alți subiecți, ceea ce Margaret Mahler a numit „nașterea psihologică a puiului de om".[5] *Desigur, acesta nu este un proces în întregime distinct. Așa cum atât de frumos a arătat Daniel Stern, analist și cercetător al copilăriei mici, bebelușii sunt foarte capabili să îi perceapă pe ceilalți, să înregistreze complexitatea venirilor și plecărilor lor și nuanța emoțională a relațiilor lor. Dar această cunoaștere este în esență viscerală, senzuală și raportată la sine. Bebelușul nu este capabil să îi vadă pe ceilalți, care se îndreaptă spre el și care relaționează cu el, ca subiecți de plin drept, cu propriile lor nevoi și dorințe aflate dincolo de cele ale bebelușului. Mai degrabă, ceilalți sunt priviți ca tovarăși întru nevoi ai bebelușului, iar în acest sens ca obiecte ale bebelușului.*

Se crede că în mintea bebelușului legătura dintre nevoile lui și cele ale altora nu se diferențiază înainte de vârsta de optsprezece luni. Într-adevăr, magia prunciei constă în iluzia bebelușului că ceea ce are nevoie el este ceea ce celălalt, îngrijitorul, dorește să împlinească. Se poate ca pentru bebeluș dorința în sine *să nu fie distinctă de actul de a primi. Căci ceea ce vrea bebelușul este acea nevoie la care i se răspunde.*

Deziluzionarea acestei idei este un pas crucial în dezvoltare pe care îl facem cu toții în drumul nostru către devenirea ca persoană. Pe măsură ce recunoaștem imperfecțiunea celor de care depindem, recunoaștem și natura individuală a dorinței noastre și, odată cu aceasta, limitele noastre și limitele puterii noastre. Această recunoaștere îl impulsionează pe bebelușul care trece de vârsta alăptării să găsească alte surse pentru a-și amplifica hrănirea emoțională. Se îndreaptă în afara cuplului către alții — adulți, tovarăși de joacă, frați — și această evoluție atrage acum relații noi și variate care sunt mai puțin intense și mai puțin private, mai reciproce și mai puțin asimetrice.

În relația romantică adultă care duce la intimitate profundă și iubire erotică, pare să aibă loc un proces care prezintă unele paralelisme. Tulburați în moduri atât de personale, ne retragem cu cel iubit, devenim un singur cocon, împreună cu celălalt, și ne regăsim din nou pe noi înșine. Ne imaginăm că „renaștem".

După ce am fost pe deplin îmbăiați în baia de iubire dăruită și primită, ne simțim destul de împliniți și suficient de în siguranță pentru a ne îndrepta în afară — ca bebelușul —, pentru a vedea cum ne primește lumea mai largă. Odată cu această îndrăzneală, sexul este inevitabil reformulat. Relația sexuală a cuplului poate continua să fie limbajul lor privat care desemnează locul intimității, al reîncărcării emoționale. Poate fi activitatea exclusivă care distinge relația cuplului de alte relații. Poate fi actul care implică posesiunea celuilalt sau atașamentul față de acesta. Dar, în aceeași măsură, relația sexuală poate fi inversată din poziția ei anterioară și să devină o retragere din intimitate, o activitate în care nu ne mai îndreptăm atât de mult către celălalt și nu ne mai dezvăluim lui, ci una în care ne ascundem și ne retragem.

De ce să fie așa? De ce ceea ce a fost atât de prețios devine acum problematic, banal sau dezamăgitor? Dacă pentru fiecare dintre indivizi intimitatea sexuală invocă o recreare a intimității emoționale și fizice din prima parte a vieții, ca pe unul dintre elementele sale, supraviețuirea unei relații sexuale erotice are nevoie de o istorie personală specifică? Are nevoie de o relație intimă timpurie în care aventurarea în afara cuplului mamă-copil să fi fost încurajată de către mamă astfel încât atașamentul și interesul față de altceva să nu diminueze sau să amenințe erotismul sau intimitatea cuplului?

Deși este posibil să nu reușim să explicăm în mod adecvat cum ajunge intimitatea sexuală să fie atât de amenințătoare între oameni care se cunosc bine, putem să folosim această paralelă cu procesul de separare–individuare — de dezvoltare emoțională a copilului mic —, pentru a reflecta asupra ei. Ne-ar putea ajuta, dacă păstrăm întrebarea în minte, să înțelegem cât de cât de ce este respinsă intimitatea unu-la-unu.*

La acest lucru se referea Carol când se întreba dacă nu cumva o adâncire a profunzimii iubirii lor eliminase pasiunea. Nu însemna că erau mai puțin îndrăgostite. Dimpotrivă, îi spunea Carol Mariei, care cerea reasigurări, o iubea și mai mult și îi era și mai dedicată. Lipsă de iubire, nicidecum.

* Teoria separării–individuării a fost dezvoltată de Margaret Mahler, conform căreia dezvoltarea copilului parcurge trei etape: faza normal autistă, faza normal simbiotică și faza de separare–individuare. (N.red.)

M-am gândit că lucrul la care făcea aluzie Carol avea de-a face cu o dizolvare a granițelor personale la care poate duce intimitatea sexuală. Intimitatea lor sexuală și emoțională crea un sentiment de fluiditate psihologică între ele. Le împinsese pe cele două femei, am sugerat eu, într-o stare de fuziune care simula unele echivalențe psihologice cu experiențele lor din copilăria timpurie. Sau, cu alte cuvinte, crease intimitatea în modul în care o trăise fiecare dintre ele pentru prima dată.

Deși intimitatea sexuală a fost gratificantă în prima parte a relației lor, ca intimitate între două persoane adulte, odată cu apariția unor aspecte de fuziune psihică între Carol și Maria, era ca și cum pierduseră ceva. Fuziunea le regresase psihic, ștergându-l pe „celălalt". Nu mai exista, într-un fel, o alta cu care să facă dragoste. Sexul, în starea de fuziune (pe care în mod paradoxal o generează), este mai degrabă masturbator decât comunicativ și conector.

M-am gândit la modalități în care să încerc să le explic acest fenomen destul de curios. Pentru mine tabloul teoretic era clar, dar poate că ele nu l-ar fi văzut așa. Eram sigură că puteau înțelege felul în care două persoane deveniseră una și cum avuseseră nevoie atunci de o alta, o străină, pentru a deveni două din nou, dar nu eram sigură dacă această explicație era suficient de adecvată. Pentru mine era bună pentru că se baza pe teoriile psihologice ale separării individuării, dar, analizată pe bucăți, părea extrem de simplistă și la fel de reducționistă ca și teoriile oedipieine pe care le respingeam. Nu eram convinsă că înțelegerea dinamicii ar fi schimbat datele problemei pentru ele.

Atât Carol, cât și Maria se raportau la mine ca la mama lor bună și, deși era o glumă, părea un posibil punct de plecare. Dacă am fi putut vorbi despre ce fel de calități îmi atribuiau ele mie și ce funcție îndeplineam eu ca mamă bună, aș fi putut să fiu extrasă din relația lor fără pierderea vieții lor erotice regăsite. Probabil că ceea ce ele vedeau în mine era o femeie care susținea și încuraja atât individualitatea fiecăreia, cât și comuniunea lor. Probabil că ele îmi atribuiau mie sensul obiectului din afara cuplului, care nu trebuie să le amenințe, ci poate să fie o aventură plină de împliniri. Probabil că simțeau că eu le ofeream un atașament bazat nu pe fuziune, ci pe separare și că era posibil să ajungă la o nouă formă de intimitate.

Înainte să pot vorbi eu despre ceea ce gândeam, Carol și Maria au părăsit terapia. Erau atât de fericite, ziceau. Terapia funcționase. Se simțeau încrezătoare și învigorate sexual și, oricât de multă plăcere le făcea să mă vadă, doreau să plece. Le înțelegeam dorința, dar mă îngrijora. Deși într-adevăr viața lor erotică se revigorase, nu eram la fel de sigură că făcuseră altceva decât să o înlocuiască pe acea alta externă a lui Carol — pe Sonya — cu mine. Da, fusesem a amândurora, ceea ce cred că era un progres, dar perlaborarea nevoii de un altul pentru a sparge dezinteresul sexual sau pentru a căpăta chiar și o înțelegere a acestei dinamici fusese insuficientă pentru a consolida schimbările. Le-am cerut să rămână un număr suficient de ședințe cât să putem să înțelegem acea transformare, să nu o ia ca și cum era gata rezolvată. M-au tachinat că nu voiam să fiu părăsită și au încetat oricum terapia.

Probabil, m-am gândit, le subestimasem. Poate că reușiseră să atingă un grad mai mare de separare psihică decât estimasem eu. Poate că starea lor de bine nu era chiar atât de dependentă de mine ca o a treia persoană care să le dea un reper în întuneric.

Dar acestea erau gânduri cu care mă luptam în mintea mea, încercând să îndrept o situație care nu se sfârșise așa cum poate îmi dorisem eu. Mă simțeam înfrântă. Prinsă între scopul terapeutului și scopul cuplului. Pentru propria mea satisfacție sperasem și voisem o soluție estetică din punct de vedere tehnic, una care simțeam eu că putea să aibă o anumită permanență, una în care Carol și Maria să fi putut gestiona un spațiu psihologic mai generos între ele. Apoi m-am certat singură, spunându-mi că ele nu veniseră la terapie pentru a se construi mai bine psihologic. Solicitaseră terapie ca să-și salveze relația și să rezolve problema cu Sonya. Din punctul lor de vedere realizaseră acest lucru.

Sigur că îmi era dor de ele. Fuseseră un cuplu cu care mi se păruse interesant să lucrez și îmi făcuse plăcere că avusesem ocazia să le cunosc pe amândouă. Îmi plăceau opiniile lor, felul lor de a înfrunta lumea, să ascult problemele care le electrizau sau care le paralizau. Simțeam, cum am simțit adesea, că profesia mea era una minunată, pentru că îmi permitea accesul la lumi pe care nu le-aș fi putut cunoaște atât de intim într-un parcurs normal al vieții. În acest caz fusese lumea a două femei, o evreică englezoaică și o afro-americană, care aveau o sexualitate diferită de a mea, care creșteau împreună o fiică și se confruntau cu provocările generației lor. Am acceptat acest cadou, mi-am completat notițele, am închis dosarul și am încercat să nu-mi fac griji pentru ceea ce mi se părea încă nerezolvat.

Zece luni mai târziu a sunat Carol. Erau în degringoladă. Puteau să vină urgent la mine? Era prea complicat să-mi explice la telefon. Marți. Mulțumesc.

Au sosit gâfâind. De data aceasta a început Carol ședința. Maria încercase să rămână însărcinată, iar pentru Carol întregul proces fusese de nesuportat. Voiau un tată adevărat pentru copil, nu doar spermă. Voiau pe cineva pe care-l cunoșteau și pe care se puteau baza să rămână în viețile lor pentru viitorul copilului. Un fost iubit, Charles, care fusese iubitul Mariei când era la Harvard, care era acum prieten cu amândouă și venise pentru un proiect de cercetare în Marea Britanie pentru șase luni, părea alegerea ideală. El era bisexual, ar fi vrut să aibă un fel de relație cu copilul, o iubea pe Maria și era fericit să își aducă astfel contribuția.

Toți trei hotărâseră că cel mai bun mod de a concepe copilul era ca Maria să se culce cu Charles. O mai făcuseră înainte și nu dorea să își conceapă copilul prin masturbare și seringi. Desigur, Carol nu dorea nici ca actul sexual să fie un act de a face dragoste, dar își dorea cu adevărat ca procreerea copilului ei să implice un penis și un vagin. De acest lucru era sigură. Dar deși Carol credea că era o idee minunată — propriul ei copil fusese conceput printr-un act sexual cu un fost iubit — a descoperit că nu putea suporta gândul că Maria se culca cu Charles. Se simțea insuportabil de geloasă, teribil de înspăimântată și convinsă că avea să o piardă. Înainte de criza cu Charles, viața lor sexuală se pleoștise din nou. Voise să se întoarcă la mine să vorbească despre asta dar orgoliul ei o împiedicase. Acum se temea că Charles și Maria aveau să rămână împreună; aveau să se îndrăgostească din nou, să păstreze copilul și să o excludă pe ea. Proveneau din aceeași lume, se confruntaseră cu probleme similare în încercarea de a-și depăși condiția de clasă de mijloc inferioară a populației de culoare suburbane. Într-o zi Maria ar fi putut să vrea să se întoarcă în SUA, în ciuda a ceea ce spunea acum, iar Charles îi putea oferi acest lucru și îi putea asigura ceea ce Carol nu ar fi putut niciodată. Carol era înnebunită în felul ei calm, englezesc.

Erau multe de rezolvat. Panica lui Carol cuprindea tot ce era specific în alegerile ei de viață, căci încapsula teme legate de clasă, heterosexualitate, rasă, apartenență, asemănare și diferență. Carol simțea că nu mai avea nimic de oferit. Nu-i putea face un copil Mariei, nu era ea însăși de ajuns pentru a o susține, era inadecvată. Heterosexualitatea era în mod clar superioară homosexualității, negrul superior albului, Statele Unite superioare Angliei.

M-am întristat văzând un asemenea colaps la Carol. Stăpânirea de sine pe care o demonstrase înainte nu îmi dăduse niciun indiciu al vreunei suferințe profunde. M-am întors către Maria. Din descrierea făcută de Carol aș fi putut să cred că existau unele motive pentru panica ei. Se gândea Maria să o părăsească? Se îndrăgostise de Charles? Era viața de lesbiană prea grea totuși — o discriminare în plus de suportat pentru ea? Era prea mult să trăiască departe de casă cu o femeie albă, chiar dacă era evreică? Sau poate, am cugetat eu, încrederea în sine și iubirea pe care le primise de la Carol îi permiseseră să-și dezvolte o încredere în sine suficientă pentru a urma o cale nouă?

Dar nu am găsit nicio dovadă a dorinței Mariei de a se îndepărta de Carol. Da, era încântată că Charles acceptase să fie tatăl; da, dorea un copil negru; da, avea unele regrete că viața o aruncase pe un țărm departe de casă. Dar nu, nu vrea să o părăsească pe Carol și relația lor.

Aspectele pentru care își făcea Carol griji nu erau nici pe departe neînsemnate. Îmi puteam imagina teama pe care aș fi simțit-o și eu dacă aș fi fost în locul ei. Ea considera că Maria avea o cale de ieșire din dificultățile de netăgăduit pe care le presupunea o relație homosexuală, interrasială. Carol își imagina că Maria reintrase în contact cu unul de-ai ei și că ea, care nu fusese niciodată capabilă să găsească un suflet pereche în lumea din care provenea și care părea să-și aleagă parteneri care erau teribil de diferiți de ea, avea să fie părăsită ca dovadă a aberației alegerilor sale. Se simțea înspăimântată și umilită, ca și cum decizia Mariei de a face un copil cu Charles însemna respingerea ei.

Era mult material de discutat din perspectiva sentimentelor lui Carol legate de faptul că nu-i putea da Mariei un copil. Limitele biologiei sale și neputința ei de a schimba acest lucru ar fi putut fi un nucleu numai bun pentru o conversație psihanalitică. Dar aici eu eram mai interesată să înțeleg felul în care temele care apăruseră mai înainte între Carol și Maria, legate de asemănare și diferență, de modul în care să găsească distanța corectă între ele două, apăreau acum într-un alt context. Problemele legate de negri și albi, de sexualitatea lor, de angajamentul lor una față de cealaltă, erau umbrite de probleme care apăruseră în conversațiile noastre anterioare despre fuziune și separare și erau împinse forțat la suprafață în această situație nouă. Și mai eram interesată și de suferința profundă a lui Carol.

Eram entuziasmată, alături de ele, de decizia lor de a încerca să aducă încă un copil în relația lor. Empatizam cu ele în legătură cu dificultățile presupuse de acțiunile concrete ale aducerii pe lume a unui copil. Dar, la un alt nivel, detectam o anumită nerăbdare în mine care m-a surprins. Mă întrebam de unde provenea și de cine sau de ce anume era ea legată. Era nerăbdarea mea ca Maria să rămână însărcinată, astfel încât să putem depăși amenințarea pe care o reprezenta Charles și să trecem la problemele pe care le-ar fi presupus sarcina? Voiam să mă distanțez de drama lor, să rămân în afară, să resping confuzia fuziunii lor? Mă puteam păstra separată de ele cu prețul unei nerăbdări, nerăbdare care avea o autosuficiență implicită ce venea din poziția mea ce mă ferea de confruntarea cu problemele care le afectau pe ele? Îmi erau sentimentele acestea de vreun folos ca să înțeleg dilema lor? Am analizat rapid câteva opțiuni, sperând să mă luminez cu privire la care ar fi putut fi corectă, care ar fi putut să dea un sens iritării mele și, desigur, să schimbe lucrurile pentru ele. Nu mă ajuta niciuna. Nimic nu avea prea mult sens din punct de vedere emoțional. Cu certitudine puteam să aplic teorii aproape la tot ce se petrecea, dar trebuia să îmi recunosc nerăbdarea și să o examinez ca să văd ce însemna ea pentru mine. Înțelegând ce *trebuia eu să rezolv* aș fi putut să găsesc o cale pentru a le ajuta pe Carol și pe Maria să treacă prin această tranziție dificilă.

Ședința s-a sfârșit. Mi-a venit în minte imaginea mea dorind să înot printre ele, cu mâinile unite în față într-o mișcare de bras, ca să le împing în lateral, încercând s-o împiedic pe Carol să se mai bage în treaba Mariei cu Charles. Voiam să o apuc pe Carol și să o pun de-o parte, astfel încât Maria să-și continue propriile lupte generate de proiectul de a se culca cu un fost iubit, de apropierea ei pe mai departe de un afro-american, de propriile ei probleme legate de rădăcini și de propriul viitor. Deși simpatizam cu temerile lui Carol și îmi era ușor să înțeleg cât îi era de frică, nerăbdarea mea stătea în calea empatiei reale, a însoțirii ei emoționale în temerile pe care le trăia. Nu puteam să pătrund în experiența ei pentru că, făcând acest lucru, m-aș fi simțit ca și cum aș fi intrat în fuziune.

Mă întrebam ce era această intoleranță a mea față de fuziunea lor. De ce? Eram mai puțin capabilă să-mi gestionez propriile conflicte legate de fuziune și separare decât crezusem? Amenința dificultatea lor un echilibru al meu personal care era mai puțin stabil decât știam eu? Era relația mea cu partenerul meu la fel de fuzională? Dacă era așa și mă identificam cu amândouă, ce trebuia să înțeleg de-aici pentru a le ajuta pe ele?

Timp de câteva ședințe nu am avut prea multe idei. Lucrul cu ele era rutină și mai mult tehnic. Am încercat să o ajut pe Carol să-și retragă proiecțiile dinspre Maria, astfel încât să poată auzi trăirile *reale* pe care Maria le avea în legătură cu ceea ce i se întâmpla cu Charles. Am încercat să o încurajez pe Carol să-și exprime sentimentele în așa fel încât Maria să nu le resimtă ca pe o piedică în încercarea ei de a rămâne însărcinată. Aveau un mod anume prin care sensibilitatea lor una față de cealaltă făcea ca emoțiile puternice ale fiecăreia dintre femei să acționeze pentru a o imobiliza pe cealaltă. Tot culegând câte un sentiment și redându-l posesoarei lui participam la o operație de deznodare. Mă simțeam la fel ca atunci când stăteam pe podea cu fiica mea și cu prietena ei și le sortam lucrurile în grămezi separate. La fel ca și cu fiica mea, aveam senzația că grămezile urmau să fie din nou amestecate, dar stabilirea proprietății mi se părea importantă. Făceam o muncă mai degrabă pedantă, dar necesară, de terapie de cuplu, în timp ce așteptam să văd dacă puteam să înțeleg mai bine propria mea reacție. Ce mi-ar fi putut arăta nerăbdarea și lipsa mea de empatie?

Ca în orice terapie, apăreau câteva planuri concurente. Pe de o parte era narațiunea lor, sentimentele lor și ceea ce rămânea nespus și povestea pe care mi-o spuneam eu mie însămi despre ceea ce se întâmpla. Pe de altă parte, era ceea ce se petrecea între cele două femei care formau cuplul. Mai era apoi experiența fiecăreia luată individual. Și mai era experiența noastră, a relației din cabinet. Toate lucrurile despre care vorbeau ele păreau a se potrivi cu ipoteza mea inițială. Se afundaseră amândouă într-o fuziune mlăștinoasă în care trădarea fantasmată sau reală putea să ducă la separarea psihică. În prima repriză, problema fusese Sonya. Acum problema era că Maria ar fi putut să o părăsească pe Carol pentru Charles. Treaba mea era să găsesc acele căi prin care să aibă loc o separare psihologică astfel încât ele să poată să rămână atașate una de cealaltă, dar pornind de la o bază diferită.

Știam deja că în cazul lor sexul era plin de viață doar atunci când exista între ele un anumit grad de separare. Acest lucru fusese demonstrat de intrarea lui Charles în viața lor care, din nou, le redeschisese apetitul una față de cealaltă. Poziționarea lui în afara relației lor, atrăgând-o pe una dintre ele către el, reaprinsese flacăra vieții lor erotice, care, la câteva luni după ce încetaseră terapia cu mine, murise din nou rămânând doar un tăciune stins. De când le cunoșteam eu, trei oameni — Sonya, terapeuta, Charles — funcționaseră în această modalitate erotică pentru ele.

Din moment ce nu găseam motive raționale pentru nerăbdarea mea, a trebuit să-mi pun întrebarea dacă nu era cumva o apărare ca să nu descopăr sau să aflu ceva care m-ar fi făcut *pe mine* să mă simt inconfortabil. Existau puncte inconfortabile de similaritate în istoria lor sexuală cu propria mea istorie? Investeam oare în succesul lor, în reușita lor de a fi un cuplu, un cuplu de lesbiene, care reușiseră să-și revitalizeze viața sexuală? Mă simțeam oare dezamăgită acum de ele și incapabilă ca terapeut?

Frustrarea mea creștea. Și-atunci mi-am dat seama. Nu era cine știe ce la un anumit nivel și totuși era acel lucrul care ucide atât de multe iubiri. În moduri semnificative, atât Carol, cât și Maria aveau bine înfiptă în minte ideea de trădare, de a nu avea încredere, ideea că iubirea adevărată înseamnă durere și imposibilitate. Păreau să insiste să vadă semne ale respingerii în orice, în ciuda iubirii lor una față de cealaltă.

Nerăbdarea mea avea un sens acum. Îmi doream ca ele să poată îndepărta suferința și neîncrederea pe care fiecare dintre ele le aducea în relație. Doream să se poată afunda, dacă nu cu impetuozitate, cel puțin confortabil, în iubirea pe care o creaseră împreună, fără să facă o dramă din ea. Odată cu înțelegerea a ceea ce speram eu pentru ele, nerăbdarea mea s-a dizolvat. Acum simțeam că puteam să deschid o conversație despre felul în care abundența dăruirii lor — pe cât era de iubitoare și de generoasă — acoperea în mod curios dificultatea pe care fiecare dintre ele o avea de a primi una de la cealaltă, iar această dinamică lua forma lipsei de încredere, care putea fi resimțită ca o respingere de către cealaltă.

Această înțelegere explica modul în care Carol și Maria puteau fiecare să se perceapă pe sine ca fiind cea care „dăruiește", plină de entuziasm și deschisă către relație, fără să reflecteze la modalitățile în care fiecare dintre ele respingea în același timp iubirea care venea dinspre cealaltă. Simțeam că, dacă puteau pricepe lucrul acesta acum, ar fi putut gestiona ceea ce eu nu văzusem la mine însămi mai devreme în viața mea, să aibă încredere că ceea ce li se oferă era real și să recunoască modurile în care inconștient se deziceau chiar de iubirea după care tânjeau și care le era oferită.

Era un gând dureros, nu din cauza lucrurilor pe care trebuia să le spun lor, căci simțeam că o conversație în această direcție putea fi productivă. Nu, era dureros pentru că tema aceasta a impulsului de a respinge, de a pune la îndoială ceea ce ți se oferă, este o temă omniprezentă. Atât de multe relații sunt devastate de neîncredere și nesiguranță. Mă izbisem de această problemă și fusesem nevoită să mă lupt cu ea în mine însămi. Simțeam unele rezonanțe cu partea mea care respinge, cu încercările mele personale de a regla distanța corectă între mine și cel pe care-l iubeam.

Eram ușurată. Puteam să înțeleg acum iritarea și reacția mea la nevoia lor de a genera drame, precum și faptul că respingerea intermitentă a uneia de către cealaltă rezona cu oscilațiile din propriile mele atașamente. Eram forțată să-mi reamintesc variatele încercări pe care le făcusem pentru a mă extrage din relații fuzionale. Pentru ceva mai mult de o clipă am oftat în sinea mea, gândindu-mă cât de îndelungată poate fi lupta de a ne inversa tiparele psihologice timpurii și cum, în timp ce unele lucruri tulburătoare sunt destul de ușor de schimbat, alte probleme sunt reelaborate de-a lungul vieții cu fiecare schimbare din circumstanțele noastre de viață sau din conștiința noastră. Mă întrebam cum le puteam face cel mai bine pe Maria și pe Carol să progreseze pe această temă, călcâiul lui Ahile al atât de multor relații. Cum puteau renunța ele să se respingă una pe alta și să avanseze către acceptare fără a-și sacrifica sentimentul că sunt diferite?

Nu aveau să învețe cu ușurință cum să se mențină la distanța corectă. Ceea ce le ieșea într-adevăr cu mult prea mare ușurință era să dizolve distanța. Trebuiau să găsească și să păstreze spațiul corect în moduri mai puțin provocatoare. Era, de asemenea, o problemă legată de capacitatea lor de a conștientiza ambiguitatea. Atât starea de separare cât și cea de fuziune aveau pericolele lor. Întrebarea cu care se confruntau Carol și Maria era cum să păstreze gradul dorit de separare psihologică una față de cealaltă fără să-și sacrifice intimitatea. Sau, punând invers problema, întrebarea era *cum să aibă încredere că intimitatea decurge dintr-un anumit grad de separare.* Cu toate că tendința lor de a fuziona, am încercat eu să le explic, le ajutase inițial să se apropie, aceeași tendință era fără speranță pentru susținerea intimității.

Respingerea, am continuat eu să sugerez, era mecanismul lor de a regla distanța dintre ele pentru a atinge și a menține acea intimitate pe care o puteau gestiona. Cum puteau să evite să mai folosească respingerea prin atașamente față de o a treia persoană — Carol față de Sonya, amândouă față de mine, Maria față de Charles — ca modalitate de a se poziționa una față de cealaltă?

Aveam acum patru motive interconectate din cauza cărora respingerea sau neîncrederea lor una față de cealaltă erau atât de puternice la nivel psihologic. În primul rând, faptul că puneau la îndoială una iubirea celeilalte le ajuta să se protejeze împotriva deschiderii și acceptării a ceea ce primeau. În al doilea rând, consecința îndoielii lor era că relația lor avea să se afle, din timp în timp, pe pragul prăpastiei. Poziția pierderii potențiale era o poziție psihologic securizată de unde puteau lupta și-și puteau arăta iubirea una față de cealaltă. În al treilea rând, respingerea reciprocă le ținea la o distanță gestionabilă, astfel încât puteau să evite sentimentul de fuziune una cu cealaltă. În al patrulea rând, această distanță făcea în sfârșit posibil ca ele să se vadă una pe cealaltă ca fiind separate și ca urmare dezirabile sexual.

Am discutat aceste aspecte împreună, căci erau legate de criza lor prezentă. Ce ar fi simțit Carol în sinea ei, la ce ar fi trebuit ea să renunțe, dacă accepta că Maria vrea să continue să trăiască împreună și că dorința de a avea un copil era o modalitate de a confirma și de a duce la un nou nivel relația lor și nu de a o submina? Cât de mare ar fi fost saltul pe care trebuia să-l facă ea pentru a avea încredere că era iubită?

Acestea erau chiar problemele cu care și Maria fusese nevoită să se lupte în încercarea ei de a se deschide față de Carol după aventura lui Carol cu Sonya. Amândouă trebuiau să renunțe la afinitatea lor pentru o iubire care presupunea trădarea și durerea pe de o parte și supraidentificarea și pierderea individualității pe de alta. Trebuiau să îndrăznească să trăiască experiența unei iubiri care era prezentă și disponibilă.

Lui Carol și Mariei le plăceau felul în care apăreau între ele noi provocări cu care fiecare trebuia să lucreze. Văzând caruselul în care fuseseră prinse, erau entuziasmate să găsească o cale de a ieși din el. Au preluat ideea de a-și verifica reacțiile individuale pentru a-și da seama când respingeau sau se îndoiau. S-au gândit că ar fi util să se pună și pe sine, și pe cealaltă sub semnul întrebării în legătură cu lucrurile de care le era frică. Se simțeau provocate să observe când apăreau îndoiala, frica, dorința de a se distanța prin respingere sau nevoia de a fuziona, să se simtă pe sine în ceea ce stătea în spatele unor asemenea sentimente astfel încât să poată să renunțe la părțile aderente din relația lor. Copiii cu părinți care au reușit să le acorde cantitatea corectă de atenție și contact fără să fie nici invazivi, nici retrași pot fi candidați buni pentru parteneriate lipsite de propensiunea către fuzionare sau respingere. Ei sunt norocoșii, iar Carol și Maria știau că ele nu făceau parte din această categorie. Pentru că aveau deja o fiică, Chloe, și cu speranța de a mai avea încă un copil în familie, ele erau hotărâte să-și rezolve problemele. Nu doreau să continue să-și destabilizeze relația.

Timp de trei luni Maria s-a culcat cu Charles în perioada de ovulație. La cea de-a treia încercare a rămas însărcinată. Carol jubila. Charles jubila. Maria era speriată. Sarcina o aruncase într-o stare de agitație. Își făcea griji dacă era copilul bine, dacă avea să facă față travaliului, dacă relația ei avea să facă loc noii vieți care creștea în pântecele ei, cum avea să primească Chloe vestea, cum avea să le spună părinților ei că urma să aibă un copil negru cu o femeie albă. Carol înțelegea cele mai multe dintre fricile ei.

Trecând ea însăși prin experiența nașterii unui copil, empatiza cu grijile Mariei. Charles a fost tras pe margine. Carol încerca să ignore orice preocupări mai continuau să aibă în legătură cu el; apoi ea și Maria au început să-și pregătească locuința pentru nou-născut. Viața lor sexuală, care scăzuse din cauza întâlnirilor lunare cu Charles, se revigorase din nou.

Sigur că am observat că Charles fusese evacuat din relația lor. Nu se pusese problema niciodată ca el să fie implicat în ea în mod semnificativ, dar mă preocupau paralelele cu rolul pe care Sonya și eu însămi îl jucaserăm și nevoia continuă pe care Carol și Maria o aveau de a crea triunghiuri pe care apoi să le dezmembreze. Gândurile mele ar fi putut să rămână doar gânduri dacă nu ar fi apărut o nouă criză.

După ce au început să se intereseze de aspectele legale cu privire la dorința de a obține amândouă custodia ambilor copii și să-și pună treburile financiare în ordine, moștenirea considerabilă a lui Carol (pe care nu avuseseră nevoie să o folosească pentru viața de zi cu zi) a intervenit între ele ca o adevărată problemă. Carol nu se interesase de acești bani până când se născuse Chloe, iar atunci pusese cea mai mare parte din ei într-un depozit pentru fetiță. Suma rămasă, care cu opt ani înainte i se păruse destul de rezonabilă pentru pensie, între timp se multiplicase. Carol avea acum mult mai mulți bani decât i-ar fi fost de ajuns. A făcut aranjamente să pună o mare tranșă din ei într-un depozit pentru copilul Mariei.

Carol și Maria nu-și țineau banii la un loc, dar casa în care locuiau fusese moștenită de la familia lui Carol. Fiecare dintre ele câștiga destul, astfel încât moștenirea lui Carol nu era ceva prea important pentru viața lor zilnică. Dar nu discutaseră niciodată aspectele financiare legate de sarcina Mariei și cu toate că

 Maria câștiga bine, ea nu-și făcuse suficiente economii pentru a renunța să mai lucreze fie parțial, fie cu totul timp de un an sau doi. Ea spera de la Carol să-și ia ceva timp liber de la serviciu astfel încât să poată să crească împreună copilul. Ar fi vrut ca o parte din banii lui Carol să fie folosiți pentru a putea face posibil acest lucru.

Carol nu putea să fie de acord cu dorințele Mariei legate de bani. Cu toate că era un lucru rațional, nu se simțea în largul ei. Nu avea nicio obiecție ca Maria să depindă de ea pe perioada sarcinii, cât timp bebelușul era foarte mic și în timpul în care Maria ar fi fost fără serviciu, dar nu era dispusă să îi pună Mariei bani în cont sau să deschidă un cont comun. Carol nu suporta să se vadă pe sine în rolul de binefăcătoare. Părinții ei trăiseră mulți ani într-un fel de dependență ciudată față de propriii lor părinți, în ciuda abundenței banilor în familie. Cu mare zgârcenie le dăduseră lui Carol și fratelui ei banii ce le fuseseră rezervați, când fiecare dintre ei avuseseră câte un copil. Banii fuseseră folosiți în familia lui Carol ca un instrument de control și o făceau să se simtă neîncrezătoare. Întotdeauna se simțise vinovată pentru că avea atât de mulți bani și timp de mulți ani de zile se străduise să nu știe cât de mulți erau și cum erau investiți. Încercase să nu se gândească la ei. Atitudinea ei față de banii proprii contrasta cu calmul și stăpânirea de sine cu care trata alte probleme.

Doar de când era cu Maria, Carol începuse să se deschidă în legătură cu banii, să afle exact câți avea și să-și asume responsabilitatea pentru ei. Jena lui Carol legată de averea ei își avea originea în mai multe surse diferite. Era englezoaică și, în ciuda originii sale evreiești, absorbise ideea clasei superioare britanice că banii sunt ceva vulgar. Era jenată și pentru că avea convingeri politice favorabile unei societăți mai echitabile. Părea că o marcase faptul că se născuse într-o familie înstărită, chiar dacă una erodată emoțional. Deși dona cu generozitate pentru diferite cauze pe care le susținea, descoperise că începuse să fie trecută pe tot mai multe liste de potențiali donatori. I se strângea sufletul la gândul că oamenii o luau drept o mașină de făcut bani și începuse să se indigneze în fața așteptărilor ca ea să sponsorizeze tot felul de organizații. Și când a venit vorba despre Maria și copilul pe care îl așteptau, pur și simplu nu putea să-i dea bani sau să deschidă un cont pentru ea. O făcea să simtă de parcă Maria ar fi fost un caz de caritate, o cauză, și nu iubita și egala ei.

Maria se simțea rănită și jignită. Nu putea să înțeleagă de ce Carol nu vrea să împartă cu ea ce avea. Nu putea să înțeleagă de ce nu puteau să aibă un cont comun, de ce Carol insista că-i va asigura Mariei tot ce avea nevoie, dar nu vrea să-i deschidă un cont. Maria se simțea tratată ca un copil. Muncise mult ca să reușească, câștiga un trai bun și nu încerca să o exploateze pe Carol. S-ar fi așteptat la un cont comun și la suport financiar dacă ar fi fost cu un bărbat, credea că banii există pentru a face lucruri bune cu ei. Nu putea să înțeleagă atitudinea lui Carol. Credea că și Carol o controla la fel cum familia acesteia controlase dintotdeauna oamenii, prin intermediul banilor. Ba chiar mai rău. Pentru că ieșiseră la lumină câteva dintre dificultățile lui Carol legate de moștenirea ei, ea se simțea acum ca și cum era pusă din nou la locul ei, aruncată și abandonată.

Eu însămi eram intrigată de nivelul de suferință pe care îl stârneau aranjamentele financiare dintre ele. Banii, ca și sexul, sunt un canal pentru exprimarea multor emoții și felul în care îi gestionează fiecare în parte, dar și în cuplu devine un mod în care sunt tranșate aspectele legate de a da și a primi, de control, separare, angajament, asemănare și diferență. Puteam să înțeleg suferința Mariei legată de faptul că era nevoită să-i ceară bani lui Carol. Puteam să înțeleg că era înjositor și că o făcea să nu se simtă în siguranță. În același timp o auzeam pe Carol cât îi era de greu să-i dea bani Mariei direct. Eram destul de sigură că hopul acesta putea fi depășit și că problema era legată de anxietatea generată de sarcina Mariei, de ceea ce însemna aceasta pentru relația lor și pentru Chloe.

Dar până la urmă hopul s-a transformat într-o prăpastie, o situație care dura de câteva luni, din care niciuna dintre noi nu eram sigure că relația lor avea să-și revină. Sentimentele Mariei că era părăsită și trădată se accentuau. Oricât am fi vorbit nu puteau fi alinate. Spunea că vrea să-și caute un apartament și să plece. I se părea că acum Carol îi demonstra că nu era cu adevărat angajată în relație, că nu făcea niciun efort să înțeleagă cât de nesigură și înjosită o făcea să se simtă aranjamentul pe care i-l propusese. Spre deosebire de crizele anterioare în care atunci când relația părea a fi în pericol sexul între ele devenea frecvent, acum au încetat să facă sex. Acest lucru amplifica ruptura apărută în relația lor. Lipsa sexului acum nu însemna că erau prea apropiate și fuzionale, ci că erau prea departe una de alta. Maria nu avea încredere în Carol. Simțea că era abandonată de Carol tocmai acum când era însărcinată. Carol nu era de acord. O acuza pe Maria că era histrionică și că reacționa exagerat din cauza hormonilor. Nu putea da înapoi pentru că nu simțea că făcea ceva greșit. Era pregătită să o întrețină pe Maria, deci care era problema? Maria nu putea accepta ce îi oferea Carol, pentru că o făcea să se simtă prea dependentă și prea lipsită de control. Erau în impas. Cuplul lor părea că se destramă, în timp ce copilul creștea în burta Mariei întărindu-le unirea. Era un paradox. Dar nu era unul neobișnuit într-o terapie de cuplu în care, pe măsură ce cuplul devine tot mai apropiat, apar frecvent minicrize prin care cei doi se adaptează. În schimb, nu era ceva obișnuit exprimarea atât de explicită prin bani și prin sex.

În ciuda impasului, ședințele noastre erau străbătute de un curent subteran de disperare, care le împingea să găsească o cale ca să repare ce era între ele înainte de venirea pe lume a copilului. Mă simțeam blocată. Ca un autor de romane polițiste care are probleme cu intriga. Aproape că ajunseserăm la deznodământ, dar nu vedeam nicio ieșire. Maria oferea una, amenințând că pleacă. Dar aceasta ar fi lăsat prea multe lucruri neclare. În plus, Carol nu lua situația în serios, pentru că ea considera că Maria exagera cu dramatismul. Lucram din greu în colțul meu ca să văd dacă puteam să înțeleg ceva care să le ușureze suferința și să le apropie una de alta, sau cel puțin să le facă să-și respecte diferențele îndeajuns încât să găsească o cale de ieșire din această fundătură.

M-am întors la ce spusese fiecare dintre ele. Carol nu vrea să aibă un cont comun cu Maria pentru că nu putea suporta să o vadă pe Maria ca pe un caz de caritate, ca și cum i-ar fost îndatorată, sau chiar mai prejos de-atât. Maria nu putea suporta să se afle în situația de a cere bani. Ar fi transformat-o într-o rudă săracă. Amândouă păreau să spună același lucru. Amândouă căutau un mod în care să-și exprime dorința de egalitate, dar în dialectele lor foarte diferite.

Simpatiile mele se îndreptau întâi de toate către Maria și am urmat această direcție în minte. La prima vedere cea vulnerabilă, ea părea mai puțin puternică, mai în nevoie. Privit din perspectiva ei, modul lui Carol de a relaționa cu banii însemna că ea vrea să-i dea Mariei bani doar în condițiile impuse de ea. Era din nou o situație triangulară, cu banii în poziția celuilalt și cu Carol deținând controlul. De aici sentimentul Mariei că era alungată, abandonată. Puteam să înțeleg de ce Maria simțea că singura ei putere era să iasă din relație. Dacă demonstra că nu are nevoie de acea relație, își putea recâștiga ceva din respectul de sine.

Mi-am îndreptat gândurile către dilema lui Carol. Ea se simțea încolțită. Era fericită să dăruiască, dar să nu i se spună cum. Fusese atât de controlată de părinții ei prin banii pe care nici măcar nu-i voise și puteam înțelege cât de violentă i se părea cererea Mariei de a-i da banii într-un anume mod. Considera că Maria era lipsită de delicatețe, inflexibilă și de neîncredere.

Pe măsură ce vedeam paralelele dintre sentimentele lor, îmi recăpătam speranța. Aveam senzația că exista o cale de ieșire din blocaj. Dacă ar fi putut observa că împărtășeau aceleași sentimente de neîncredere și neînțelegere, s-ar fi putut reconecta.

Cu atenția concentrată pe bani, semnificația profundă a aducerii pe lume și în relația lor a unei noi vieți trecuse în plan secund. Accentul ședințelor cădea pe dezamăgire, pe reproșurile dintre ele, pe așteptările neîmplinite. Era ca și cum se uniseră în ceea ce era greșit, în loc să se unească în ceea ce era bine. Binele, iubirea și creativitatea le puneau din nou probleme. Nu știau cum să le păstreze, cum să-și prețuiască bucuria, și astfel ajunseseră la blocaje și dezamăgiri.

Nu aveam atât o problemă nouă, legată de bani, cât cunoscuta tensiune legată de apropiere, care le împinsese într-o fuziune pe care încercau să o rupă cu violență. Ușurată că înțelesesem, le-am explicat cum se vedeau lucrurile din perspectiva mea. Amândouă au oftat în acord cu mine. Se simțea o ușurare și o lumină în cameră. O clipă de răgaz în care toate ne-am bucurat de ele. Oftatul meu tăcut s-a alăturat uşurării lor pe măsură ce resimţeam o stare de calm după toate antagonismele acelea dureroase.

Câteva momente mai târziu am simţit sentimente sexuale puternice dezvoltându-se între cele două femei şi inundând camera. Se conectau din nou, râdeau şi vorbeau despre felul în care se angajaseră într-un meci de box nebun în legătură cu banii. Atenţia li s-a mutat. Acum îşi dădeau seama că în timp ce se preocupau şi se gândeau la reacţiile lor individuale faţă de respingere, de îndoială, nu luaseră în considerare şi ce făceau ca întreg, ca relaţie, ca să submineze fericirea pe care o trăiau împreună. Gândind relaţia ca pe o creaţie a lor, gândindu-se pe ele ca fiind mai mult decât ele, păreau în sfârşit să reuşeasacă să spargă tiparul care le tot omora viaţa sexuală. Gândind relaţia ca pe un fel de celălalt căruia ele îi dăduseră viaţă, se simţeau mai puţin ameninţate de apropierea dintre ele. Relaţia era un loc în care intrau amândouă pentru a găsi confort, siguranţă şi un loc în care să-şi manifeste sexualitatea. Nici nu le înghiţea, nici nu le copleşea individualitatea, ci era redefinită ca o expresie a intimităţii lor.

Carol şi Maria au găsit o soluţie. Au reuşit să-şi revitalizeze şi să-şi păstreze viaţa sexuală împreună atât înainte, cât şi după naşterea lui Claude, fiul lor. Chiar dacă nu şi-au rezolvat complet dificultăţile care le-au marcat, măcar au reuşit să le înţeleagă suficient. Au înţeles cât de profund le înspăimânta apropierea şi cum foloseau respingerea sau pe cineva din afară, sau vedeau neîncrederea una în cealaltă ca modalitate de reglare a intimităţii dintre ele. Au înţeles că o alternativă ar fi putut fi să conştientizeze împreună cât de tare se tem de intimitatea dintre ele şi cât de vulnerabile le făcea aceasta să se simtă. Aplicarea acestei rețete părea mai durabilă decât certurile explozive, găsirea altor iubite sau folosirea respingerii.

Eram încântată și plină de speranță pentru ele. Felicitările de Crăciun din anii care au urmat mă anunțau că încă mai foloseau ceea ce lucraserăm împreună. În unele momente fusese o terapie laborioasă, în altele palpitantă. Îmi plăcuse să lucrez cu ele. Dar, în ciuda faptului că reușisem să le ajut să înțeleagă în cât de multe feluri foloseau respingerea în relația lor și în ciuda succesului lor de a-și reînsufleți viața sexuală fără să mai recurgă la un altul, eu am rămas în minte cu enigma dispariției sexului din relațiile de lungă durată. Ani de zile am fost intrigată de felul în care sau de motivul pentru care cvasicelibatul este adesea o caracteristică a multor cupluri (și a partenerilor de cuplu) pe care le întâlneam. Am fost fascinată de procesul prin care sexul devine ceva facultativ.

Cu cât mă gândeam mai mult la el, cu atât păream să înțeleg mai puțin erotismul. Cu certitudine, puteam să adăug la explicațiile mele de mai devreme alte argumente plauzibile despre impedimentele pe care le aduce un atașament fuzional într-o relație sexuală. Unii oameni, de exemplu, consideră că apropierea din viața de zi cu zi este ca o reminiscență emoțională a copilăriei timpurii. Izul de incest este un tabu înspăimântător și dacă persoana iubită este reprezentată în inconștient prin imaginea mamei, a tatălui, a surorii sau a fratelui, o relație erotică poate părea imposibilă: o transgresiune de negândit.

Acum o sută de ani Freud ne-a deschis ochii cu privire la conceptul de asexualitate a copiilor. Pentru cei mai mulți teoreticieni psihanaliști relația sexuală adultă este o versiune revizuită la maturitate a sexualității copilăriei. Așa cum arată explicațiile lui Freud cu privire la heterosexualitate,[6] *fetele — din dezamăgire față de mamele lor, care nu sunt capabile să le ofere un penis — se îndreaptă către tații lor pentru ca aceştia să le ofere următorul lucru ca importanţă: un copil. Maturitatea înseamnă deci acceptarea de către fată a faptului că nu îi poate avea nici pe mamă, nici pe tată şi astfel, la vârsta adultă, ea îşi transferă interesul erotic asupra unui bărbat care este al ei. Pentru băieţi, se consideră că transferul este mai direct. Mama este în mod obişnuit părintele cu care a fost împărtăşită intimitatea fizică şi emoţională în pruncie şi în copilărie, astfel încât transferul oedipian în termenii freudieni constă în dorinţa băiatului de a lua locul tatălui şi, realizând că nu poate, renunţarea la dorinţa lui de a o avea pe mamă şi găsirea la vârsta adultă a unei femei care este a lui.*

Explicaţia freudiană ne cere să ne imaginăm o situaţie în care erotismul este prezent în relaţia mamă–copil, dar cumva (în cele mai multe cazuri) este gestionat cu succes şi suficient de sublimat pentru a nu crea o relaţie incestuoasă. Povestea freudiană ne mai spune că în calitate de analişti practicieni şi terapeuţi psihanalişti este probabil ca asupra noastră să fie proiectate în cadrul analitic dorinţele erotice ale pacienţilor noştri, pe care nu trebuie să le luăm personal, ci trebuie să le înţelegem ca un aspect al dezvoltării transferului — ceea ce este cu necesitate impus sau transferat asupra clinicianului în terapie.[7] Perlaborarea propunerilor erotice pe care pacientul ni le face este parte din terapie.[8]

Frumuseţea psihanalizei este că prin încercarea de a înţelege ce înseamnă erotismul pentru o persoană, găsim o fereastră către înţelegerea acelor aspecte ale erotismului care ne privesc pe noi toţi. Analiza de profunzime a reprezentărilor care apar în conştientul şi inconştientul oamenilor, în experienţa lor subiectivă şi între pacient şi psihoterapeut furnizează moduri de gândire şi de teoretizare a erotismului. Experienţa mea clinică de lucru cu multe femei, heterosexuale, bisexuale şi homosexuale, timp de mai bine de douăzeci de ani, mi-a furnizat dovezi interesante şi generatoare ale unui mod diferit de conceptualizare a sexualităţii şi a erotismului femeilor de astăzi.

Și astfel

Poveștile lui Adam, Joanna, Edgar, Jenny și Carol și Maria nici nu se sfârșesc dramatic, nici nu sunt triumfuri clare asupra dificultăților, astfel încât acestea să nu le mai întunece niciodată viețile de pacienți-personaje, iar cea a lui Belle nu are o rezolvare satisfăcătoare. Psihoterapia, așa cum am încercat să arăt, nu este așa. Are începuturi gloduroase, mijlocuri neașteptate și finaluri aspre. Scopul ei nu este acela de a despacheta și reîmpacheta viața unei persoane, de a repara traumele trecute și a îngheța în timp ceea ce s-a înțeles din ele, ci acela de a deschide calea către noi moduri de gândire, care să aibă valoare pentru cei implicați mult timp după ce terapia s-a terminat.

Psihanaliza, pentru mine, nu este atât un mod de a interpreta sau chiar de a afla ce nu a mers bine — cu toate că aceste aspecte ale întâlnirii analitice se află în centrul ei — cât o încercare de a ajunge la celălalt, la pacient, și de a-i oferi o relație în interiorul căreia el să capete abilitatea de a fi mai puțin tulburat de propriile sale dificultăți. Psihoterapeutul declanșează un proces. Rolul lui nu este atât să descopere despre pacient ceva de care pacientul nu este conștient, cât să facă posibile condițiile necesare pentru ca descoperirea, înțelegerea și conectarea să poată avea loc. Speranța mea este să îi ofer acelui om (sau cuplu, sau grup) abilitatea de a se confrunta cu emoțiile sau conflictele sale supărătoare. Atunci când conflictele emoționale, conștiente și inconștiente, pot fi conținute fără să fie nevoie să fie expulzate sau rezolvate instantaneu, ele pot fi cât de cât trăite în complexitatea lor. Pentru pacienții mei imaginari și pentru cei reali cu care relaționez în cabinetul de consultații, dorința mea este ca demersul psihoterapeutic să le ofere un cadru în care să înțeleagă de ce pentru ei sunt mai proeminente anumite probleme și nu altele. Sper să le dea un acces rapid la un tip de proces reflexiv care face posibil ca răspunsul imediat să se alăture reacțiilor mai liniștite, mai puțin evidente, care au loc la un alt nivel și într-o altă dimensiune a experienței. În acest fel, poate fi găsită alinarea prin căutarea de soluții la dilemele vieții care s-au bazat pe repetiții dureroase.

Psihanaliza este un demers al inimii și al minții. Terapeutul nu poate fi decât profund afectat de pacienții săi. Cu toate că pacientul simte adeseori că natura asimetrică a acestei relații înseamnă că el prezintă un interes pur clinic și că are un impact personal sau emoțional prea mic asupra terapeutului, sper că aceste povești au demonstrat câteva dintre felurile în care întâlnirea analitică înseamnă mult mai mult de-atât pentru terapeut. Fiecare terapie îi oferă ceva proaspăt terapeutului, indiferent cât de mulți pacienți cu dificultăți aparent similare a avut. Fiecare terapie îi impune clinicianului să experimenteze lucruri noi și să gândească gânduri noi.

În aceste pagini am încercat să redau provocările cu care s-a confruntat terapeutul meu lucrând cu pacienții săi imaginari, provocări atât similare cu experiențele reale pe care le-am avut eu în cabinetul de consultații, dar și diferite de ele. Ca și cum ar fi fost pacienți reali, și nu invenții ale mele, pacienții mei imaginari l-au pus pe terapeutul meu fictiv în fața unor provocări neașteptate. Când am început să scriu despre Joanna, aveam în minte să spun o poveste despre cum este să faci terapie cu o femeie care are o anumită violență intricată în structura ei psihică și o nesiguranță legată de capacitatea ei de a susține o relație intimă, de iubire. Nu aveam nici cea mai mică idee, când am conceput-o, că avusese scarlatină când era mică și că ajunsese la camera de izolare dintr-un spital departe de casă. Nici nu intenționasem să spun o poveste despre violența asupra propriei persoane sau una în care o Joanna regresată avea să vină la terapie într-o stare disociată. Faptul că a făcut aceste lucruri a fost pentru mine o surpriză la fel de mare cum sunt evenimentele din terapiile reale.

Am fost la fel de surprinsă când Adam a provocat sentimente sexuale atât de puternice în terapeutul meu imaginar. Aceste sentimente nu îmi sunt familiare mie, personal, în cabinetul de consultații. Fanteziile despre care scriu în legătură cu Adam sunt mult mai dezvoltate și elaborate decât orice am întâlnit eu personal în practica mea. Însă i-am auzit, desigur, pe colegii mei discutând despre dificultățile clinice care apar atunci când sunt receptorii unui transfer erotic sau sunt subiecți ai unor sentimente asociate cu un contratransfer erotic. Acestea sunt tulburătoare și deranjante și totuși reprezintă aspecte cu relevanță clinică pentru pacient, dacă trăirile pe care le conțin pot fi examinate prin intermediul tipului de acceptare internă a fantasmei pe care am descris-o. În practica clinică, o asemenea acceptare ar fi un aspect al ruminațiilor terapeutului. Complexitatea omului este cu mult mai bogată decât aș putea să o descriu eu, astfel încât, chiar și dacă ar exista sentimente sexuale puternice, ele ar fi atât mediate, cât și modulate de alte experiențe și alte exprimări emoționale pe care un Adam real și eu însămi le-am putea împărtăși — umor, exasperare și seducții de toate felurile care s-ar putea învârti nu doar în jurul domeniului sexual.

Surpriza a fost un element-cheie al relatării mele fictive despre terapeut și Belle. Cu toate că am schițat un personaj maestru în escrocherii, am fost uimită să descopăr minciuna pe care a spus-o în prima ședință. Nu mă așteptasem la o așa rapiditate. În cea mai mare parte a timpului în care am scris această poveste, gândindu-mă la ce putea produce Belle în terapeut, am observat cât de mult îmi persista ea în minte în afara timpului în care scriam. Fragilitatea ei ieșea în evidență atât de insistent, încât părea că avea nevoie să se cuibărească în personajul terapeutului dincolo de ședințe. Ca scriitor al poveștii, doream ca ea să lupte și să reușească, să treacă dincolo de minciuna și înșelătoria față de ea însăși. Cu toate că am inventat personajul ei și pe cel al terapeutului, nu eram sigură care urma să fie rezultatul terapiei. Nu știam că avea să fie până la urmă o terapie „eșuată". Așa stând lucrurile, am judecat că un astfel de rezultat era important pentru o muncă de această natură. Ar fi fost greșit să nu descriu psihanaliza și psihoterapia așa cum sunt ele. Există eșecuri, nepotriviri și dezamăgiri terapeutice de ambele părți ale divanului.

Pentru că personajele mele acționau în moduri contrare imaginației mele conștiente, m-am văzut forțată în timp ce scriam, așa cum sunt forțată pe parcursul unei terapii reale, să revizuiesc și să reanalizez problemele lor. Uneori, personajele mele imaginare mi-au pus probleme în moduri atât de asemănătoare cu felul în care progresează psihoterapia psihanalitică, încât am fost uimită. În cazul lui Edgar, luni de zile nu am reușit să scriu mai nimic. Blocajul apărut când încercam să scriu despre el era echivalentul impasului dintr-o terapie. Trebuia doar să aștept, să analizez când una, când alta, ca să ajung să văd ce anume ar fi putut împinge povestea terapiei înainte, așa cum aș fi făcut dacă pacientul ar fi fost real, iar eu aș fi fost terapeutul și am fi ajuns la o perioadă de blocaj în terapie.

În toate povestirile au apărut evenimente pe care nu le-am prevăzut, stări psihice pe care nu le-am anticipat și reacții ale personajului terapeutului care m-au purtat în zone pe care nu m-aș fi așteptat să le dezvăluie personajul terapeutului meu. În acest proces am încercat să susțin tensiunea dintre conturarea unei povești și propriile mele asocieri libere. Cu toate că aș fi putut anticipa că mă voi inspira în mod conștient din practica mea[1] pentru a găsi sentimente sau o replică a situației în care se află personajul terapeutului meu cu pacienții imaginari, lucrurile nu s-au întâmplat deloc așa. Direcția a fost dată de către personajul inventat care prinde viață, la fel de complet ca orice pacient, făcându-mă să trăiesc ceva autentic cu el.

Am ales să scriu despre povestea extraordinară a lui Jenny, pentru că voiam să povestesc despre cealaltă fațetă a întâlnirii psihanalitice: contactul de scurtă durată, dinamic, al terapiei scurte și valoarea pe care o poate avea ea. Povestea dramatică a lui Jenny se aseamănă cu alte evenimente aproape incredibile care, repovestite în afara cabinetului de consultații, sunt de interes pentru că transgresează valorile morale ale societății noastre și ne forțează să reevaluăm credința adesea incontestabilă într-o moralitate comună. În contextul terapiei scurte, ceea ce iese în evidență sunt dimensiunile psihologice: lupta persoanei de a accepta un eveniment traumatic, colapsul brutal al inocenței, modul în care confruntarea forțată cu valorile personale stimulează un anumit tip de creștere emoțională.

Am vrut să scriu despre lupta lui Carol și a Mariei legată de bani pentru că, dacă ar fi povestită în afara terapiei, ar părea de-a dreptul un moft de neînțeles, dar în acest cadru arată felul în care diferențele mărunte de opinie dintre partenerii de cuplu pot uneori să fie mai problematice decât o tulburare de mare anvergură, cum este aventura amoroasă a lui Carol. Lucruri care pot părea adesea doar certuri mărunte, neînțelegeri incomprehensibile pot să simbolizeze un set particular de dificultăți care trebuie să fie lămurite pentru ca acei parteneri de cuplu să se simtă încrezători în relația lor.

Povestirile sunt în esență o încercare nu de a teoretiza, ci de a arăta ce anume face posibilă schimbarea pentru oameni în terapie. Există multe viziuni contradictorii cu privire la acest aspect (facilitarea, angajamentul, interpretarea, interpretarea dezvoltării transferului, reconstrucția istorică), precum și multe școli diferite de psihanaliză care oferă teorii nu doar despre dezvoltarea psihologică, ci și cu privire la ce este crucial în relația analitică, ce anume constituie o interpretare, care este funcția apărărilor și așa mai departe. Freudienii sunt adepți ai analizării apărărilor, iar kleinienii adepți ai interpretării anxietății și agresivității pe care le maschează acestea. Unii psihanaliști moderni, ca Bollas și Ehrenberg, încearcă să analizeze apărările, în timp ce eu am fost interesată să încerc să ajung în spatele lor. Scopul teoriei în această carte este acela de a arăta ce îi poate trece prin minte unui psihoterapeut în timp ce lucrează cu un pacient. Căci, la cei mai mulți dintre psihanaliștii practicieni, teoria este atât de bine absorbită încât devine o a doua natură, permițându-le să relaționeze cu analizandul fără un set *a priori* de idei despre cum *ar trebui* să evolueze terapia.

Teoria este o structură care îi permite terapeutului să fie alături de pacient în momentele dificile și de confuzie. Îl ajută pe terapeut să elaboreze ceea ce trăiește și ce descoperă în timpul procesului unei terapii. Teoria îl susține pe terapeut, astfel încât acesta să fie liber să relaționeze și să fie la dispoziția persoanei cu care lucrează, să construiască o relație cu aceasta. Această funcție a teoriei dă sens descoperirii că aproape toate terapiile sunt la fel de eficiente, deoarece cruciale sunt aspectele relaționale ale terapiei — demersul terapeutului de a se conecta cu pacientul. Teoria îl sprijină pe terapeut când acesta intră împreună cu pacientul său pe teritorii care pot să declanșeze frică sau anxietate, pentru că-i permite să susțină și să exploreze acele trăiri în interiorul său, în timp ce rămâne drept în picioare, sprijinindu-l cu fermitate pe pacientul său în propriile lui lupte.

Nu vreau să spun că teoria nu este importantă. Este crucială. Fără teorie sau cu eclectism, gândurile terapeutului nu pot avea coerență, nu pot fi confirmate sau verificate, extinse sau modificate. Teoria este ca un schelet pe care straturile nenumărate ale altor sisteme cu propriile lor mecanisme creează tipul de complexitate de care avem nevoie când încercăm să înțelegem subiectul uman.

În dezvoltarea mea ca psihoterapeut, am fost influențată de mulți teoreticieni și autori psihanaliști. Lucrările lui Freud, Fairbairn, Balint și Winnicott au reprezentat influențe timpurii și de durată. În mare măsură, gândirea mea a fost dezvoltată de-a lungul anilor împreună cu Luise Eichenbaum în lucrările noastre nu doar despre gen, dar și despre natura și procesul relației terapeutice. Amândouă recunoaștem importanța analiștilor americani contemporani: Ogden, Searles, Bollas, Gill, Kernberg și în special lucrările lui Stephen Mitchell și ale analiștilor relaționali Ehrenberg, Arons și Spezzano. În Marea Britanie am fost mult influențată de lucrările analiștilor independenți și ale freudienilor contemporani, cum sunt Sandlers și Malcolm Pines.

Cele mai importante învățături le-am primit, desigur, de la cei mai importanți profesori ai mei, pacienții cărora le-am acordat consultații și care m-au provocat să gândesc mereu mai adânc și mai complicat despre ei, dar și despre psihanaliză. Scriind despre tipul de activitate care este terapia a trebuit să condensez ceea ce cunosc despre ea, dar sper că ceea ce s-a pierdut este parțial compensat prin redarea vitalității ce poate exista între doi oameni în timpul terapiei.

Psihanaliza poate fi, de asemenea, așa cum sper că am redat, o experiență profund gratificantă pentru terapeut. Este un privilegiu extraordinar să împărtășești într-un mod atât de profund durerile, chinurile și victoriile psihologice ale unui alt om. Să știi că ai contribuit în mod intim la această evoluție și să vezi evoluția sunt surse de extraordinară satisfacție.

Practica psihoterapiei este extrem de frumoasă și adesea foarte tulburătoare. În relația terapeutică pot apărea tandrețe, beligeranță, angoasă, disperare, depresie, iubire, speranță, dor, dezamăgire, furie, pasiune și iertare. Temele unei terapii — trădarea, abandonul, încrederea, teama, invidia, furia, mânia, rivalitatea, îndoiala — și modul în care sunt gândite plasează întâlnirea terapeutică în miezul examinării noastre privind experiența subiectivă umană. Sper ca aceste povestiri să fi oferit o mostră a unicității acestui tip de relație și a acestui tip de cercetare.

Reflecții și întrebări

Scriind poveștile lui Adam, Joanna, Belle, Edgar, Jenny și Carol și Maria, am vrut să descriu ce este terapia din perspectiva pe care o cunosc cel mai bine, cea a terapeutului. Am vrut să arăt cât de extrem de interesantă este această muncă pe multe planuri diferite. Dilemele cu care se confruntă zilnic psihoterapeutul — dileme care pot pune probleme de natură etică, clinică și afectivă — mențin sufletul și mintea acestuia în stare de alertă continuă. Într-o muncă în care lucrurile par că se mișcă adesea extrem de încet, atenția la detalii este o parte a terapiei la fel de importantă ca și narațiunea pacientului. Ce se spune, ce nu se spune, precum și ce nu poate fi spus și *cum* este exprimat ceea ce e spus sau nespus — și pe ce ton, cu ce nuanță, cu ce trăire, cu ce sensuri ascunse, cu ce coloratură și accent — toate acestea sunt cruciale. Terapeuții trebuie constant să pună sub semnul întrebării paradigma din perspectiva căreia vorbesc și înțeleg. Trebuie să analizeze cum îi face să se simtă ceea ce aud. În aceeași măsură ca pacientul, poate chiar mai mult, terapeutul se mișcă în vârful picioarelor.

În timp ce pacientul este încurajat să vorbească oricât de deschis poate, să spună ce-i trece prin minte pe măsură ce se angajează în acest proces, ceea ce este în același timp atât asociere liberă, cât și reflecție, terapeutul are o responsabilitate diferită. El are menirea de a răspunde în moduri care țin cont de ceea ce comunică pacientul, de ceea ce poate însemna, de felul în care succesiunea de cuvinte, pauze și tăceri, precum și trăirile care le însoțesc pot căpăta altfel de sensuri decât ar fi posibil în conversația cotidiană. Pentru ca terapeutul să refleteze și să gândească la ceea ce aude, el trebuie să-și permită să pătrundă pe teritoriul emoțional al lumii pacientului. El trebuie să simtă ceva din durerea, din angoasa, suferința, depresia, mânia, invidia, ura, iubirea, dezamăgirea, supărarea, speranțele, descurajarea și pasiunea experienței pacientului său. Fără ca terapeutul să se lase în voia acestor sentimente, el nu poate spera să ofere pacientului o relație vie în care să poată fi abordate înfrângerile, confuziile și suferințele vieții acestuia.

Fiecare pacient care intră în cabinetul meu de consultații îmi aduce o poveste despre el, familia, prietenii, iubiții, partenerii de viață și colegii săi. Încerc să absorb și să înțeleg motivațiile sale numeroase și adesea inconștiente și posibilele motivații ale oamenilor din viața sa. Lucrez cu pacientul pentru a înțelege ce fel de imagine sau poveste are el despre sine și despre oamenii care trăiesc în lumea lui. Este o imagine acurată, chiar dacă în mod necesar parțială? A interpretat pacientul greșit o anumită situație? Dacă da, în ce mod, și putem să înțelegem de ce? Și-a făcut pacientul o imagine greșită despre sine? Dacă da, în ce moduri, și putem să înțelegem de ce? Dacă nu, atunci ce semnificație psihică poate da pacientul experienței sale?

Pentru a discerne procesele emoționale ale pacientului și a vedea cum sunt puse în joc în relații, terapeutul examinează și relațiile care exită între ei doi. Terapeutul stabilește parametrii între care se desfășoară relația terapeutică prin stabilirea orelor ședințelor (și, dacă e adecvat, a onorariilor). Terapeutul se angajează să se concentreze pe interesele pacientului. Terapeutul promite continuitate și confidențialitate. În această structură, se dezvoltă relația terapeutică. Terapeutul devine, în aceeași măsură ca orice altă figură importantă din viața analizandului, o persoană care este semnificativă atât prin ceea este ea în realitate, cât și prin ceea ce ajunge să reprezinte pentru pacient.

Fiecare relație în care intrăm implică prejudecăți despre cine este și cine poate fi cealaltă persoană din relație. Uneori suntem conștienți de ceea ce dorim de la celălalt, adeseori nu. În terapie, spre deosebire de alte relații, ceea ce dorim de la cealaltă persoană, ce ne imaginăm despre ea și ce îi impunem în mod inconștient nu devine — cum sper că am arătat — o trăsătură luată de bună și nediscutată a relației, ci devine o dimensiune crucială a lucrurilor explorate în terapie. Pe măsură ce terapeutul și pacientul examinează relația care se dezvoltă între ei, terapeutul descoperă că, în anumite moduri, el ajunge să întruchipeze, prin răspunsurile și reacțiile sale față de pacient, aspecte proeminente ale viziunii pacientului asupra *esenței* relațiilor.

Am fost cu toții în situații în care ne-am trezit comportându-ne într-un mod pe care poate că nu l-am „ales". Acest lucru i se întâmplă și terapeutului în terapie. Pacienții aduc în mod selectiv aspecte ale lor înșiși în relația terapeutică și atât conștient, cât și inconștient stimulează reacțiile terapeutului — răspunsuri care adesea nu se potrivesc cu modul de exprimare obișnuit al terapeutului. Astfel, terapeutul se poate trezi, în anumite momente ale terapiei, că întruchipează un rol, o atitudine, un set de reacții care nu par să fie ale sale. În deslușirea acestor reacții neașteptate, terapeutul descoperă că a ocupat o poziție în drama cea mai personală a pacientului. Prin descompunerea și analizarea acestor drame personale, terapeutul găsește o cale către înțelegerea dificultăților și dilemelor care îl tulbură pe pacientul său.

În psihanaliza modernă, această descâlcire, această descoperire a terapeutului însuși în poziția de personaj al uneia dintre persoanele semnificative care populează lumea interioară a analizandului, presupune ca analistul să-și observe propriile asocieri libere — către ce i se îndreaptă mintea — și să reflecteze asupra lor în intimitatea propriei minți. Această întoarcere către procesele mentale ale analistului în munca psihanalitică a fost cel mai mare progres clinic al ultimilor cincizeci de ani. Terapeuții de astăzi consideră că direcția către care îi duc pe ei personal scenariile pacienților și ceea ce este evocat în ei în plan emoțional reprezintă o parte a lucrurilor la care trebuie să reflecteze, în ideea că i-ar putea ajuta în munca lor. Dacă am trage cu urechea în clinici și în cabinetele de consultații oriunde în lume în timp ce terapeuții discută despre pacienții lor în întâlnirile clinice, am putea observa că o parte dintre discuții se referă la angajarea onestă în experiența subiectivă a terapeutului. Am fi martorii discursurilor terapeuților despre sentimente — negative, pozitive și confuze — care le sunt stârnite de către pacienții lor. Am putea auzi despre asocierile *personale* ale terapeutului la acele sentimente. Am putea fi surprinși să descoperim cât de mult cântărește terapeutul sentimentele pe care i le provoacă un pacient ca aspect al stabilirii unui diagnostic.

Sunt conștientă că, scriind pentru o categorie largă de cititori despre sentimentele și gândurile terapeutului legate de pacienții săi, aș putea să provoc un disconfort colegilor specialiști care, deși sunt familiari cu tipurile de sentimente și scenarii despre care scriu eu — ceea ce noi numim contratransfer —, ar fi fericiți ca astfel de discuții să se limiteze la revistele de specialitate. Unii specialiști ar putea să se simtă expuși, ar putea să-și facă griji că pacienții lor se vor alarma de ceea ce am scris eu și că le vor adresa întrebări directe în ședințe despre propriile lor ruminații. În funcție de orientarea lor teoretică, ei fie vor saluta asemenea întrebări și vor trece în revistă ceea ce a fost stimulat în pacienți ca parte a temelor care pot să apară în continuare în terapie și în relația lor terapeutică, fie se vor simți descurajați. Ei ar putea să susțină că reflecțiile mentale ale terapeutului despre pacient pot fi prezentate corespunzător doar în seminarii clinice sau în supervizare. Terapeuții vor dori ca eu să nu fi scris atât de deschis despre toate aceste lucruri.

Timp de ani de zile, psihanaliza a fost învăluită într-un ușor mister și, cu toate că înțeleg preocuparea pentru o înțelegere corectă a practicii psihanalitice, vechile tabuuri nu mai au susținere în fața interesului tot mai mare la nivelul societății în general cu privire la psihoterapie, odată cu deschiderea ușilor Clinicii Tavistock în fața camerelor de televiziune și cu accesibilitatea pe scară tot mai largă a terapiei. Nu putem scrie cu onestitate despre experiența terapeutului, fără să arătăm ce ne trece prin minte pe mai multe planuri diferite. Multe dintre lucrurile asupra cărora reflectează terapeuții în timp ce lucrează nu sunt dezvăluite pacientului, pentru că este posibil ca dezvăluirea să nu aibă sens la un moment anume. Dar se poate să fie nevoie să interpretăm în tăcere pentru noi înșine ceea ce înțelegem că se întâmplă în relația terapeutică, pentru ca terapia să progreseze. Am încercat să arăt câte ceva despre reflecțiile private și stările psihice prin care terapeutul poate să treacă atunci când lucrează cu pacienții săi.

Relația analist–analizand, adeseori gândită ca o relație în care analistul îi interpretează pacientului ce înseamnă visele, asocierile, actele ratate și acțiunile și reacțiile sale aparent iraționale, este în realitate un parteneriat. Este un parteneriat în multe sensuri. Pacientul îl influențează pe terapeut și terapeutul îl influențează pe pacient. Terapeutul află multe lucruri despre sine însuși pe parcursul unei terapii. Terapeutul își dezvoltă abilitățile prin practica clinică. Terapeutul își aprofundează înțelegerea despre cum funcționează psihicul prin observarea propriei participări în terapie. Și terapeutul află în profunzime despre experiențele din afara tărâmului vieții sale particulare, intrând în lumea emoțională a pacientului.

Acest acces intim la gândurile și trăirile unei alte vieți, așa cum se dezvoltă și cum se schimbă ea, este o parte din ceea ce am încercat să redau despre experiența de a face terapie. Intenționalitatea terapiei face ca acest acces să fie deosebit de tulburător. Suntem martorii chinurilor unor oameni, familii, cupluri și grupuri în lupta lor de a schimba și de a accepta ceea ce li se pare greu de acceptat în ei înșiși. Acest proces pune la încercare și lărgește concepția terapeutului nu doar despre o altă persoană, dar și despre sine însuși și despre propriile limite. Terapia reprezintă o situație de creștere pentru toți cei implicați în ea.

Mai presus de toate, relația terapeutică este o relație privată. Este o relație marcată de confidențialitatea terapeutului și acesta este motivul pentru care terapeuții care au vrut să scrie despre terapie au fost limitați de o multitudine de contradicții. Vrând să arătăm ce am aflat — lucruri care se bazează pe o bogăție fantastică de detalii despre viața, istoria, trăirile și procesul terapeutic ale unui anumit pacient — a trebuit să selectăm și să deghizăm și, ca urmare în mod necesar, să distorsionăm imaginea acelei persoane. În actul de selecție și de disimulare plăsmuim o ficțiune pornind de la cine este pacientul. Când modificăm detaliile care l-ar putea identifica, nu distorsionăm doar cine este acea persoană, dar și ceea ce am aflat; iar ceea ce dorim să ilustrăm devine mai puțin plauzibil și mai puțin convingător.

Chiar și în literatura de specialitate, ne prezentăm disimulat materialele despre cazuri. Selectăm prezentări de caz atât de mici pentru a ne ilustra punctul de vedere, încât, cu cele mai bune intenții, putem fără să ne dăm seama să distorsionăm acea persoană dincolo de orice posibilitate de a fi recunoscută sau, alternativ, să ajungem să o reducem la un crochiu. Acest proces este nesatisfăcător, totuși inevitabil. Ce alegem să scriem, și felul cum modificăm detaliile despre o persoană pentru a-i respecta viața privată nu pot fi altceva decât o schiță anemică sau o caricatură a bogăției și integralității acelei persoane. În *Viața mea de bărbat*, personajul fictiv al lui Philip Roth, Peter Tarnapol, un scriitor aflat în analiză cu dr. Otto Spielvogel, lansează un atac devastator asupra analistului său când descoperă că într-un articol despre el dintr-un jurnal de specialitate fusese prezentat în loc de scriitor americano-iudeu drept poet italo-american.

> Și, fără îndoială, se înțelege de la sine că pentru a masca „un băiat evreu, civilizat, drăguț"... printr-un tip numit „italo-american", ei da, înseamnă să fii oarecum bătut în cap în chestiuni de mediu social și cultural, care ar putea foarte bine să atenteze la psihologia și valorile unei persoane. Și fiindcă tot vorbim despre asta, doctore Spielvogel, *între poet și romancier sunt tot atâtea asemănări ca între jocheu și mecanicul de locomotivă diesel.*[*] [sublinierea mea].

Simpatizez cu problemele doctorului Spielvogel, care vrea să scrie despre pacientul său. M-am confruntat și eu cu încercarea

---

* Roth, P. **Viața mea de bărbat**, Polirom, 2014, p. 332. (N.t.)

de a deghiza, fără să-l jefuiesc pe pacient de tot ce mi-a arătat cu atâta generozitate. Pentru că învățasem ceva extrem de valoros și profund din munca mea cu o anumită persoană, am avut apoi senzația ciudată că iau ceva de la acel om dacă în scrierile mele nu îi atribui lui cunoștințele mele. Dar, oricât de mult ar fi aceasta o sursă de disconfort, simpatizez chiar și mai mult cu ceea ce spune Roth prin intermediul lui Peter Tarnapol despre nevoia lui de a defini pentru sine cine este el, și ce vrea el să fie modificat la identitatea lui pentru a fi publicat de altcineva, când se repede la Spielvogel: „De ce vreți să creați această ficțiune despre mine și despre familia mea pentru a vă susține «ideile»...?"*

Soluția găsită de mulți scriitori psihanaliști a fost să le ceară permisiunea pacienților să scrie despre ei. Are o rațiune această soluție. Terapeutul are viziunea lui care, chiar dacă e parțială, este legitimă și trebuie răspândită și discutată pentru progresul intern al domeniului psihanalizei. Dar eu nu mă simt confortabil cu ideea acordării consimțământului de către un pacient sau fost pacient. Nu sunt convinsă că ceea ce înțelegem prin consimțământ în acest context este cu adevărat viabil. Nu sunt sigură că un pacient sau fost pacient poate ști dacă o asemenea permisiune este în interesul său și nu este un act de consimțire la nevoile terapeutului. Și cu toate că în viața socială normală un asemenea dar poate fi relativ lipsit de probleme, în contextul analizei, cererea, acceptarea, prezentarea lucrării scrise și așa mai departe necesită aceeași analiză minuțioasă a motivelor, sentimentelor și influențelor ca orice altceva în terapie. Așa cum știm că orice înțelegere la care ajungem în terapie la un anumit moment este doar parțială și este supusă întotdeauna revizuirii ulterioare, la fel trebuie să fie și acordarea consimțământului, parțială — chiar

* **Idem**, p. 335. (N.t.)

dacă este discutată pe parcursul mai multor ședințe, chiar al mai multor luni — și, ca urmare, supusă revizuirii, ceea ce o face să fie, cred, un tip falsificat de consimțământ.

Fiind autoarea unor rubrici regulate într-un ziar național și într-o revistă națională pentru femei, precum și a câtorva cărți, și pentru că uneori mi-am atras interesul extrem de nedorit al mass-mediei cu privire la modul meu de lucru, cunosc grija extremă de care este nevoie când folosim cazuri clinice. Cititorii îmi scriu frecvent ca să-mi spună că ei sunt persoana din vreun articol sau de la o anumită pagină dintr-una dintre cărțile mele. Uneori, persoane din practica mea presupun că scriu despre ele chiar dacă nu m-am gândit niciodată să fac acest lucru.

Dificultățile pe care le pune confidențialitatea și problemele pe care le ridică ficționalizarea unei persoane sau a unui cuplu pentru a scrie despre ei m-au condus la decizia de a inventa personajele lui Adam, Belle, Joanna, Edgar, Jenny, Carol și Maria. În consecință, terapeuta care reacționează la pacienții imaginari și dă formă întâlnirilor cu aceștia este și ea tot un fel de creație. Totuși, cu toate că terapeutul este ficționalizat dar împărtășește unele trăsături cu mine și cu colegii mei, pacienții imaginari sunt inventați. Ei nu se bazează pe oameni cu care am lucrat.

Când am început acest proiect aveam în minte ideea ca fiecare povestire să fie un mijloc de a ilustra diferite fenomene care pot apărea în timpul unei terapii. Mi-am imaginat că voi scrie despre relațiile unui terapeut cu pacienți a căror structură de caracter întruchipează una dintre entitățile clinice și una dintre categoriile de diagnostic — borderline, narcisică, schizoidă, depresivă, bulimică[1] — pe care psihoterapeuții, psihiatrii și psihologii le folosesc între ei. Speram că în acest fel puteam să arăt gama de probleme cu care se confruntă terapeutul în cabinetul de consultații și în sine însuși în încercarea lui de a se conecta cu pacientul. Dar povestirile pe care le-am scris nu sunt deloc așa. Sunt pur și simplu redări a ceea ce s-a petrecut între terapeuta mea și pacienții săi. Nu am reușit să le pun pe personajele mele să facă ceea ce am dorit eu să facă. În schimb, la fel ca în terapie și ca în viață, aceste personaje se comportă după propria lor logică, punându-mi probleme și surprinzându-mă. Ele îi prezintă terapeutului la fiecare întoarcere de pagină comportamente și informații la fel de uimitoare sau de neașteptate ca și oamenii care vin în realitate în cabinetul meu de consultații.

Spunând aceste lucruri, recunosc că m-am aventurat pe teritoriul scriitorului de ficțiune, repetând și eu ceea ce mulți autori spun despre capacitatea de liber-arbitru a personajelor lor. În ciuda faptului că un personaj este o invenție a scriitorului și, ca urmare, în mod necesar, producția sa, rezultat al proceselor sale conștiente și inconștiente, personajul poate părea să aibă o independență asemănătoare cu cea a propriului copil. Sunt unul și același, totuși separați.

La fel și personajele mele. Acest fenomen surprinzător a fost una dintre bucuriile (dar și dintre chinurile) scrierii acestei cărți. A făcut ca experiența încercării de a mă apropia de pacienții mei imaginari să fie la fel de provocatoare, excitantă, exasperantă și seducătoare cum este și în terapie.

Există adevăruri emoționale inevitabile care transcend personajele despre care scriu și care sunt o sublimare a experienței mele clinice reale. Situațiile imaginare ca atare se poate să nu fie reale, dar relația dintre adevărul emoțional și biografie, și adevărul narațiunii este unul dintre interesele curente atât pentru psihanaliză cât și pentru studiile literare. Ceea ce caută să exprime mulți scriitori implicați atât în demersuri autobiografice, cât și de ficțiune este mai degrabă reprezentarea autentică a stărilor afective decât aderența strictă la adevărul narativ. În încercarea mea de a arăta ce este psihoterapia psihanalitică din perspectiva terapeutului, am folosit barometrul adevărului emoțional și nu pe cel al adevărului narativ.

Din cauza metodei pe care am ales-o pentru a reda *experiența* terapiei, m-am împiedicat de câteva ori de faptul că pacientul meu imaginar făcea ceva ce nu anticipasem. Mi s-a întâmplat atunci să mă aflu în zone de dificultate, pentru că-mi lipseau cunoștințele specifice de care aș fi avut nevoie pentru a reda suficient de corect anumite aspecte ale cazurilor lor. Într-un asemenea moment a trebuit să mă consult cu câțiva colegi și cu arhivarul din acea vreme de la Wellcome Institute pentru a-mi clarifica sau confirma percepția pe care o aveam asupra detaliilor unei anumite situații. Evident că ceea ce iese din inconștientul meu când scriu sunt refracția și extensia celor absorbite în cei circa douăzeci de ani de practică clinică. Apar indicii inevitabile ale experiențelor pe care le-am trăit în cabinetul de consultații. Dar, chiar dacă aș fi reușit să analizez de unde au apărut personajele mele (ceea nu cred că aș fi putut), acest lucru tot nu mi-ar fi fost de ajutor când aveam nevoie de informații specifice despre o situație particulară pe care am creat-o.

Când am început să scriu această carte, am dat citire unei versiuni prescurtate a uneia dintre povestiri, „Pași în întuneric", la Muzeul Freud, sub auspiciile Arbours Association. Un rezultat interesant și neașteptat al acestei lecturi a fost acela că audiența, alcătuită în mare parte din colegi clinicieni, discuta despre Joanna ca și cum ar fi fost un caz clinic real. Dezbaterea care a urmat lecturii mele semăna foarte mult cu un seminar clinic. Participanții mă întrebau de ce „eu" urmasem o direcție și nu alta, îmi sugerau semnificații pe care „eu" nu le văzusem, ale simptomelor ei și vorbeau de parcă ea era o persoană reală, terapeutul un terapeut real și cazul un caz real. În multe feluri, acest lucru era gratificant și îmi confirma opinia despre modul în care o povestire terapeutică fictivă poate părea adevărată. Sugera de asemenea încă o modalitate în care poate fi folosită această carte.

Contribuțiile participanților de la Muzeul Freud ilustrează faptul că scrierile despre terapie și terapia sunt întotdeauna subiective și întotdeauna dezvăluie percepțiile, intervențiile și înclinațiile personale și teoretice ale terapeutului. Fiecare cuplu terapeutic este unic și idiosincratic, exprimând personalitățile celor două persoane și influențele lor una asupra celeilalte. Terapia nu se poate elibera niciodată de valorile, ideile și constructele persoanelor implicate în ea și cu siguranță nu scapă tendințelor analistului. Acestea dau forma terapiei astfel încât ea devine o experiență în egală măsură influențată de ceea ce alege analistul să urmărească sau să clarifice, precum și de ceea ce ignoră, îi scapă sau lasă deoparte.

În munca mea și în aceste povestiri am ajuns până la granița la care ajunge teoria noastră actuală și la câteva dintre întrebările teoretice interesante care sunt puse astăzi în două arii: psihosomatica și erotismul. Relația dintre corp, minte și sexualitate (implicit, dacă nu explicit, în toate povestirile) este una în care se dezvoltă noua teorie. Această nouă gândire nu este încă suficient de bine elaborată ca să ofere tipul de schimbare de paradigmă pe care l-a observat Thomas Kuhn atunci când apare un nou consens despre cum să fie gândite problemele în fizică, dar este pe cale să o facă. În psihanaliză, cu privire la corp, vechea idee potrivit căreia corpurile noastre exprimă conflictele minții noastre este adusă la zi de o perspectivă care arată că, pe de o parte, integralitatea sau lipsa de integralitate a corpului o oglindește pe cea a minții, mai degrabă decât să încapsuleze conflictul în locul acesteia, iar pe de altă parte, cercetările din neuroștiințe confirmă faptul că experiențele noastre timpurii modelează biologia asociată cu psihologia noastră întrucât semnalele neurale aleg o cale și nu o alta.

Cu toate că explicațiile lui Freud cu privire la erotism au fost revizuite de mulți analiști, printre care Ethel Person, Robert Stoller, Janine Chasseuget-Smirgel, Joyce McDougall, Otto Kernberg și Jacques Lacan, încă nu a fost găsit răspunsul la întrebarea ce este erotismul. O bună parte din psihanaliza modernă s-a preocupat de teoretizarea relației terapeutice și a dus, în moduri extrem de utile, la progresul capacității noastre de a înțelege, dar uneori aspectele mai generale ale relației minte/corp și ale erotismului au fost luate ca atare în loc să fie explorate. Ofer o mostră a gândirii mele în această zonă care sper să fie continuată de colegii mei. Aceasta nu este în niciun sens o trecere exhaustivă în revistă a gândirii noastre actuale, ci este o reflecție asupra problemelor care mi-au apărut în minte în timpul ruminațiilor mele despre pacienții din carte.

Erotismul

Opinia lui Freud că transferurile erotice sunt ceva obișnuit este bine redată în povestirile despre Adam și Edgar. Adam, care își sexualiza nevoia de contact, și-a transformat nevoile de dependență devenind un mare admirator al femeilor și a venit la terapie când penisul lui credincios l-a dezamăgit, și

Edgar, ale cărui sentimente sexuale nu puteau fi examinate în terapie de teamă că ar fi putut fi greșit interpretate, reprezintă doi poli ai sexualității masculine. Într-un sens, caracterul obișnuit al celor întâmplate în terapia lor în legătură cu sexualitatea înseamnă că este puțin de explorat teoretic sau de înțeles. Perspectiva lui Ethel Person asupra sexualității ca sprijin principal al identității masculine îl descrie pe Adam destul de bine. Activitatea lui sexuală devine mijlocul prin care el se conectează cu alți oameni și care îi susține un sentiment de sine șubred. În actul sexual el se simte ca și cum ar fi aproape esența a ceea ce este: separat și diferit și totuși simultan în căutarea unui altul care îl poate confirma emoțional și fizic. Se identifică pe sine și își stăpânește sau își dezavuează nevoile prin concepția despre sine că este un Casanova. Din punctul lui de vedere, penisul său este cea mai bună parte a lui; le poate aduce plăcere lui și altora. Poate, până când se prăbușește, să simtă o anumită încredere în sine că are lucruri de dat. Activitatea lui sexuală mai degrabă compulsivă, după cum aflăm, ascunde o multitudine de anxietăți legate de locul lui în lume, de relația lui cu mama, cu tatăl lui și cu sine. Sexul, cu toate că este trăit ca o activitate liniștitoare, conține în sine o profundă ostilitate, ură de sine și un mod de gestionare a conflictelor sale din jurul atașamentului.

Nu avem nevoie de o altă teorie generală pentru a explica natura sexualizată a îngrijorărilor lui Adam. Nici pentru Edgar. Sexualitatea lui nu reușește să ridice probleme teoretice cu privire la masculinitate care să aibă nevoie să fie explicate. Dar dacă refectez la experiența mea de lucru cu femeile și cuplurile de-a lungul anilor, există unele chestiuni care se impun a fi abordate și, cu toate că nu am răspunsuri, cred că sunt interesante unele întrebări pe care le ridică în legătură cu originea erotismului în general și cu privire la erotismul femeilor în particular.

Două fenomene m-au făcut să îmi pun întrebări cu privire la aceste aspecte. Prima chestiune se referă la lipsa unui contratransfer erotic între mine și pacienții mei femei, fapt observat și de alte colege a căror activitate o supervizez. În timp ce explorăm posibilele elemente sexuale dintr-o terapie a unei femei cu o femeie, și în special temerile lor proprii legate de sentimentele, fantasmele și dorințele sexuale care ar putea apărea în cabinetul de terapie, astfel de sentimente apar arareori. Cea de-a doua apare din experiența mea de lucru cu persoane și cupluri care se plâng de dificultăți în a-și păstra o viață sexuală activă în relații de lungă durată.

Deși îi încurajez pe toți cei pe care îi supervizez să ia în seamă erotismul și să nu-l treacă cu vederea, un transfer–contratransfer sexualizat deranjant între două femei este un fenomen mai rar decât ne-am putea aștepta. Într-adevăr, ceea ce mă surprinde este cât de rar este prezentă activ sau deschis componenta erotică în relațiile terapeutice dintre o femeie și o altă femeie. Căci, cu toate transferurile de iubire și cele sexualizate pe care colegele mele și eu însămi le trăim cu unii dintre bărbații cu care lucrăm, înregistrăm o absență generală a acestora în terapiile cu paciente femei. Doar rareori se întâmplă ca un transfer sexual sau erotic să fie pus în joc cu femeile și, când apare, cel mai adesea se întâmplă cu femei bisexuale sau lesbiene.

Mi-am pus întrebări legate de acest fenomen și, dacă îl alătur celibatului, care poate fi o trăsătură a relațiilor de lungă durată, absenței sentimentelor erotice în terapia între femei și relatărilor privind dispariția sexualității în relațiile lesbiene după câțiva ani, îmi dau seama cu claritate că nu știm cu adevărat despre ce vorbim când vorbim despre sex.

Vorbim despre erotism? Și dacă da, ce este acesta? Vorbim despre relațiile dintre femei și bărbați? Vorbim despre circumstanțele reproducerii? Încercăm să înțelegem asumarea heterosexualității de către majoritatea femeilor? Vorbim despre excitație sexuală: cum, când și de ce apare? În timp ce, pentru Freud, sexualitatea era un dat într-un anumit sens — instinctual — dar trebuia să fie descoperită și construită fizic, psihanaliza modernă nu are asemenea certitudini și deține prea puține căi pentru a înțelege ce este sexualitatea.

Deși s-ar putea presupune că descoperirea lui Freud cu privire la importanța sexualității în copilărie ar fi putut ocupa un loc chiar mai important în practica terapeutică, deoarece a deschis căi de a observa și a înțelege psihologia umană prin reflectarea asupra copilăriei foarte timpurii (perioada pre-oedipiană), constat că există un vid extraordinar cu privire la sex și sexualitate. Acesta se alătură vidului de teoretizare despre sex și sexualitate.

Sunt profund interesată de semnificația genului — despre modul în care psihologic devenim fete și femei, băieți și bărbați — de aspecte legate de moralitatea sexuală și practica clinică, de semnificațiile psihice ale reproducerii, ale traseelor psihologice ale preferinței sexuale. Îi văd pe pacienții și colegii mei preocupați de problemele atașamentului, geloziei, abandonului, masochismului, pierderii dorinței. Dar dovezile din practica mea clinică cu femeile sugerează că există ceva profund interzis legat de sexul *per se*. Există o lipsă de material privind viața erotică a pacientelor mele. Subiecții cu fantasme polimorfe ai lui Nancy Friday rareori intră în cabinetul meu.

Și totuși linia de gândire a lui Freud — traseul torsionat prin care o fată renunță la propria dorință și își deviază sau refulează tendințele către mama ei și devine receptivă față de tatăl ei, iar apoi față de propriul ei bărbat adult — ar sugera că psihanaliza între femei ar trebui să se confrunte cu durerea acestui transfer și cu urmele unui fel de moștenire legată de dorința sexuală față de femei. Psihanaliza este, până la urmă, preocupată să descopere ce a fost refulat. Dar, în ciuda așteptării unei apariții a erotismului în terapia unei femei cu o femeie, a unei dovezi a aspectului sexual al legăturii între două femei, acesta este rareori exprimat. Este manifestată în cabinet o intensă dorință de a fi apreciată de către o femeie, dar dorința de recunoaștere sexuală este în mod ciudat absentă la femeile cu înclinații heterosexuale.

Acest lucru m-a intrigat. Dacă erotismul și sexualitatea sunt trăite pentru prima dată în relația mamă–copil, dacă această relație ne organizează reacțiile fizice ca să devină un tipar pentru relaționarea intimă, dacă genitalitatea adultă este o recreare a ambianței fizice a perioadei de pruncie în relația de cuplu adult, dacă heterosexualitatea presupune negocierea unor trasee intrapsihice complexe, de ce nu ar ieși la suprafață trăiri sexuale cu mai multă insistență, mai deschis și mai frecvent în cabinetul de consultații? Cum am putea să înțelegem absența lor? Ce putem spune despre natura sexualității, a trăirilor sexuale și a sentimentelor erotice în cazul femeilor și al relației analitice dintre ele?

Dacă acceptăm că atât heterosexualitatea cât și homosexualitatea sunt rezultate posibile ale dezvoltării psihosexuale, am putea să presupunem că în aspectul transferențial–contratransferențial al relației clinice ar trebui să fie puține diferențe semnificative ale naturii erotice a transferului de la o femeie la alta. Astfel, suntem înclinați să ne punem întrebarea dacă erotismul a ajuns să fie atât de profund refulat la femei încât nu reușește să iasă la suprafață în atât de multe analize în care terapeutul și pacientul sunt femei. Dacă nu este refulat, atunci cât de viabilă este ideea sexualității infantile și a sexualitățiii din relația mamă–copil, mamă–fiică? Și cum putem înțelege acele analize realizate de o femeie, cu o altă femeie, care *sunt* încărcate sexual atât în transfer, cât și în contratransfer?

De ce, într-o analiză între o analizandă femeie homosexuală sau bisexuală și o analistă heterosexuală poate fi indus, simțit și trezit erotismul în contratransfer? Dacă poate fi atât de ușor invocat în asemenea circumstanțe, cum se face că este atât de, aparent fără efort, absent (sau refulat?) în terapiile dintre analiste și analizande heterosexuale? Unde se duce? Sau de ce nu apare? Ce s-ar transgresa dacă ar fi să apară? Ce anume ar fi periclitat dacă ar fi vizibil? Ce face ca sentimentele erotice între persoane de același sex să fie atât de periculoase în cabinetul de consultații? Sunt ele resimțite ca prea incestuoase și este susținută apropierea care poate să apară între două femei doar cu prețul dezerotizării?

Întrebări ca acestea m-au făcut să doresc să pun în evidență vidul care există în psihanaliza contemporană cu privire la înțelegerea pe care o are aceasta asupra sexualității. Cu toate că avem explicații destul de adecvate pentru construcția genului și înțelegerea reproducerii, nu înțelegem cu adevărat erotismul.

Probabil că am putea să avansăm în gândirea noastră dacă am privi erotismul ca pe o proprietate emergentă a speciei umane, o capacitate colectivă asemănătoare cu limbajul și inteligența. Sexul, erotismul — ca opus al sexului, cel reproductiv — are loc într-un context relațional și este construit relațional. Dacă ne gândim pentru un moment la analogia dintre limbaj și erotism, putem deschide noi moduri de gândire care ar putea fi productive.

Limbajul este creat în interiorul culturii și achiziția limbajului este transmisă în mod specific în interiorul relației mamă–copil. Daniel Stern și Colwyn Trevarthen au demonstrat existența protolimbajelor între mamă și copil, înainte ca pruncul să poată intra în simbolizarea propriu-zisă. Protolimbajul și limbajul sunt expresii ale relației. Capacitatea și dorința de a verbaliza în sunete care poartă înțelesuri dovedesc natura în mod esențial relațională a limbajului. Nu învățăm vorbirea în afara relației și numai prin internalizarea unei relații ajungem să vorbim.

Limbajul apare din relație și este un instrument al relației pentru schimbul de plăcere, pentru construirea unei înțelegeri sau neînțelegeri, pentru putere, pentru transcendență și așa mai departe. Creăm cuvinte și idei unul cu celălalt. Limbajul devine o cale prin care ne dezvoltăm împreună și ne distingem unul de altul. Limbajul este un mecanism de autoexprimare și autoreflecție într-o lume a altor sine-uri. Poate fi dăunător sau vindecător, expresie a apropierii sau a distanței, a conectării sau a separării.

La fel și erotismul. Este învățat în relație. Este un instrument al relației pentru schimbul de plăcere, pentru construirea unor înțelegeri sau neînțelegeri, pentru putere, pentru transcendență și așa mai departe. Creăm o sexualitate împreună prin fuziune, dezidentificare sau printr-o formă de atașament separat. Când ne masturbăm facem acest lucru prin raportare la o lume internă de relații reale sau fantasmate. Erotismul este un mecanism de autoexprimare și autoreflecție. Poate fi dăunător sau vindecător, expresie a conectării sau a retragerii din conectare.

Și acesta este probabil punctul în care apare enigma. Cât timp o femeie întâmpină dificultăți în susținerea unui simț al propriului sentiment de sine, al subiectivității sale, în special ca mamă, aceste dificultăți vor avea un impact asupra sinelui ei erotic. Atunci erotismul nu este un aspect integrat al experienței sale, ci este aproape un artefact al său. Putem susține că pentru multe femei erotismul nu face parte integrantă din cine se percep ele că sunt, ci este un atribut pe care îl pot crea în circumstanțele potrivite. Este un erotism care poate fi utilizat și nu un erotism care apare organic. Pentru multe femei, un asemenea erotism, care este cultural modelat în moduri cruciale pentru susținerea unei identități feminine, împiedică dezvoltarea erotismului autentic.

În măsura în care tabuul cu privire la subiectivitatea feminină constrânge femeia și capacitatea mamei de a se percepe pe sine ca autentic sexuală, atâta timp cât sexul este pentru ea un instrument și nu un atribut integral al sinelui precum limbajul, atunci sexul, erotismul, nu este în mod necesar întrețesut în percepția sa de sine și în experiența sa de a fi mama unui copil. Poate fi exclus, disociat, absent sau clivat. Cu toate că la sugar există mecanismele care fac din erotism o formă de exprimare potențială (la fel ca și limbajul), disconfortul sau disocierea unei mame legate de propria sexualitate poate fi transmis(ă) de o asemenea manieră încât sexualitatea sugarului, și mai târziu a copilului ei, să rămână netulburată. Rămâne latentă. Astfel, când apare în analiză sau în atașamentul fuzional cu iubitul o intimitate adultă care oglindește emoțional ambianța copilăriei timpurii, nu atât tabuul cu privire la sex intră în acțiune, cât, mai degrabă, odată cu reevocarea stărilor asemănătoare celor din pruncie, sexul, erotismul, este cel care nu reușește să intre în acțiune.

Urmărind această linie de argumentație, dacă într-o terapie în care terapeutul și pacientul sunt femei erotismul nu este stimulat, atunci se prea poate ca el să nu fie atât refulat sau tabu, ci să nu fi fost parte a relației fizice din perioada de sugar și din copilărie. Pentru că sexualitatea femeii în perioada de maternitate a fost dezavuată sau ascunsă până recent, sexualitatea este o sursă de tensiune profundă pentru o femeie care este mamă. Această tensiune este transmisă de la mamă la fiica ei. Mama poate încerca să țină sub control sexualitatea fiicei așa cum și-a controlat și propria sexualitate. Sau ar putea să nu găsească o cale prin care să-i arate fiicei sale o sexualitate care să nu fie apăsată de conflict sau de teamă și, ca urmare, fără intenție, aceasta devine prohibită.

Acest erotism prohibit, preemergent, din relația mamă–fiică creează astfel premisa: imposibilitatea sexului. Aspectele care constrâng dezvoltarea unei subiectivități feminine autentice constrâng în schimb și sexualitatea autentică. Deși avem acces la unele aspecte ale sexualității, pentru mulți erotismul se dovedește a fi greu de susținut într-o relație stabilă asumată, ca aceea a lui Carol și a Mariei. Acest lucru nu se întâmplă din cauza plictiselii, ci din cauza fricii de intimitatea mai profundă pe care o exprimă erotismul și de tensiunile pe care le presupune menținerea percepției celuilalt ca persoană distinctă în contextul unei relații angajate de iubire.

În încercarea de a reformula relația dintre psihic și somatic și de a mă îndepărta de o perspectivă din care mintea este privită ca având întâietate, iar corpul exclusiv ca un coș de gunoi psihologic pentru ceea ce nu este capabilă mintea să conțină, am analizat dezvoltarea, la nivelul individului, a sentimentului corporal al sinelui și am sugerat unele moduri în care poate fi productiv să privim dezvoltarea unui sine corporal în termeni relaționali.[2] Corpurile noastre se formează în interiorul culturii, al relației, în fantasmă și chiar în mediul relației dintre persoana de îngrijire și sugar, în aceeași măsură în care și mințile noastre se formează în acest fel.

Corpul, la fel ca mintea, este prealcătuit ca un set de posibilități, dar aceste posibilități se dezvoltă în cadrul relației și al culturii într-un mod la fel de nuanțat precum personalitățile noastre. Ducând ideea la extrem: copiii sălbatici nu reușesc să se dezvolte fizic sub acele aspecte care noi le considerăm ca aparținându-i exclusiv omului. Copiii sălbatici nu au capacitatea fizică de a vorbi, pot chiar să nu se deplaseze în două picioare, nu mănâncă așa cum știm noi și nici nu se dezvoltă sexual într-un mod pe care noi să-l putem înțelege. Tot ce ține de caracteristicile fizice umane este influențat de relațiile noastre. Anumite potențialități umane nu se vor dezvolta în anumite condiții. Este de notat faptul că acei copii care au simțul văzului dar ai căror părinți sunt orbi au nevoie să fie învățați să organizeze stimulii vizuali în tipare caracteristice oamenilor cu simțul văzului, altfel ei nu pot să vadă. Însă copiii sălbatici văd, deci ne putem dezvolta fizic și fără o relație, dar catalizatorii care determină dezvoltarea și forma dezvoltării sunt dependenți de relație. Copilul sălbatic vede întrucât pentru el este imperativ să vadă. Copilul văzător al unor părinți orbi este inițiat să folosească alte simțuri și nu are o nevoie atât de imperioasă să vadă, astfel încât el trebuie să fie inițiat în simțul văzului dacă este nevoit să-și dezvolte această capacitate în afara relațiilor sale primare. Un copil de origine chineză crescut în Occident într-o familie occidentală își dezvoltă limbajul corporal, expresiile faciale, mișcarea mâinior și postura fizică la fel ca ale unui copil european. Corpul lui se formează în relație într-un mod la fel de semnificativ precum psihicul individual este o expresie a relației. Mai mult, corpurile noastre nu sunt create exclusiv de biologia lor, ci de ideile conștiente și inconștiente pe care le avem despre corpurile bebelușilor, în funcție de genul lor, clasa lor socială, originea lor etnică și ambianța emoțională în care ei se dezvoltă.

Deși biologia și datul natural pot exclude anumite posibilități și pot accentua altele, ceea ce aduce persoana de îngrijire bebelușului nu sunt doar ideile sale despre fizicul și potențialul bebelușului, dar și propriul său corp cu care acesta se poate identifica, de la care poate ingera un simț al corpului, față de care se poate localiza, și așa mai departe. Dacă, în plus, ne gândim la cât de profund fizică este viața timpurie a bebelușului — cât de mult din viața lui timpurie presupune să fie ținut în brațe, să fie legănat, să fie hrănit, să i se desfunde gâtul și nasul, să i se cânte, să fie șters și schimbat — ne putem da seama imediat că datul natural are o pondere foarte mică în dezvoltarea fizică a copilului. Cum este ținut în brațe, cum este legănat, cum este schimbat, cum este hrănit, cum i se cântă și cum îi sunt interpretate expresiile fizice sunt aspecte de o însemnătate colosală. Copilul este dotat natural cu capacitatea de a-și anunța prezența, de a-și enunța în orice mod poate el nevoile fizice și de a-și dezvolta capacitatea de agent. Acest lucru are implicații pentru noi la nivelul teoretizării psihanalitice și o cale de a explora unele dintre aceste idei este aceea de a observa corpurile în cabinet, în situația terapeutică.

Corpul terapeutului, la fel ca mintea și inima terapeutului, face parte din câmpul relațional. Cum mă simt în corpul meu, ce este evocat în mine la un nivel corporal, natura contratransferului corporal, corpul sau corpurile pe care le aduc eu în terapie și schimburile afective dintre corpurile din cameră sunt de o enormă importanță și sunt o arie extrem de productivă de explorare și reflecție, așa cum cred că arată povestea lui Edgar.

Contratransferul corporal poate fi înțeles în trei moduri distincte. Terapeutul poate să simtă o revendicare sau o cerere de dăruire fizică în contratransfer, care a lipsit în dezvoltarea individului. Cel mai uimitor exemplu de acest fel mi s-a întâmplat cu mulți ani în urmă, când lucram cu o femeie care suferea de o colită severă. Această pacientă nu se simțise niciodată „găzduită" în corpul ei și își ura propriul corp. Pe parcursul terapiei, în timpul ședințelor cu ea, am devenit profund conștientă de propriul meu corp, ceea ce mi se părea minunat de satisfăcător, ca și cum aș fi tors. Analizând acest fenomen, am înțeles amândouă că era un act de creație al femeii, care avea nevoie în cameră de un corp stabil, satisfăcut și astfel îl evoca în mine pentru ca ea să poată să înceapă procesul de deconstrucție a propriului ei corp (pe care îl ura) și de internalizare a unui corp pe care să-l simtă hrănitor și bun.

Un al doilea mod în care poate fi văzut și înțeles contratransferul corporal este printr-o conectare directă a pacientului cu corpul terapeutului. Este o modalitate de aducere a suferinței fizice în relația terapeutică, unde poate fi acceptată și explorată și, prin acceptarea ei de către terapeut, integrată apoi în corpul persoanei respective. Ceea ce înainte a rămas ascuns și neexplorat își poate găsi forma ulterior în relația psihoterapeutică, astfel încât să poată completa experiența fizică și psihologică a persoanei respective.

Un exemplu ușor de înțeles al acestei experiențe este cel al unei femei de treizeci și cinci de ani care își trăgea fotoliul și corpul atât de mult în ceea ce eu eram obișnuită să percep ca spațiul meu personal încât mă trezeam împingându-mi fotoliul în spate. Atunci, pacienta își trăgea câțiva centimetri mai aproape fotoliul, iar eu îmi observam dorința de a mă muta din nou, pentru a crea între noi o distanță fizică suficientă astfel încât să îmi fie confortabilă.

Mutarea fotoliilor a continuat timp de câteva ședințe. Mă simțeam înghesuită și parcă sufocată fizic. Simțeam că mi se făcea rău. Încercând să îmi înțeleg reacția față de pacientă și față de ambianța fizică dintre noi, m-am gândit la ce știam despre felul cum fusese ea manipulată fizic în copilărie. Pacienta vomita des în copilăria timpurie, iar apoi avusese probleme cu udatul patului. Își amintea că fusese certată pentru vomitat și pentru udatul patului și mai târziu începuse să aibă migrene.

Înțeleseserăm multe dintre semnificațiile simbolice ale vomitatului, enurezisului și migrenelor, dar numai acordând atenție folosirii spațiului fizic interpersonal în cabinet am reușit să ne concentrăm direct pe dificultățile pacientei de a trăi în propriul corp și de a și-l accepta. La un moment dat în terapie am sugerat că era ca și cum într-un fel corpul ei era nemărginit, părea că ea nu știa unde începea și unde se sfârșea și că doar în întâlnirea lui cu un *alt* corp, doar izbindu-se de un alt corp, putea să-și perceapă propria natură fizică. Întotdeauna căuta o limită fizică în relația cu un altul, astfel încât să poată prelua acea limită ca și cum ar fi a ei.

În terapie am înțeles mutarea fotoliului ca pe o încercare din partea pacientei mele de a fi acceptată fizic. Percepția mea că era intruzivă, că trezea în mine dorința de a mă îndepărta de ea a fost un indiciu al posibilității ca ea să fi simțit o instabilitate corporală și o anxietate în legătură cu conectarea fizică. Această înțelegere a dus la transformarea disconfortului și bolii fizice și la emergența în relația terapeutică a unui corp delimitat și conectat.

Cel de-al treilea mod în care poate fi gândit contratransferul corporal este o versiune a suferinței fizice pe care o resimte pacientul. Oboseala pacientului poate provoca oboseală în terapeut. Simptomele corporale ale unui pacient pot fi resimțite de către terapeut, permițându-i să se apropie de starea corporală a pacientului.

Diferite experiențe ca acestea, legate de contratransferul corporal mi-au confirmat sentimentul că poate fi extrem de util să privim din această perspectivă corpul și dezvoltarea lui și că, alături de alte dovezi, ne poate oferi puncte de pornire pentru noi teoretizări.

Am încheiat cu câteva gânduri asupra a două arii care mi s-au impus în activitatea clinică. Cu toate că observațiile mele cu privire atât la erotism, cât și la corporalitate nu constituie noi teorii, ele sugerează unele direcții pe care psihoterapeuții ar putea dori să le urmeze pentru a avansa în înțelegerea și explicarea descoperirilor clinice curente. Arătând care este gândirea mea cu privire la aceste subiecte, am vrut să redau sentimentul că, la fel cum în relația terapeutică ceea ce înțelegem nu este niciodată imuabil, ci poate fi oricând revizuit și rafinat, la fel este și procesul de teoretizare psihanalitică, un proces de revizuire și rafinare. Cercetarea psihanalitică, fie în forma teoretizării, fie în cea a practicii clinice, este marcată de semne de întrebare. Sper că povestirile mele și aceste ultime observații îi dau cititorului o idee despre ce înseamnă a face terapie din punctul de vedere al terapeutului.

Mulțumiri

În ultimii nouă ani am făcut parte dintr-un grup de seminar împreună cu Sally Berry, Margaret Green, Tom Ryan și Joseph Schwartz. Discuțiile noastre, care au acoperit pe larg o varietate mare de subiecte, au fost un forum în care am reflectat la multe probleme clinice și teoretice. Women's Therapy Centre Institute* din New York a fost și el o sursă de susținere din umbră, iar conversațiile de-a lungul anilor cu Luise Eichenbaum și Carol Bloom m-au ajutat enorm să-mi formulez teoriile. Un discurs adesea neconștientizat este acela care apare între cititor și articolele de specialitate pe care le citește. Revista *Psyhcoanalytic Dialogues* a fost importantă pentru mine în acest mod. Am fost, de asemenea, foarte norocoasă în analiza mea personală, în care am avut o analistă atât de implicată, generoasă și talentată cum este Anne-Marie Sandler.

Mulțumirile mele Andreei Collett pentru că a fost un prim cititor atât de entuziast. Reacția ei a fot crucială și extrem de utilă, la fel cum a fost și cea a Lisei Appignanesi, care cu generozitate a citit manuscrisul și a înțeles ce încercam să fac. Încurajările ei au fost foarte importante pentru mine. Multe, multe mulțumiri și lui Luise Eichenbaum, pentru că a citit „Belle",

* Centrul de Terapie pentru Femei. (N.t.)

și aprecieri profunde pentru Gillian Slovo și Zack Eleftheriadou, pentru lectura atât de atentă și comentariile cu privire la povestea lui Edgar. Și îi mulțumesc, de asemenea, lui Jeremy Pikser, pentru că a discutat cu mine dialogul din cazul lui Adam.

Unul dintre lucrurile complicate pentru mine în scrierea acestei cărți a fost acela că au existat momente în care, pe neașteptate, am avut nevoie de informații. Am ajuns să mă bazez pe o diversitate de surse extraclinice în care găseam informații. În ce privește secția de izolare spitalicească, multe mulțumiri lui John Southgate și doctorului Lesley Hall, arhivar la acel moment la Wellcome Institute. Pentru informațiile despre Vancouver, multe mulțumiri Patriciei Kitchener. Mulțumiri de asemenea lui Robert J. Bloom de la Kaiser Hospital din California, care a citit povestea lui Jenny, și cu multă implicare a discutat cu mine despre posibile tratamente medicamentoase, și lui Caroline Pick, care a vorbit cu mine despre problema pe care am avut-o cu intriga. Brett Kahr a răspuns întotdeauna prezent ori de câte ori am avut nevoie să verific câte un citat sau detaliu din Winnicott. Îi sunt extrem de recunoscătoare.

Prietenii mei au trăit acest proiect alături de mine mai mult decât ar fi dorit ei și am fost dependentă de susținerea lor, în special de cea a lui Gabrielle Rifkind, a lui Gillian Slovo, Brett Kahr, Carol Eccleshare, William Eccleshare, Michael Schwartz și Caroline Pick.

Ca întotdeauna, Joseph Schwartz a citit manuscrisul pe măsură ce scriam. A fost implicat în mult mai multe conversații pe tema lui decât îmi pot închipui că și-ar fi dorit, dar și-a păstrat întotdeauna simțul umorului și interesul ridicat față de acest proiect, motiv pentru care îi sunt profund recunoscătoare.

Am găsit un editor atent, energic și înțelegător într-un fel unic în Margaret Bluman. Ea s-a ocupat de fiecare detaliu al cărții, de la revizuirea cu scrupulozitate a conținutului la găsirea redactorului potrivit în persoana lui Mary Omond (care a fost fantastic de răbdătoare și de utilă), până la conceptul de copertă și design. A fost o plăcere absolută să lucrez cu ea. Carodoc King a fost agentul meu, auditoriul meu și susținătorul meu. Ca întotdeauna, îi mulțumesc pentru angajamentul intelectual și emoțional față de munca mea.

Cea mai mare parte a recunoștinței mele trebuie să se îndrepte către pacienții mei, care, de-a lungul multor ani, m-au învățat și continuă să mă învețe tot ceea ce știu.

Note

O cameră cu priveliște

[1] Cazurile aduse în atenția publicului în mod magistral în *Ora de cincizeci de minute* de Robert Linder și *Sybil* de Flora Rheta Schreiber sunt dovezi ale dorinței psihanalistului de a arăta ceva din strădania persoanelor adeseori foarte tulburate, de a găsi o cale de a-și trăi viața, cu ajutor psihoterapeutic. Mai recent, povestirile de psihoterapie din *Călăul dragostei* de Irvin Yalom, *Welcome to My Country* de Lauren Slater și *The Man Who Loved a Polar Bear* de Robert Akeret folosesc povestirea ca modalitate a psihoterapeuților de a vorbi despre pacienții lor și despre felul în care au fost afectați de către aceștia. *Cuvinte care eliberează* de Marie Cardinal, *Nu ți-am promis niciodată o grădină de trandafiri* de Hannah Green, *Retrospect: The Story of an Analysis* de Emma Thrail și *My Kleinian Home* de Nini Herman sunt povestiri ale unor analize individuale.

Vampirul Casanova

[1] A se vedea, de exemplu, Tansey, Michael J., „Sexual Attraction and Phobic Dread in the Countertransference" și Davies,

 Jody Messler, „Love in the Afternoon: A Relational Reconsideration of Desire and Dread in the Countertransference", *Psychoanalytic Dialogues*, 4:2, 1994. Vezi și articolul din 1915 al lui Freud, „Remarci despre iubirea de transfer," *Opere esențiale*, vol. 11, Editura Trei, 2010.

[2] Thomas Ogden scrie în *Projective Identification and Psychotherapeutic Technique* (1982), Jason Aronson, New Jersey: „Cât de mult din ceea ce înțelege terapeutul din identificarea proiectivă a pacientului trebuie să ajungă, sub formă de interpretare, la acesta? Talentul terapeutului nu doar de a înțelege, ci și de a verbaliza înțelegerea sa cu claritate și precizie stă la baza eficenței terapiei... totuși, înțelegerea terapeutului poate uneori să constituie o interpretare corectă *pentru terapeut*, dar să nu fie deloc bine-venită pentru pacient. În acest caz, interpretarea trebuie să rămână «tăcută», adică formulată în cuvinte în mintea terapeutului, fără să fie verbalizată către pacient."

Belle

[1] Sandler, J. și Sandler, A. „The Past Unconscious, the Present Unconscious and Interpretation of the Transference", *Psychoanalytic Inquiry*, 4:367-400. Sandler, J. (1976), „Countertransference and Role-responsiveness", *International Review of Psychoanalysis*, 3:43-7.

[2] Lacan este cel care a creat conceptul de moment semnificativ al unei ședințe.

[3] Butler, J. (2000), *Genul — un măr al discordiei*, Univers, București.

4 Orbach, S. (1995), „Countertransference and the False Body", *Winnicott Studies*, 10, Karnac Books, Londra.

5 Winnicott, D.W. (2013), „Perturbarea Eului în termeni de sine adevărat și fals", *Procesele de maturizare*, Editura Trei, București.

6 *Ibidem*.

7 Mulți terapeuți nu ar face acest lucru. Ar considera că este o intruziune, o prezumare a reacțiilor analizandului față de o pauză neanticipată, dar eu am simțit că era necesar pentru mine să mă asigur că Belle primise mesajul meu.

8 Mulți alții, de asemenea s-au ocupat de această temă. A se vedea, de exemplu, Sandler, J. (1987), *Projection, Identification, Projective Identification*, International University Press, Madison. Bion, W.R. (1962), *Learning from Experience*, Heinemann, Londra. Stern, D. (1985), *The Interpersonal World of the Infant*, Basic Books, New York.

Pași în întuneric

1 Pentru o discuție completă, a se vedea, de exemplu, Bollas, C. (1987) „The Expressive Use of the Countertransference", *The Shadow of the Object: Psychoanalysis of the Unthought Known*, Free Association Books, Londra și Levenson, E. (1972), *The Fallacy of Understanding*, Basic Books, New York.

2 Conform estimărilor făcute de National Institute of Health, 70% dintre cazurile de cancer mamar au cauze legate de mediul de viață.

[3] Person, E. (1995), *By Force of Fantasy: How We Make Our Lives*, Basic Books, New York.

[4] Existența cuțitului, faptul că se afla în cabinetul meu și teama și fascinația mea față de el mi-au permis să fiu mai curioasă decât aș fi fost poate dacă Joanna doar mi-ar fi spus că se taie. Prin faptul că luasem cuțitul de la Joanna, preluasem o parte din responsabilitatea legată de el și de a mă gândi la ce însemna el. M-am întrebat, de asemenea, dacă acel cuțit o înspăimânta pe Joanna și dacă luându-l de la ea nu îi preluasem și spaima. Amenințarea era în brațele mele acum, nu într-ale ei și, predându-mi cuțitul cu atâta ușurință, ea fusese eliberată de ea.

[5] Ronald Fairbairn, analistul scoțian, a descris acest mecanism schizoid ca generând un clivaj vertical în Eul libidinal central. Fairbairn, R. (1952), *Psychoanalytic Studies of the Personality*, Routledge și Kegan Paul, Londra.

[6] Dacă stările disociate trec de baricadele pe care psihicul le-a ridicat pentru a le menține în afara sa, ele pot fi profund perturbatoare, tulburătoare și copleșitoare. Nu sunt nici acum mai adecvate decât înainte. Ținute separat atât de mult timp, acum, în loc să rămână disociate, preiau controlul. Starea disociată a sinelui pe care individul o creează pentru a supraviețui experiențelor îngrozitoare pune stăpânire pe el când iese la suprafață. De exemplu, dacă un copil a fost abuzat sistematic, s-ar putea să fi gestionat această experiență intrând într-o stare de „absență" în timpul episoadelor de abuz activ, părând că-și părăsește corpul și privindu-l de sus, parcă din tavan, sau văzându-l ca într-un film. Este ca și cum psihicul se divide la propriu și devine

un observator al acelei experiențe. Atunci, ambele aspectele ale evenimentului, atât copilul abuzat, cât și copilul care observă, pot fi separate și disociate. Dacă și/sau când vreun stimul forțează aceste stări înghețate să iasă la suprafață, ele vor apărea sub formă de acte. Copilul, acum adult, se prezintă într-una dintre acele stări în care s-a aflat când a avut loc abuzul. Se află tot în tavan, sau privind ca la un film; este un spectator, nu un locuitor al corpului, dislocat din totalitatea sa. El încorporează aspecte ale experienței, dar el nu este în ea. Are *persona* fetiței care privește sau *persona* fetiței care suferă. Dacă una dintre aceste *personae* apare în terapie, se va înfățișa așa cum era când s-a dezvoltat prima dată. Va fi sarcina terapiei să încerce să-l facă pe individ să poată să se conecteze cu partea separată și să o integreze emoțional.

[7] Pitman, R.K., van der Kolk, B.A., Scott, P.O. și Greenberg, M.S. (1990), „Naloxone-reversible Analgesic Response to Combat-related Stimuli in Post-traumatic Stress Disorders", *Archives of General Psychiatry*, 47: 541-4.

[8] Această descoperire, la fel ca multe altele, i-a ajutat pe psihoterapeuți să înțeleagă ce se poate întâmpla la nivel fiziologic atunci când pacienții sunt răniți fizic în lupte, se taie singuri sau caută să intre în situații violente. Ea explică în ce fel un aspect psihofiziologic al compulsiei la repetiție, cum a numit-o Freud, este căutarea efectului de liniștire prin descărcarea fizică. În același timp, întrucât trauma poate duce la disociere, mecanismele de autoliniștire dezvoltă la persoana în cauză o sensibilitate particulară prin care, dacă nu se află în situații de stres extrem, aceste mecanisme sunt inactive. Când apare un nivel crescut de

 stres sau de tensiune, ceea ce psihologii numesc excitare, opioidele interne (endogene) ale individului reacționează rapid pentru a-l calma și a-l liniști. Astfel, o persoană poate căuta situații stresante pentru a stimula acțiunea propriilor endorfine.

[9] Bowlby, J. (1973), *Attachment and Loss*, Hogarth Press, Londra.

[10] Mulțumirile mele lui Penny Allen din Sheffield, care mi-a atras atenția asupra acestui detaliu important.

[11] Nakhla, F. și Jackson, G. (1993), *Picking Up the Pieces: Two Accounts of a Psychoanalitic Journey*, Yale University Press, Londra. Orbach, S. (1999), „Extending and Reconsidering Winnicott's False Self to the False Body", *The Legacy of Winnicott*, Kahr, B. (ed.) Karnac Books, Londra.

[12] Simptomul dezvoltă și simbolizează ceea ce în mod normal considerăm a fi procese inconștiente.

[13] Orbach, S. (1995), „Countertransference and the False Body", *Winnicott Studies*, 10, Karnac Books, Londra.

Greutatea este o problemă…

[1] Orbach, S. (1978), *Fat is a Feminist Issue*, Paddington Press, Londra.

[2] Pentru a-și regla nivelul zahărului din sânge, lui Edgar îi fusese recomandat să mănânce carbohidrați complecși la intervale regulate.

3 Un principiu de bază al cărții *Fat is a Feminist Issue* este ideea că, pentru a mânca atunci când ni se face foame, este necesar să eliminăm restricțiile și tabuurile legate de anumite mâncăruri, astfel încât să putem descoperi care alimente ne satisfac și ne plac cu adevărat. Acest principiu trebuie modificat în cazul celor care au un nivel scăzut al zahărului în sânge din cauza diabetului, dar ideea de bază se păstrează: să încerce să-și cupleze foamea cu mâncarea pe care o doresc și nu să se priveze de mâncarea pe care o vor — cea care este considerată nesănătoasă și pe care, în cele din urmă, o mănâncă apoi pe furiș.

4 Într-o prietenie nouă avem atât de multe modalități diferite de a ajunge să cunoaștem o persoană, încât există o ajustare mai organică între momentele petrecute împreună decât ar putea exista între limitele unei relații terapeutice.

5 Au existat încercări curajoase de a descrie transmiterea sentimentelor de la pacient la terapeut, îndeosebi în lucrările lui Ogden, Sandler, Tansey și Burke, Gorkin, Levenson și Epstein. Ele sunt toate descrieri plauzibile însă incomplete ale modului în care sentimentele unei persoane sunt generate sau evocate într-o altă persoană. Utilizarea ubicuă a cuvântului „pătruns", ca în „sentimentele ei de mânie au pătruns în mine", pare neglijentă. *Experiența* este convingătoare, dar *explicațiile* date acesteia sunt inadecvate.

6 Acceptarea cadourilor în terapie este o problemă disputată. Mulți terapeuți vor interpreta cadoul iar apoi îl vor refuza sau vor acuza pacientul că subminează terapia. A se vedea Orbach, S., „Psychoanalysis in the Twenty-first Century and the Agenda

 for the Next Hundred Years." Discurs ținut la European Society for Communicative Psychotherapy (Societatea Europeană pentru Psihoterapie Comunicațională), Londra, 3 iunie 1995.

[7] Kareem, J. și Littlewood, R. (1992), *Intercultural Therapy: Themes, Interpretation and Practice,* Blackwell, Oxford.

[8] Metcalf, A. și Humphries, M. (1985), *The Sexuality of Men,* Pluto Press, Londra. Samuels, A. (1985), *The Father,* Free Association Books, Londra. Samuels, A. (1989), *The Plural Psyche,* Routledge, Londra. Person, E. (1980), „Sexuality As a Mainstay of Masculine Identity: Psychoanalytic Perspectives", *Signs: Journal of Women in Culture and Society,* 5:4. Formaini, H. (1990), *Men: The Darker Continent,* Heinemann, Londra.

Jumătate inocentă, jumătate înțeleaptă

[1] Cu toate că psihanaliza este cel mai bine cunoscută pentru analiza sa de cinci ori pe săptămână pe perioade îndelungate, Winnicott a condus un serviciu de consultații de tip „bufet expres" la Paddington Green, unde a consultat multe cupluri mamă–copil doar într-una sau două ședințe în care căuta să reporneacă procesul eșuat.

[2] Acest tip de îngrijorare a crescut din cauza preocupării cu privire la „amintirile recuperate." În spațiul dintre ceea ce este repovestit și „realitate" pot apărea multe deviații posibile. Ceea ce doresc să subliniez aici este faptul că, dacă terapeutul observă o anumită disonanță între narațiune și afecte, el păstrează în minte tensiunea apărută între ascultarea povestirii pacientului

și încercarea de a-l ajuta pe acesta să reflecteze mai profund la spusele sale.

3 Bollas, C. (1987), *The Shadow of the Object: Psychoanalysis of the Unthought Known*, Free Association Books, Londra.

4 Orbach, S. (1994), „The Psychological Processes of Consuming", *British Journal of Psychotherapy*, 10:2.

Imposibilitatea sexului

1 Am luat parte la multe ședințe în care o femeie foarte îndurerată îl înfruntă pe un bărbat tăcut, pe care îl acuză de comportament abuziv când sunt singuri. Femeia folosește siguranța terapiei pentru a vorbi despre ce i se întâmplă, iar bărbatul rămâne tăcut, inversând ceea ce se întâmplă de obicei în relația lor. Din acest motiv, adeseori investighez dacă ceea ce observ în cabinetul de terapie este o reflectare acurată a relației de acasă.

2 Eichenbaum, L. și Orbach, S. (1982), *Outside In: Inside Out*, Penguin Books, Londra. Eichenbaum, L. și Orbach, S. (1983), *What Do Women Want?*, Fontana, Londra. Eichenbaum, L. și Orbach, S. (1987), *Between Women*, Century, Londra.

3 *Ibid.*

4 Person, E. (1980), „Sexuality As a Mainstay of Masculine Identity: Psychoanalytic Perspectives", *Signs: Journal of Women in Culture and Society*, 5:4.

[5] Mahler, M. și Bergman, A. (1975), *The Psychological Birth of the Human Infant,* Basic Books, New York.

[6] Freud, S. (1905), „Trei eseuri asupra teoriei sexualității", *Opere esențiale,* vol. 5, Editura Trei, București, 2010.

[7] Freud, S. (1915), „Remarci despre iubirea de transfer", *Opere esențiale,* vol. 11, Editura Trei, București, 2010.

[8] Când Freud scria despre iubirea de transfer și le cerea stăruitor analiștilor să fie atenți la iubirea pacienților lor față de ei, el încerca să abordeze un fenomen care afectase constant analiza încă de la începuturile ei: pacientul se îndrăgostește de analist, iar analistul consideră această dragoste reală, și nu un subiect potrivit pentru analiza însăși.

Și astfel

[1] Practica mea profesională include și ascultarea și supervizarea activității multor altor terapeuți din această țară și din străinătate.

Reflecții și întrebări

Câteva fragmente din acest capitol sunt preluate din „In Dialogue with Stephen Mitchell", *British Journal of Psychotherapy,* 15:2, iarna, 1998, și „Extending and Reconsidering Winnicott's False Self to the False Body", *The Legacy of Winnicott,* editată de Brett Kahr, Karnac Books, 1999.

[1] Cuvinte ale căror semnificații tehnice sunt adeseori neconcordante cu modul în care aceste cuvinte sunt înțelese în conversațiile obișnuite.

[2] Orbach S. (1993), „Working with the False Body", *The Imaginative Body*, Erskine, A. și Judd, D. (editori), Colin Whurr, Londra.

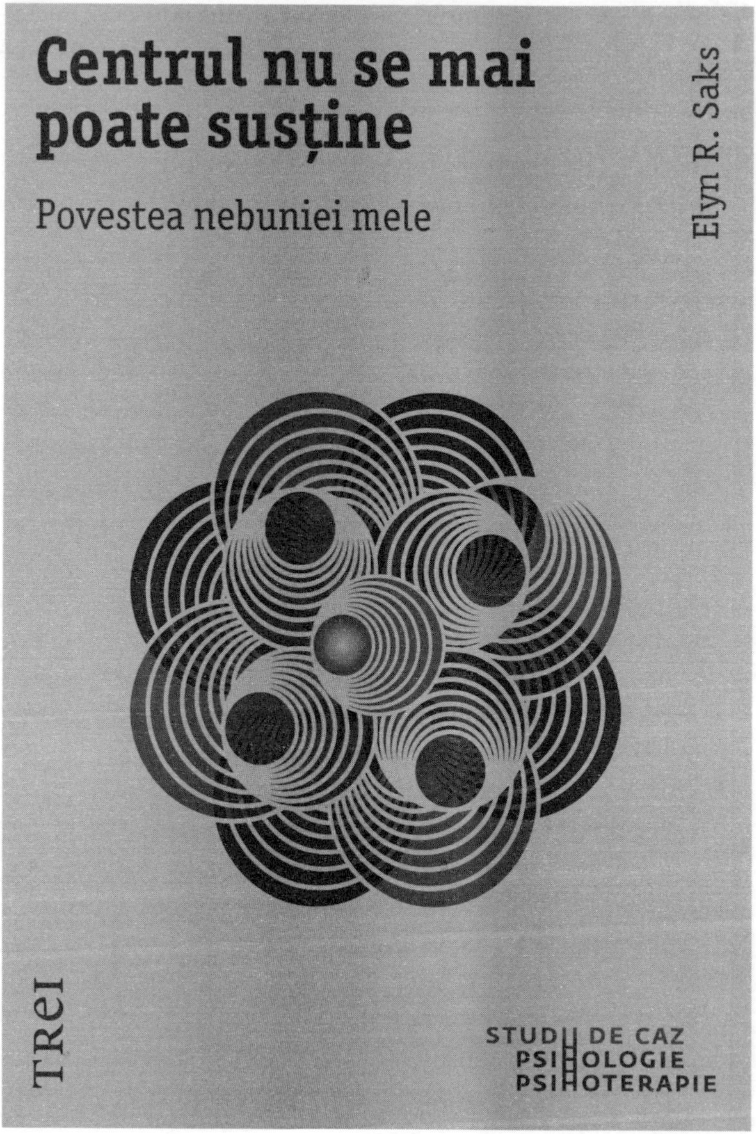
Centrul nu se mai poate susține
Povestea nebuniei mele
Elyn R. Saks
TREI
STUDII DE CAZ
PSIHOLOGIE
PSIHOTERAPIE

Centrul nu se mai poate susține
Povestea nebuniei mele

[The Center Cannot Hold: My Journey Through Madness]

Autor: Elyn R. Saks
Traducere din engleză de Laura Netea

Cum este să fii în pielea unui nebun? Cum te simți când ești hăituit de demoni imaginari și torturat de vinovăția unor fărădelegi nicicând comise?

Cititorul român are acum la dispoziție o descriere vie a psihozei prin ochii unei femei curajoase, care a coborât în iadul schizofreniei, dar a reușit să găsească drumul de întoarcere, bucurându-se în prezent de o căsnicie fericită și o viață academică împlinită. Povestea nebuniei lui Elyn Saks debutează cu primele „voci" auzite în adolescență, înfățișează apoi tentativele de suicid din anii de facultate și culminează cu istorisirea experiențelor terifiante de spitalizare psihiatrică. Chiar dacă vocile demonice n-au dispărut cu totul nici astăzi, autoarea povestește cum a reușit, de-a lungul anilor, să-și țină boala în frâu, susținută nu doar de medicație și psihanaliză, dar și de prieteni empatici și de acea ordonare a vieții și a gândirii impuse de rigoarea academică.

Elyn Saks este profesoară de legislație și psihiatrie la Facultatea de Drept din cadrul Universității din California de Sud și are un doctorat în psihanaliză.